MODA & SUSTENTABILIDADE
DESIGN PARA MUDANÇA

Dedicatórias das autoras:
A Daniella, Matt e Betty (L. Grose)
A Jude e Cole (K. Fletcher)

Dados Internacionais de Catalogação na Publicação (CIP)
(Câmara Brasileira do Livro, SP, Brasil)

Fletcher, Kate
  Moda & sustentabilidade : design para mudança / Kate Fletcher
& Lynda Grose; tradução Janaína Marcoantonio. – São Paulo : Editora
Senac São Paulo, 2011.

  Título original: Fashion & sustainability : design for change.
  Bibliografia.
  ISBN 978-85-396-0163-9

  1. Design de moda   2. Design sustentável   3. Design têxtil
I. Grose, Lynda.   II. Título.

11-12494   CDD-746.92

Índice para catálogo sistemático:
  1. Moda e sustentabilidade : Design   746.92

KATE FLETCHER & LYNDA GROSE

MODA & SUSTENTABILIDADE

DESIGN PARA MUDANÇA

TRADUÇÃO JANAÍNA MARCOANTONIO

Editora Senac São Paulo – São Paulo – 2011

Prólogo: para vestir

Embora poucos duvidem de que o destino do meio ambiente tenha se tornado uma questão primordial, não há consenso sobre a natureza e a gravidade dos riscos envolvidos, nem sobre quando eles podem ocorrer. A maioria de nós acredita que outras pessoas – os especialistas, de preferência – resolverão os problemas e que poderemos continuar a viver nossas vidas. De fato, centenas de milhares de cientistas e pesquisadores estudam a Terra e seus sistemas para determinar os efeitos da civilização industrial e os limites da atividade humana, no que se refere à capacidade do meio ambiente. Esses estudos abrangem o efeito da chuva ácida sobre florestas, lagos e plantações, o acúmulo de metais pesados no solo e nos animais, o aumento dos gases que produzem o efeito estufa e sua ação sobre o clima e a radiação que atinge nosso planeta, a queda da biodiversidade – até mesmo nas áreas de pesca do mundo todo – e a tolerância de homens e animais aos milhares de compostos químicos sintéticos diariamente usados na manufatura, nos produtos industriais e nos alimentos. Por mais importantes que sejam esses estudos, o trabalho de transformação precisa ser iniciado, em toda parte, por pessoas comprometidas com aquilo que fazem e conhecem melhor. Dependerá do conhecimento compartilhado, das redes e dos manuais que apelam para o instinto inato dos seres humanos de proteção e nutrição da vida. Este é o livro que você tem em mãos.

Lynda Grose e Kate Fletcher apresentam uma questão fundamental: podemos chegar a um acordo sobre os princípios e a métrica essenciais em um mundo que seja não só sustentado, como também efetivamente renovado? Em segundo lugar, com esses princípios em comum, podemos criar um modelo de mudança que oriente as atividades de negócio na indústria da moda, um modelo que seja prático, científico e econômico?

Nenhum produto recebe tanta divulgação, é tão rigorosamente analisado e possui tantas revistas especializadas quanto os produtos da moda. As roupas com as quais decidimos nos vestir nos intrigaram desde o dia em que nos tornamos bípedes, pois somos o único animal que troca de pele todos os dias. Nós nos vestimos para estar aquecidos, frescos, bonitos, funcionais, profissionais ou atraentes. Muitas mulheres e um número não menor de homens preocupam-se, todos os dias, com que roupas vestirão e que impressão causarão, e por uma boa razão. Consciente ou inconscientemente, damos grande importância à aparência dos outros. Roupas, calçados, bolsas e chapéus revelam preferências, poder aquisitivo, classe, educação e atitude. Tanto o bermudão três tamanhos maior quanto o vestido de gala assinado por designer são cuidadosamente escolhidos para indicar a tribo a que se pertence. A superconsciência acerca de estilo, corte, tecido, cor e design é intensa e universal, mas não inclui o mundo por trás dos cabideiros, a tecnologia por trás do corte, a fibra por trás do tecido, a terra por trás da fibra ou a pessoa na terra. Em suma, o verdadeiro impacto de nossas escolhas de vestuário quase nunca é considerado ou notado.

Neste livro, Lynda e Kate consideraram um setor industrial complexo e o reimaginaram como um sistema ecológico, apoiando-se em duas vidas inteiras de experiência e conhecimento aplicado. Para fazer isso, deixaram de lado as exigências de entregar a coleção de outono e apresentaram uma obra-prima de redesenho de sistemas. Em todos os setores econômicos, as conversas iniciais sobre sustentabilidade trouxeram um sentimento de limitação, uma privação da liberdade material que seria substituída pela adesão a normas rígidas. A ideia de que a sustentabilidade augura um mundo menor é verdadeira, pois conclama a menos desperdício, poluição, danos, devastação, solos esgotados, trabalhadores envenenados, corpos de água moribundos, etc. Mas não pressagia um mundo monocromático, feito de arroz e uniformes marrons. A sustentabilidade é o precursor de mais diversidade e escolha, e não menos. Proporciona trabalhos significativos, maior multiplicidade de meios de ganhar a vida, restituição da produção local, um mundo mais seguro e vidas que valem a pena viver. De fato, os mundos da biomimética e do design ecológico pressagiam a transformação e a inovação em uma escala que não víamos desde a Revolução Industrial, e é responsabilidade daqueles que compreendem os limites e as fronteiras dos sistemas naturais, tanto em termos científicos quanto econômicos, mostrar o caminho e elucidar essas possibilidades. É isso o que Lynda e Kate fizeram de maneira tão elegante.

Este não é um tratado ou um decreto. É uma descrição cuidadosamente estudada de um sistema de produção a ser criado por designers, empresas têxteis, fabricantes e agricultores. Designado como moda ética, sustentável, verde, entre outros, é, em última análise, um apelo para regressar ao passado, uma descrição de como podemos nos unir em um movimento de consagração dos hábitats e dos recursos que compartilhamos e dos quais dependemos. Três coisas com que lidamos todos os dias têm enorme impacto no mundo que nos rodeia: combustível (energia), alimento e moda. Os dois primeiros são hoje estudados e abordados com toda a dedicação. Está na hora de a moda nos mostrar e nos fascinar com o que é possível, nos propiciar o imperativo moral de mudar cada aspecto da produção e da compra de nossa segunda pele. Acredito firmemente que a humanidade sabe o que fazer quando conhece a tarefa que tem em mãos. Não se poderia pedir melhor descrição do que está acontecendo e do que precisa ser feito para que a moda viabilize a vida na Terra.

Paul Hawken

Sumário

Prólogo – Paul Hawken	4
Prefácio	8

Parte 1: TRANSFORMANDO PRODUTOS DE MODA

Capítulo 1: Materiais	12
Capítulo 2: Processos	33
Capítulo 3: Distribuição	54
Capítulo 4: Cuidados do consumidor	60
Capítulo 5: Descarte	63

Parte 2: TRANSFORMANDO SISTEMAS DE MODA

Capítulo 6: Adaptabilidade	76
Capítulo 7: Vida útil otimizada	85
Capítulo 8: Usos de baixo impacto	92
Capítulo 9: Serviços e compartilhamento	100
Capítulo 10: Local	106
Capítulo 11: Biomimética	114
Capítulo 12: Velocidade	124
Capítulo 13: Necessidades	132
Capítulo 14: Engajamento	143

Parte 3: TRANSFORMANDO A PRÁTICA DO DESIGN DE MODA

Capítulo 15: O designer como educador-comunicador	157
Capítulo 16: O designer como facilitador	162
Capítulo 17: O designer como ativista	168
Capítulo 18: O designer como empreendedor	174

Glossário	183
Notas	184
Índice remissivo	188
Créditos das imagens	191
Agradecimentos	192

Prefácio

Este livro contém cerca de quarenta anos de nossas experiências somadas de trabalho com questões de sustentabilidade no setor da moda. Durante esse período, trabalhamos na indústria da moda, como consultoras, em pesquisas de design, em várias funções acadêmicas em universidades, e com organizações não governamentais. Interagimos com muitos grupos – de agricultores a políticos, de artesãos a acadêmicos, de químicos a executivos do ramo da moda. O trabalho com todos esses grupos mostrou-nos muitas perspectivas quanto à sustentabilidade, à moda e ao comércio, que ajudaram a formar nossas próprias filosofias. *Moda & sustentabilidade* procura reunir algumas dessas perspectivas e aprendizados com o objetivo de estimular a ação e a mudança.

Segundo o *Oxford English Dictionary*, moda pode ser definida como a atividade que forma, molda ou define objetos materiais ou imateriais. Mas isso não explica tudo. A moda reúne a autoria criativa, a produção técnica e a disseminação cultural associadas com o ato de vestir,[1] unindo designers, produtores, varejistas e todos nós, usuários de roupas. Em sua forma mais criativa, a moda ajuda-nos a refletir sobre quem somos como indivíduos, ao mesmo tempo que nos conecta com grupos sociais mais amplos, fornecendo senso de individualidade e de pertencimento. A moda liga indivíduos de diferentes origens demográficas, grupos socioeconômicos e nacionalidades e os atrai para um movimento a favor da mudança. Mas a moda também tem uma relação complexa com sistemas mais abrangentes, como economia, ecologia e sociedade. As repercussões das atividades do setor começam a ser mais bem compreendidas, e neste livro exploramos seu potencial para alavancar a relação da moda com esses sistemas mais amplos, em favor da sustentabilidade.

Em todo o livro, nossa abordagem à moda e à sustentabilidade é oportuna. Começamos a redigi-lo tendo em mente a pergunta de David Orr: "O que a sustentabilidade pode nos levar a fazer?".[2] Em seguida, exploramos como a moda poderia ser praticada em um mundo integrado com a natureza e voltado para o florescimento humano, e que papéis o designer poderia vir a exercer para ajudar o setor a promover essa mudança. A sustentabilidade talvez seja a maior crítica que o setor da moda já enfrentou, pois desafia a moda em seus detalhes (fibras e processos) e também com relação ao todo (modelos econômicos, metas, regras, sistemas de crenças e valores). Assim, tem potencial para transformar o setor pela raiz, influenciando a todos os que nele trabalham e a todos que lidam diariamente com a moda e os produtos têxteis – embora a natureza transformadora do sistema que a sustentabilidade possui seja ignorada com demasiada frequência, em nome da execução de ajustes mais diretos em detalhes operacionais.

Este livro visa oferecer uma visão coerente do pensamento sobre moda e sustentabilidade e, para isso, se refere a ideias e exemplos práticos já realizados. Isso é proposital, para mostrar a trajetória de desenvolvimento nesse campo nascente ou, em alguns casos, a ausência de avanços ou mudanças.

O livro é dividido em três partes, cada uma das quais enfoca a modificação e a renovação do "sistema industrial da moda" em diferentes pontos ou lugares e, progressivamente, explora e expande as ideias e as oportunidades de inovação de forma mais abrangente e profunda do que as que hoje vemos na indústria da moda. Entendemos cada seção como parte de um contínuo de mudança, oferecendo muitas oportunidades para a intervenção liderada por designers. Favorecemos uma abordagem variada à sustentabilidade na moda, trabalhando dentro e fora do setor e por todas as partes da economia, pois há muitos pontos em que é possível promover mudanças, e, por meio de esforços coletivos, cada mudança afetará o todo.

A Parte 1 começa em um ponto conhecido, explorando as condições favoráveis para a transformação de produtos de moda por meio da seleção de fibras, rotas de processamento, comportamentos de uso e estratégias de reutilização e definindo formas pelas quais o impacto das roupas pode ser reduzido e sua resolubilidade aprimorada. Muitas vezes, essas ações são postas no contexto de sistemas naturais, para dar uma ideia das complexidades em jogo, mesmo quando os designers tomam decisões aparentemente simples.

A Parte 2 amplia esse foco até o design de estruturas e modelos econômicos e de negócio que determinam a indústria da moda como um todo, e começa a definir oportunidades mais abrangentes de transformação dos sistemas de moda por meio de, por exemplo, adaptabilidade, localismo, rapidez, biomimética e design colaborativo. Aqui, as ideias são menos familiares, mais desafiadoras e ousadas, pois normalmente não se enquadram na perspectiva atual da moda comercial.

A Parte 3 muda o foco de novo, para a *transformação da prática do design de moda*, explorando agora os novos papéis que os designers podem assumir em um setor da moda junto com ideias de sustentabilidade. Entender as diferentes habilidades necessárias para que os designers contribuam ativamente para a "Grande Transição"[3] torna o processo de melhorar o todo uma consequência da prática individual. Essa parte é deliberadamente mais curta que as duas primeiras, pois surgem, o tempo todo, novas funções para os designers, e nossa intenção foi introduzi-las e, ao mesmo tempo, deixar espaço para que outras aflorem. Nos próximos anos, imaginamos todos os setores da economia rapidamente povoados por designers informados e autônomos, promotores de inovações que hoje nem sequer somos capazes de conceber.

Lynda Grose e *Kate Fletcher*
São Francisco e Londres

TRANSFORMANDO PRODUTOS DE MODA

O processo de sustentabilidade impele a indústria da moda a mudar. Mudar para algo menos poluente, mais eficaz e mais respeitoso do que hoje; mudar a escala e a velocidade de suas estruturas de sustentação e incutir nestas um senso de interconectividade. Tal mudança pode acontecer em muitas situações, de maneiras surpreendentes e até mesmo desconcertantes. Às vezes, por exemplo, a maior mudança vem de uma série de pequenas ações individuais, não de grandes proclamações internacionais – uma percepção que a põe ao alcance de todos nós.

1

A experiência nos mostra que a maioria das pessoas começa a mudar suas práticas alterando aquilo sobre o que tem mais controle. Para os designers de moda e as marcas de roupa, isso tende a ser seu produto, sua cadeia de fornecimento e, não raro, os materiais escolhidos. Com esse objetivo, a primeira parte deste livro é dedicada à inovação, com foco na sustentabilidade, de produtos de moda. Concentra-se em oportunidades de influir no impacto ambiental e social da criação e do desenvolvimento de peças de vestuário ao longo de todo o ciclo de vida do produto – isto é, da fibra têxtil à fábrica e daí ao consumidor, ao local de descarte e a uma eventual reutilização. Nunca é demais salientar a importância de adotar essa visão abrangente do ciclo de produção e consumo. Essa visão reflete um modo de pensar que concebe cada fase de um sistema – em nosso caso, o sistema da indústria da moda – como vinculada a todas as outras e reconhece que, para alcançar a sustentabilidade continuada, todo o ciclo da moda deve passar por melhorias, não só algumas de suas fases. A terminologia que usamos para descrever a visão completa ou cíclica dos fluxos de recursos associados a criação, uso, descarte e reutilização de produtos de moda foi em grande parte emprestada da ecologia. A linguagem dos sistemas naturais, de ciclos, fluxos, redes e interconectividade contrasta nitidamente com a linguagem de produção industrial normalmente reservada para setores de manufatura e varejo como a moda. Mas as ideias de sustentabilidade trazem para a moda não apenas um vocabulário diferente, mas um modo diferente de pensar o mundo em que nossos negócios operam e no qual praticamos design. Esse modo de pensar transcende a perspectiva binária (isto é, ou/ou) que concebe as atividades de produção e consumo como separadas e consecutivas; transcende também a visão linear de como os recursos fluem pela cadeia de fornecimento, às vezes descrita como uma atividade de "extração, produção e descarte". Em franca oposição, a mentalidade sustentável baseia-se em reciprocidade e complexidade, e em uma profunda compreensão dos padrões, das redes, dos equilíbrios e dos ciclos em jogo no sistema da moda.

Portanto, enquanto buscamos melhorar os produtos de moda, para torná-los mais sustentáveis, é vital refletir de maneira ampla e profunda ao tomar decisões. Mas – e isso também é crucial – precisamos ainda focar no aqui e agora e tomar decisões pragmáticas e práticas sobre, por exemplo, a escolha de fibras têxteis, fabricantes e acabamentos de tecido. Para chegar a um ponto em que isso aconteça simultaneamente, precisamos desenvolver conhecimento aplicado, ou sabedoria prática. Aristóteles descreveu-a como "combinação de vontade moral e habilidade moral";[1] isto é, uma fusão de experiência adquirida com o tempo, conhecimento dos sistemas em vigor e grande capacidade de improvisação. Devemos aprender a fazer exceções à regra e reinventar uma solução que seja apropriada para determinada situação e para as pessoas diretamente envolvidas. Mas, antes de trabalhar para remodelar ou revolucionar soluções, precisamos tratar de entender o que já são e, com efeito, o que poderiam ser. Com esse propósito em mente, a Parte 1 deste livro dedica-se a explorar oportunidades para aprimorar produtos de moda no que se refere a uso mais eficiente de recursos, melhorias nos direitos dos trabalhadores, redução do uso de substâncias químicas e diminuição da poluição. A Parte 1 constrói uma base de conhecimento da qual é possível a mudança em outras escalas e em outros lugares.

Capítulo 1: Materiais

Nosso mundo é material, e os materiais são essenciais para as ideias de sustentabilidade, são a síntese tangível de fluxos de recursos, uso de energia e trabalho. Visivelmente, os materiais conectam-nos a muitas das grandes questões de nosso tempo: as mudanças climáticas, a geração de resíduos e a escassez de água; tudo isso pode ser, de alguma forma, associado ao uso, à transformação e à demanda de materiais. Além de decisivos para a sustentabilidade, os materiais são cruciais para a moda: tornam real sua produção simbólica e nos fornecem o meio físico com o qual construir identidade e agir como seres sociais e indivíduos. Nem toda expressão de moda assume uma forma mediante fibras têxteis, mas, quando o faz, fica sujeita às mesmas leis da física e aos mesmos limites naturais finitos.
O esgotamento das reservas de petróleo influencia o preço e a disponibilidade das fibras petroquímicas. O fornecimento insuficiente de água potável transforma as práticas agrícolas. A elevação das temperaturas globais redesenha o mapa da produção mundial de fibras têxteis (ver fig. 1).
Até o momento, a exploração de materiais tem sido o ponto de partida para a maior parte da inovação sustentável na moda. Há muitas razões para isso, até mesmo o papel óbvio – quase icônico – exercido pela escolha de materiais nas visões normalmente aceitas sobre o que torna a moda "ecológica", "verde" ou "ética". A sabedoria adquirida indica que, ao substituir materiais, aliviamos os impactos: missão cumprida. Entretanto, a questão é, de fato, muito mais complexa. Uma razão para a predominância da inovação liderada por materiais é que ela funciona como paliativo. Substituir materiais leva a benefícios percebidos com razoável rapidez, que são incorporados aos produtos em poucos meses e que logo se manifestam

FIG. 1 SUSTENTABÍLICA: UM NOVO CONTINENTE DE FIBRAS.

nos volumes de vendas. Além disso, a inovação sustentável baseada em materiais tende a se enquadrar na esfera de ação da maioria dos designers e compradores, encaixando-se sem esforço em práticas de trabalho consagradas e no *status quo* do setor (mais do mesmo, só que "mais verde"), sem demandar abalos reformadores dos negócios. Embora sejam limitados pelos negócios e pela cadeia de fornecimento da qual são parte, os benefícios da opção por materiais "mais avançados", ainda assim, têm grande importância, não só pelos trabalhadores agrícolas ou níveis de recursos diretamente afetados pela escolha de diferentes materiais, mas também porque nos demonstram que a mudança é possível.

O impacto das fibras têxteis sobre a sustentabilidade

O material usado na confecção de vestuário está associado a todo tipo de impacto sobre a sustentabilidade: mudanças climáticas; efeitos adversos sobre a água e seus ciclos; poluição química; perda da biodiversidade; uso excessivo ou inadequado de recursos não renováveis; geração de resíduos; efeitos negativos sobre a saúde humana; e efeitos sociais nocivos para as comunidades produtoras. Todos os materiais afetam de alguma forma os sistemas ecológicos e sociais, mas esses impactos diferem de uma fibra para outra quanto ao tipo e à escala. O resultado é um conjunto complexo de compensações entre determinadas características materiais e questões específicas de sustentabilidade que têm de ser negociadas para cada tipo de fibra.

No caso dos materiais têxteis, a maioria das inovações em sustentabilidade pode ser dividida, grosso modo, em quatro áreas interligadas:

- interesse crescente por materiais provenientes de fontes renováveis, o que leva, por exemplo, à adoção de fibras têxteis de rápida renovação;
- materiais com nível reduzido de "insumos" de produção, como água, energia e substâncias químicas, o que resulta em técnicas de produção de fibras sintéticas com baixo consumo de energia (às vezes descritas como de baixa emissão de carbono) e no cultivo de fibras naturais orgânicas, por exemplo;
- fibras produzidas em melhores condições de trabalho para os agricultores e produtores, conforme ilustram os códigos de conduta dos produtores e as fibras com certificação Fairtrade ("comércio justo");
- materiais produzidos com menos desperdício, o que desperta interesse por fibras biodegradáveis e recicláveis provenientes dos fluxos de resíduos da indústria e do consumidor.

A relevância dessas áreas de inovação está em constante mudança, pois elas estão sujeitas a uma base de pesquisa científica sempre em evolução, a qual, por sua vez, influencia questões sociais e éticas. As emissões de carbono, por exemplo, ganharam relevância no decorrer da última década, associadas a recentes descobertas científicas sobre mudanças climáticas; isso levou todas as indústrias, incluindo a da moda, a procurar soluções. Outras inquietações, como o uso intensivo de pesticidas, em particular na cotonicultura, precipitaram o mercado para fibras cultivadas organicamente (sem pesticidas, herbicidas, fertilizantes, reguladores de crescimento ou desfolhantes sintéticos). Esse mercado também se beneficiou da ampla desconfiança pública, sobretudo na Europa, com relação à tecnologia transgênica, que hoje pode ser encontrada em quase 50% da produção convencional de algodão em todo o mundo, mas é proibida na agricultura orgânica.[1] Ao mesmo tempo, a análise ética dos processos de produção de fibras têxteis levou ao desenvolvimento do selo Fairtrade para o algodão em estado bruto, antes do descaroçamento, que garante um preço mínimo da fibra para os agricultores e uma recompensa adicional para projetos de desenvolvimento comunitário. O segredo para a inovação com materiais é fazer perguntas – a fornecedores, clientes e compradores – sobre a adequação de determinada fibra para um fim específico e sobre as alternativas existentes. Essa pesquisa detalhada torna-se mais eficaz se acompanhada da disposição para analisar e se comprometer com o grande cenário – o ciclo de vida completo das peças de vestuário e o sistema de moda do qual fazem parte. Vincular uma fibra a uma peça de roupa e a seu usuário é o primeiro passo para que pequenas alterações nos materiais possam se traduzir em grandes efeitos sobre os produtos e o comportamento dos consumidores.

Fibras renováveis

Os recursos naturais da Terra são limitados pela capacidade do planeta de renová-los. Florestas e produtos cultivados são renováveis após alguns anos ou meses, desde que a exploração não exceda a regeneração. Fibras cultivadas, como o algodão e o cânhamo, ou feitas da celulose das árvores, como o liocel, podem estabelecer o equilíbrio crucial entre velocidade de colheita e velocidade de reposição e são renováveis. Com as fibras derivadas de minerais e petróleo, há um desequilíbrio bruto entre taxa de extração e velocidade de regeneração (que, no caso do petróleo, é de cerca de um milhão de anos); por isso, são descritas como não renováveis.

Classificar as fibras de acordo com a capacidade de renovação de sua fonte material é fácil e rápido e distingue aquelas derivadas de polímeros vegetais ou animais (algodão, lã, seda, viscose e PLA, um polímero biodegradável derivado do amido de milho) daquelas derivadas de fibras não renováveis (poliéster, náilon e acrílico) – ver fig. 2. Em geral, essas categorizações simples reafirmam noções preconcebidas sobre fibras "boas" (presumidamente naturais e renováveis) e "ruins" (manufaturadas e não renováveis) quanto à sustentabilidade. Contudo, o caráter renovável da matéria-prima não garante sustentabilidade, pois a capacidade de um material regenerar-se rapidamente nos diz muito pouco sobre as condições em que é gerado – os insumos de energia, a água e as substâncias químicas utilizados no campo ou na fábrica, seu impacto sobre os ecossistemas e os trabalhadores ou seu potencial para uma vida longa e útil. O bambu é um bom exemplo. As afirmações recentes sobre a sustentabilidade dos tecidos de bambu baseiam-se apenas no crescimento vigoroso da planta e em sua renovação rápida e constante. Mas a subsequente transformação da celulose do bambu em viscose produz resíduos com grande impacto sobre o ar e a água.[2] Melhorar de fato a qualidade ambiental e social exige visão mais abrangente e complexa da responsabilidade, na qual a rápida regeneração da fonte material de uma fibra é almejada não de forma isolada, mas como parte de uma estratégia mais ampla de produção segura e engenhosa de peças de vestuário adequadas, com planos coerentes para futura reutilização.

CAPÍTULO 1: MATERIAIS

FIG. 2 TIPOS DE FIBRAS TÊXTEIS

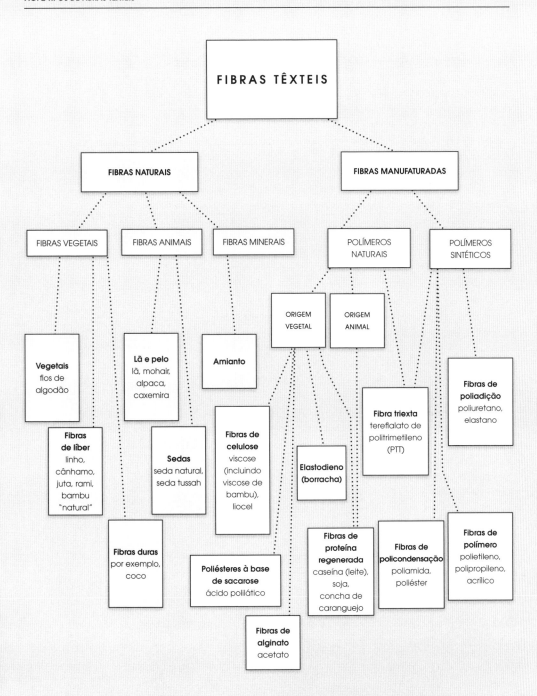

Renovabilidade: caminho para a responsabilidade estendida

Nesse quadro mais amplo de responsabilidade estendida, há duas prioridades essenciais. A primeira, desenvolver estratégias para usar e reutilizar fibras que já estão em nosso guarda-roupa. Isto é, encontrar modos de reciclar indefinidamente as fibras existentes, renováveis ou não, para prolongar seu uso até o limite mais próximo possível do tempo que levam para se regenerar. A segunda, preferir fibras renováveis de baixo impacto a fibras virgens não renováveis. Para isso, pode ser necessário, por exemplo, especificar quais fibras renovam-se no curto prazo (regeneração dentro de três anos) e anualmente (cultivo em um só ano). De fato, quantidade considerável de pesquisa e desenvolvimento vem sendo realizada para trazer ao mercado novos tipos de fibras sintéticas derivadas, ao menos em parte, de polímeros renováveis. A Sorona® da DuPont (tereftalato de politrimetileno, ou PTT), por exemplo, foi recentemente designada como nova categoria de fibra de poliéster (e batizada com um novo nome genérico, "triexta") pela Comissão Federal de Comércio dos Estados Unidos. Combina matérias-primas produzidas pela fermentação da dextrose – até cerca de 37% do peso – com a matéria-prima tradicional derivada de petróleo.[3] E uma biomassa alternativa ao náilon 6, produzida pela japonesa Kuraray, é derivada de óleo de rícino.[4]

Jaqueta de liocel da H&M, Garden Collection 2010.

Uma fibra renovável de baixo impacto, hoje consolidada no mercado, é o liocel – uma fibra de celulose regenerada feita de polpa de madeira. O liocel difere da viscose (também de celulose regenerada de polpa de madeira) pelo fato de que a celulose em estado bruto é dissolvida diretamente em um solvente de óxido de amina, sem necessidade de primeiro ser convertida em um componente intermediário – um avanço que reduz de forma significativa os níveis de poluição da água e do ar. A solução celulose/solvente é então extrudada para formar as fibras, e o solvente é extraído quando elas são lavadas. Nesse processo, mais de 99,5% do solvente são recuperados, purificados e reutilizados,[5] e uma vez que o óxido de amina é atóxico, o pouco que resta de efluentes é considerado inofensivo. Como as fibras de liocel são puras e brilhantes em estado bruto, não precisam ser branqueadas antes do tingimento e podem ser coloridas com técnicas que requerem pouca água, energia e substâncias químicas. Para algumas formas patenteadas de liocel, como o Tencel®, obtém-se a polpa de madeira de árvores (normalmente eucaliptos, que chegam à plena maturidade em cerca de sete anos) cultivadas em florestas com certificação de manejo sustentável, e alguns produtores exploram até opções para obter a certificação orgânica. Isso garantiria que a celulose não é obtida de eucaliptos geneticamente modificados, hoje em teste nos Estados Unidos para resistir às geadas.[6]

Há pesquisas e projetos em andamento para explorar fontes de celulose que não as árvores; hoje, opções como o bambu não podem ser processadas na cadeia de produção do liocel devido a sua composição química ligeiramente distinta. Em sua Garden Collection de 2010, com foco em baixo impacto, a marca sueca H&M lançou peças feitas de Tencel® em combinação com outros materiais, entre os quais poliéster reciclado, algodão orgânico e linho orgânico.

Fibras biodegradáveis

Desenhar roupas que, no fim de seu ciclo de vida, possam se biodegradar sem danos ao meio ambiente é uma resposta proativa (e inspirada no ecossistema) a níveis crescentes de resíduos têxteis e indumentários, a aterros sanitários abarrotados e a legislação cada vez mais restrita, que controla as formas como as roupas podem ser descartadas.

Processos de biodegradação

Na biodegradação, fibras (ou peças de vestuário) são decompostas em substâncias mais simples por microrganismos, luz, ar ou água, em processo que deve ser atóxico e que ocorre ao longo de período relativamente curto.[7] Nem todas as fibras são biodegradáveis. As sintéticas, por exemplo, feitas de uma matéria-prima derivada de carbono, não são consideradas biodegradáveis. Resistem e se acumulam no meio ambiente, porque os microrganismos carecem das enzimas necessárias para decompô-las. Já as fibras derivadas de plantas e de animais logo decompõem-se em partículas mais simples.[8] Mas, com frequência, as roupas são feitas de mesclas de fibras, e quando as fibras naturais são combinadas com fibras sintéticas (como na mescla de lã e acrílico), a decomposição é inibida. Além disso, uma peça de roupa contém mais do que fibras. Entretelas (inclusive adesivos termocolantes), linhas de costura, botões e zíperes decompõem-se em velocidades diferentes, em condições particulares e com efeitos distintos. Usar linhas e etiquetas de poliéster ou entretela com adesivo sintético em uma camisa de algodão inevitavelmente retarda a decomposição completa. Portanto, a biodegradação só é possível quando projetada e planejada de antemão, de modo que mesclas de fibras e linhas ou aviamentos não biodegradáveis são evitados desde o início. Assim, em uma perspectiva energética, preferir a compostagem de uma roupa à sua reciclagem ou, digamos, incineração com recuperação de energia é desperdiçar a maior parte da energia contida na peça (isto é, a energia necessária para cultivar e produzir a fibra, fabricar o produto, distribuí-lo e assim por diante), pois converte-se um produto complexo e com muita energia (a peça de vestuário) em produto com pouca energia (a compostagem), sem antes tentar extrair o que tem de maior valor.[9]

Em *Cradle to Cradle*, William McDonough e Michael Braungart veem a compostagem como um dos dois únicos ciclos aceitáveis em uma economia industrial sustentável.[10] Afirmam que, por meio da compostagem, resíduos (como as roupas) de uma parte da economia tornam-se a matéria-prima de outra (a produção de matéria orgânica para a agricultura, por exemplo), seguindo efetivamente um ciclo natural de crescimento e deterioração. O outro ciclo descrito pelos autores é o de reciclagem industrial, em que os materiais (chamados "nutrientes industriais") são perpetuamente reutilizados. Na concepção que McDonough e Braungart têm da economia sustentável, não há lugar para produtos que não se possa encaixar em uma dessas categorias.

Fibras biodegradáveis de nova geração

O interesse cada vez maior por questões associadas à geração de resíduos e oportunidades de fechar os ciclos naturais e industriais levou ao desenvolvimento de um novo tipo de fibra de poliéster que se biodegrada (às vezes chamada biopolímero), que inclui fibras feitas de ácido polilático (PLA). As fibras de PLA (como a Ingeo™, da

NatureWorks) são feitas de açúcares derivados de cultivos agrícolas, normalmente milho, por um processo de moldagem por rotação ("melt-spun"), similar ao do poliéster convencional derivado de petróleo. Essas fibras são promissoras, mas também estão associadas a uma série de inquietações. Os poliésteres derivados de milho exigem temperaturas de processamento limitadas, por causa do baixo ponto de fusão da fibra, de 170 °C/338 °F, o que pode causar problemas no tingimento e na passagem a ferro, embora recentes avanços tenham conseguido aumentá-lo para 210 °C/410 °F.[11] As fibras de PLA são renováveis e biodegradáveis, mas só se decompõem em condições ideais proporcionadas por uma estação de compostagem industrial. Embora raramente se admita, esse é um fator crítico que restringe o sucesso das fibras sintéticas biodegradáveis, pois as condições quase ambientais encontradas em pilhas de compostagem caseiras não apresentam a combinação de temperatura e umidade necessária para desencadear a decomposição da fibra, e quando não há uma infraestrutura adequada de esquemas de compostagem industrial e um sistema de coleta para controlar e canalizar os resíduos, essas fibras podem jamais retornar ao solo e fechar um ciclo. De fato, há indícios de que, nos aterros sanitários, os sintéticos biodegradáveis produzem altos níveis de metano, um potente gás causador do efeito estufa.[12]

As questões ligadas à capacidade de degradação das fibras estão claramente longe de ser simples. De fato, tornaram-se ainda mais complexas com o surgimento de fibras de poliéster comercializadas como "degradáveis" (para distingui-las das não degradáveis ou das biodegradáveis). Por exemplo, o polímero degradável Apexa® (de resina de tereftalato de polietileno, ou PET, como o poliéster convencional), da DuPont, ao que parece se decompõe em apenas 45 dias, embora em condições de alta temperatura, umidade e pH rigidamente controladas.[13] Com isso, hoje podemos dividir as fibras sintéticas em três tipos, de acordo com sua capacidade de degradação: biodegradáveis, degradáveis e não degradáveis.

1. As fibras sintéticas *biodegradáveis* (como os biopolímeros descritos acima) substituem os ingredientes de combustíveis fósseis por matérias derivadas de plantas e atendem a padrões mínimos de decomposição.
2. As fibras *degradáveis* são de polímeros sintéticos derivados de petróleo, mas se decompõem, embora esse processo normalmente leve muitos anos.
3. As fibras *não degradáveis* são de polímeros sintéticos derivados de petróleo e não se decompõem.

Deve-se observar que cada tipo varia quanto à velocidade de decomposição e às condições de compostagem.

Obstáculos à adoção de polímeros biodegradáveis
Além da possibilidade de confusão quanto à terminologia vinculada à capacidade de degradação das fibras sintéticas, há outros obstáculos para que elas cumpram sua promessa de sustentabilidade, pois aumentam o risco de contaminação cruzada de diferentes fluxos de resíduos com fibras com diferentes capacidades de degradação e podem comprometer a qualidade do produto final.

A inovação da biodegradabilidade da fibra, portanto, tem uma série de desafios importantes, como:

Camiseta biodegradável da Trigema, certificada pela Cradle to Cradle®.

1. a criação de peças de vestuário totalmente biodegradáveis, em que todas as fibras e partes componentes decompõem-se de forma completa e segura;
2. o desenvolvimento de infraestrutura adequada para coletar e processar fibras degradáveis por compostagem;
3. a disponibilização de informações mais precisas e a identificação das fibras biodegradáveis, especificando métodos de compostagem e diferenças com relação a sintéticos não degradáveis e degradáveis derivados de petróleo.

Para lidar com o primeiro desses desafios, a colaboração entre a consultoria MBDC, dos autores de *Cradle to Cradle*, e a marca alemã de roupas informais Trigema resultou em uma camiseta de algodão concebida para ser completamente biodegradável.[14] O objetivo de desenvolver um produto atóxico e rapidamente biodegradável influencia a escolha da fibra e dos compostos químicos usados na sua produção; o conceito também impõe restrições a linhas de costura, etiquetas, zíperes, fechos e fios elastoméricos. A peça criada é 100% de algodão (escolhido especificamente por ser isento de resíduos de fertilizantes e pesticidas), tingida com substâncias químicas que passaram pelo filtro da Cradle to Cradle® (marca registrada) e confeccionada com linha de costura 100% de algodão. Deve-se admitir, no entanto, que, embora a camiseta da Trigema responda a certas questões sobre reutilização da fibra, deixa muitas outras sem resposta, como: a fibra de algodão convencional já pode se biodegradar com segurança? Os processos recomendados pela Cradle to Cradle® refletem as melhores práticas (quanto ao uso de água e energia durante o tingimento, por exemplo)? E qual a quantidade ideal de desgaste antes de encaminhar a peça à compostagem? Por tudo isso, parece que sua principal contribuição não é tanto a aplicação impecável da filosofia Cradle to Cradle®, mas a percepção de que, se quisermos promover mudanças na escala requerida pela sustentabilidade, precisaremos desenvolver um modo inteiramente novo de pensar.

Fibras que beneficiam os seres humanos

No que se refere à saúde humana e às condições de trabalho, para que as fibras usadas na indústria da moda sejam mais sustentáveis, a inovação requer mudanças: por um lado, em questões específicas, como práticas de segurança e saúde, melhores condições de trabalho, acesso a sindicatos e salários dignos; e, por outro, em questões mais amplas, associadas a modelos de negócio e práticas comerciais locais e globais que respeitem os trabalhadores e gerem benefícios às comunidades de produtores.

Na maioria das vezes, as muitas questões que influenciam a vida dos trabalhadores emergem em fábricas de corte e costura, onde as peças são montadas. Esse costuma ser o foco de atenção, porque é uma parte da cadeia de fornecimento em que o uso de mão de obra é extremamente intensivo, e a concentração dos trabalhadores em um único lugar pode desencadear irregularidades trabalhistas, como baixos salários, ausência de contratos, falta de acesso a negociações coletivas, abusos físicos ou sexuais, etc. Mas as questões laborais também predominam em outras partes da cadeia de fornecimento da indústria da moda. Os trabalhadores em algodoais, por exemplo, relatam problemas de saúde frequentes depois de expostos a pesticidas com alto grau de toxicidade. A Organização Mundial da Saúde (OMS) indica que há cerca de 3 milhões de envenenamentos por pesticida a cada ano, resultando em 20 mil mortes, na maioria entre os pobres das zonas rurais dos países em desenvolvimento.[15] Além disso, o trabalho infantil na colheita de algodão é trivial em países como o Uzbequistão, onde o governo rotineiramente mobiliza crianças para garantir que as cotas estatais de algodão sejam alcançadas.[16] Outros problemas generalizados entre os trabalhadores rurais são baixos salários e trabalho itinerante e, entre os pequenos produtores, oscilações nos preços das matérias-primas, o que resulta em ganhos reduzidos e na dificuldade de permanecer na terra.

A influência dos sistemas de comércio e de negócios

Outras questões que influenciam as comunidades de trabalhadores estão ligadas às regras e aos valores dominantes nos sistemas de comércio e de negócios. Fibras têxteis, como o algodão, são cultivos comerciais e, vendidas no mercado global, importantes geradoras de divisas para um país produtor. Em alguns lugares, a pressão política para destinar terras produtivas a cultivos comerciais levou países que eram autossuficientes na produção de alimentos a ter de importá-los, deixando sua população vulnerável aos crescentes preços globais dos gêneros alimentícios. Uma resposta conhecida a essas vulnerabilidades é a certificação Fairtrade, cujo propósito é "criar oportunidades para produtores e trabalhadores postos em situação de desvantagem econômica ou marginalizados pelo sistema de comércio tradicional".[17] Os agricultores certificados recebem por sua produção um preço mínimo, que cobre o custo de produção, e a Fairtrade paga uma recompensa adicional por investimentos em projetos de desenvolvimento social, ambiental ou econômico.

Mas a própria existência da certificação Fairtrade aponta para um sistema comercial e econômico que está fundamentalmente fora dos limites, um sistema tão grande que se perderam elos em suas cadeias de fornecimento, em que o designer ou a empresa desconhece quem faz seus produtos. Com efeito, a Fairtrade é uma resposta apoiada no mercado que surgiu da necessidade de manter a produção industrial (incluindo a de roupas) em limites seguros (que beneficiem os seres humanos); uma reparação organizacional para o problema mais profundo da desgastada confiança no sistema. O verdadeiro desafio para os designers é desenvolvermos, nós mesmos, essas relações, conhecer nossos fabricantes e compreender a escala em que funcionam os vínculos pessoais e o ponto em que eles se rompem. Pois quando construirmos uma indústria em torno de escalas, relacionamentos e valores diferentes, a certificação já não precisará ser o foco mais importante.

O selo Fairtrade foi criado em 2005 para garantir aos agricultores um preço mínimo pelo algodão-caroço, bem como uma recompensa por investimentos na comunidade. A fim de atender aos critérios da certificação, os produtores de algodão devem usar roupas protetoras ao borrifar pesticidas para reduzir o risco de envenenamento.[18] Mas a velocidade com que a Fairtrade foi aceita pelo mercado ultrapassou, em alguns casos, a capacidade de fornecer programas educativos com o objetivo de instruir todos os agricultores em melhores práticas para a cotonicultura. Além disso, a garantia de preço justo para o agricultor não vale necessariamente também para o trabalhador rural. O equilíbrio entre a demanda do mercado e o tempo necessário para o treinamento de cultivo, bem como a compreensão das limitações dos atuais mecanismos de mercado em supri-la nos amplos objetivos de sustentabilidade na produção de algodão são essenciais e apontam para as complexidades que designers, empresas e consumidores devem considerar.

A C&A, importante rede varejista de roupas com sede na Europa, firmou parceria com a Textile Exchange e a Fundação Shell para fundar uma nova entidade chamada Cotton Connect, cujo objetivo é transformar as cadeias de fornecimento do algodão, abordando questões de sustentabilidade em todas as suas etapas, da plantação ao produto acabado. Como parte de sua estratégia original de algodão orgânico, a C&A associou-se a empreendimentos agrícolas selecionados, pedindo a seus fornecedores de tecidos e produtos de algodão orgânico que comprem de fiações que, por sua vez, sejam compradoras desses grupos agrícolas selecionados. A empresa comunicou seus planos de expansão e suas expectativas por meio de conferências que reuniram fornecedores e parceiros de negócio e agrícolas, trabalhando com a Textile Exchange para determinar indicadores de progresso essenciais, como situação alimentar crítica, falta de água e treinamento em práticas agrícolas, e para gerar conscientização acerca de práticas sociais imprescindíveis. A Cotton Connect planeja estabelecer parcerias com outras marcas e varejistas, para possibilitar que as medidas sejam implementadas em maior escala, com base no aprendizado das parcerias originais. Assim, mobilizando parceiros em toda a cadeia de produção, as demandas e o crescimento do mercado entram em sintonia com a capacidade dos produtores de fornecer fibras têxteis de forma viável no longo prazo, em termos econômicos, sociais e ecológicos.

Fibras com baixo uso de substâncias químicas

Para certas fibras – sobretudo o algodão –, reduzir a quantidade de substâncias químicas aplicadas nas plantações teria consideráveis efeitos positivos, tanto na vida dos trabalhadores quanto nos níveis de toxicidade do solo e da água. Hoje, na cotonicultura, gastam-se anualmente US$ 2 bilhões em pesticidas, dos quais quase a metade é considerada tóxica e classificada como de alto risco pela OMS. O algodão é responsável por 16% do uso de inseticidas no mundo – mais que qualquer outro cultivo isolado. Ao todo, quase 1 quilograma de pesticidas de alto risco é aplicado para cada hectare de terra em que se cultiva algodão.[19]

Opções para reduzir o uso de substâncias químicas na cotonicultura

Há muitas formas de reduzir as substâncias químicas no cultivo de algodão. Talvez a mais conhecida seja a agricultura orgânica, popularizada nas duas últimas décadas por Katherine Hamnett e muitos outros. No entanto, as alternativas incluem os sistemas biológicos de gestão integrada de pragas, em que os agricultores empregam meios biológicos para controlar pragas e patógenos, e as fibras geneticamente modificadas (GM), que utilizam a biotecnologia para combater as infestações por pragas e simplificar o controle de ervas daninhas. O mero fato de que essas opções existem deve-se ao valor comercial do algodão e a seu *status* como a fibra têxtil mais estudada no mundo. O algodão tornou-se uma lente pela qual todas as outras fibras são examinadas e suas questões – incluindo o uso intensivo de substâncias químicas – são um microcosmo dos debates em torno das práticas de moda e sustentabilidade como um todo.

O algodão é cultivado em mais de cem países, cada qual com suas próprias condições biológicas e desafios. Nem todos esses desafios estão associados ao uso de substâncias químicas. Os recursos hídricos são de extrema importância na Ásia Central, por exemplo, onde o mar de Aral foi reduzido a uma fração do que era, pois a água dos rios que nele desaguavam foi desviada para irrigar os algodoais próximos dali. No entanto, no oeste da África, os índices pluviométricos são altos, e prioritário, no que se refere à sustentabilidade, é o uso de substâncias químicas, não o desvio da água (embora a contaminação da água por vazamentos químicos ainda seja um problema). Tais diferenças levaram ao desenvolvimento de estratégias regionais para o algodão que abordam a necessidade de uma área específica e reconhecem que dos problemas que enfrentamos poucos podem ser resolvidos por uma solução "universal". Apesar dessa certeza, os atuais modelos econômicos favorecem grandes soluções universais, em detrimento de soluções regionais em pequena escala, porque são mais fáceis de conduzir. No caso do algodão, isso é exemplificado em circunstâncias extremas pelo rápido crescimento da tecnologia transgênica nas plantações. Adotado pela primeira vez em 1996, o algodão GM hoje é quase 50% de todo o algodão convencional produzido no mundo[20] e 88% do produzido nos EUA.[21]

Algodão geneticamente modificado

Trabalhos científicos bem aceitos indicam que a variedade de algodão GM mais adequada para a redução do uso de substâncias químicas é a Bt.[22] O algodão Bt foi projetado de modo que o código genético da planta incluísse uma toxina bacteriana (*Bacillus thuringiensis*, de onde "Bt") venenosa para as pragas; isso significa que o cultivo é atacado com menos frequência e, portanto, requer menos aplicações de pesticidas. A indústria biotecnológica afirma que isso representa economia para o agricultor (graças a menos gastos com pesticidas, com manejo do cultivo e custo da mão de obra) e mantém o nível de produção e a qualidade das fibras;[23] muitas questões acerca da tecnologia transgênica continuam sem resposta – não só quanto à segurança e eficácia para reduzir o uso de substâncias químicas no longo prazo como também quanto à probabilidade de que as pragas expostas à toxina Bt desenvolvam resistência genética, o que lhes permitiria proliferar e voltar a infestar o cultivo transgênico e as plantações de fazendas vizinhas.[24] Paradoxalmente, podem surgir questionamentos com relação ao modelo orgânico, sobretudo em regiões de cultivo altamente eficaz. O rendimento da cotonicultura orgânica só pode chegar a 60% da convencional, e (dependendo do volume usual de fibra colhida por hectare) tal redução pode representar perdas financeiras significativas para o agricultor, principalmente se o mercado for incapaz de absorver o necessário aumento nos preços. Esse e outros obstáculos provocaram ceticismo na indústria do algodão quanto à viabilidade dos métodos orgânicos como a principal ferramenta para reduzir o uso de substâncias químicas nas plantações. Hoje, de fato, o algodão orgânico só representa de 0,24%[25] a 0,74%[26] da produção mundial de algodão.

É quase impossível inovar quanto ao uso reduzido de substâncias químicas na produção de fibras sem ser atraído para os muitos aspectos comerciais e filosóficos da diferença entre as técnicas transgênicas, por um lado, e o controle biológico de pragas e os métodos orgânicos, por outro. Ter clareza sobre essas questões é complicado, devido à carência de pesquisas científicas independentes na eficácia das várias abordagens: hoje, a maioria das pesquisas publicadas nessa área é financiada pela indústria biotecnológica para seus próprios produtos geneticamente modificados. O grande volume de trabalhos existentes sobre fibras transgênicas pode dar a impressão de que a biotecnologia é "científica" e "verificável"; já a carência de estudos científicos sérios sobre orgânicos e outros métodos pode fazê-los parecer "ideológicos" e "não comprovados". Mas essa é uma dedução falsa; ambos os campos trazem consigo um conjunto de valores por meio do qual os dados científicos são interpretados. Para os defensores dos transgênicos, esses valores baseiam-se em fé na tecnologia para resolver problemas. Para os representantes do movimento orgânico, a fé é depositada em soluções cooperativas baseadas na natureza. O primeiro grupo tende a trabalhar dentro do *status quo*, aceitando as condições que criaram o problema (no caso do algodão, as práticas agrícolas existentes) e atuando para reduzir seus efeitos adversos (por exemplo, desenvolvendo uma nova semente, mais resistente a pragas e a herbicidas). Já o segundo grupo tenta transformar o sistema problemático (as práticas agrícolas industriais), para que o próprio problema desapareça. Assim, o ato aparentemente simples de selecionar uma fibra em vez de outra apresenta, com efeito, forte relação com questões globais e valores pessoais, com nossa predileção por mudanças lentas e profundas ou por melhorias imediatas nos processos e com tipos e escalas de intervenção que consideramos importantes para que a sustentabilidade aconteça.

Algodão sem modificação genética

FIG. 3 OPÇÕES AMPLIADAS PARA A "SUSTENTABILIDADE" DO ALGODÃO

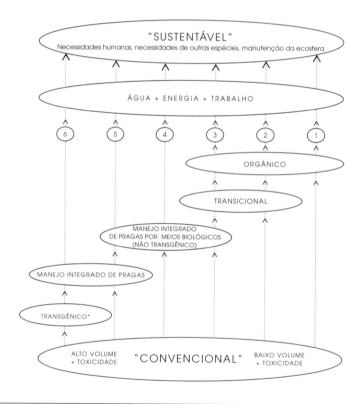

Opções ampliadas para a "sustentabilidade" no algodão.[27] A produção orgânica proporciona acesso a práticas mais sustentáveis na cotonicultura. O acréscimo de sistemas de agricultura biológica amplia progressivamente os objetivos ecológicos. *O algodão Bt GM pode introduzir sistemas biológicos[28] em áreas tão degradadas que a dependência de produtos químicos é demasiado alta para transição imediata para o cultivo orgânico, mas a ameaça de que insetos desenvolvam resistência genética é amplamente reconhecida.[29]

A camiseta Home Grown, da Prana, foi o primeiro item a ser fabricado com o Cleaner Cotton™, fibra têxtil produzida na Califórnia com toxicidade significativamente reduzida. O Cleaner Cotton tem objetivos e regras similares aos da agricultura orgânica (ver fig. 3): ambas as abordagens visam reduzir o uso de substâncias químicas no campo, requerem sementes sem modificação genética e usam sistemas biológicos de agricultura, como a liberação de insetos benéficos para controlar as populações de pragas e o cultivo, junto com o algodão, de outras plantas que atraem as pragas, eliminando-as da plantação principal. Os métodos do Cleaner Cotton proíbem os treze pesticidas mais tóxicos usados no algodão convencional. Se, diante de uma infestação economicamente nociva, os agricultores decidirem usar mais materiais tóxicos não autorizados, a fibra deixará de ser qualificada como Cleaner Cotton e vai para o mercado convencional. Essa "rede de segurança", somada ao fato de que o sistema preserva o rendimento das fibras, permite ao agricultor optar ou não pelo Cleaner Cotton conforme lhe convenha. O programa reduziu o uso de substâncias químicas no algodão californiano em várias toneladas e é alternativa viável aos cultivos transgênicos.

Fibras com baixo uso de energia

O uso de energia é uma questão essencial para a escolha da fibra têxtil na indústria da moda. Obviamente, tem relação direta com grandes temas globais, como as mudanças climáticas e seus fatores, entre os quais as emissões de carbono e o emprego de petroquímicos. A queima de combustíveis fósseis para gerar energia tem um "saldo positivo" de carbono, pois lança o carbono armazenado nas profundezas da Terra (na forma de carvão, petróleo ou gás natural) no ar como dióxido de carbono (CO_2), importante gás causador do efeito estufa. Usar menos energia proveniente de combustíveis fósseis na produção de fibras e, assim, reduzir a quantidade de CO_2 emitido é tentador, tanto do ponto de vista econômico quanto ambiental, visto que estamos vivenciando fenômenos como o pico do petróleo. O termo "pico do petróleo" reflete o fato de que todo recurso finito em algum momento atingirá um nível (o "pico") de produção ideal,[30] após o qual sua extração – nesse caso, do petróleo – torna-se mais arriscada, difícil e custosa, conforme os campos petrolíferos, esgotados, tornam-se menos produtivos. Os desafios das mudanças climáticas e do crescente custo do petróleo, que atingiu uma alta recorde de US$ 147 por barril em 2008, concorreram para incentivar práticas de economia energética na produção de fibras, aumentar o interesse por fontes de energia alternativa, como a eólica e a solar, e promover novo foco em fibras de baixo consumo de energia e, em alguns casos, baixa emissão de carbono.

Embora negligenciado, um método de produção de fibras que consome pouca energia é a reciclagem. As estimativas indicam que mesmo as formas de reciclagem de fibra sintética que fazem uso mais intensivo de energia – nas quais o poliéster ou náilon são reconvertidos em polímero e reextrudados para formar um

Camiseta Home Grown, da Prana (2006), primeira peça feita de Cleaner Cotton™.

novo produto – consomem cerca de 80% menos energia que a fabricação de fibra virgem.[31] Para as fibras recicladas por métodos mecânicos tradicionais – triturando o tecido e depois tecendo de novo as fibras –, as economias também são consideráveis.

Quando as fibras virgens são selecionadas apenas com base no perfil de energia de sua produção, normalmente se considera que as naturais consomem menos energia que as regeneradas, como viscose e liocel, que, por sua vez, consomem menos energia que as sintéticas, como poliéster e acrílico (ver fig. 4).[32]

A pegada de carbono

O recente e popular interesse pelo CO_2 como indicador essencial de atividade sustentável na indústria da moda foi impulsionado pela análise da pegada de carbono de uma peça de vestuário padrão. A Carbon Trust, organização com sede no Reino Unido, mediu 6,5 quilos de pegada de carbono em uma camiseta de algodão unissex grande.[30] A Cotton Roots, que fabrica indumentárias empresariais, afirma que, em um projeto piloto com a Carbon Trust, reduziu esse valor em 90%, para cerca de 0,7 quilo por camiseta, ao optar por métodos de agricultura orgânica em países em desenvolvimento (onde se faz colheita manual em vez de mecânica – que consome muita energia – e se evita usar pesticidas à base de petróleo), ao adotar energia solar e eólica no processo de fabricação e ao distribuir seus produtos através de varejistas neutros em carbono, em Londres.[33] Embora essas economias representem uma admirável redução de 90% em CO_2, é importante não confundir baixas medidas desse composto, em particular, ou uso reduzido de energia, em geral, com boas práticas sustentáveis em toda a indústria da moda, pois essas medições refletem impactos em uma só escala. O desafio é usar a inovação em torno da energia como via de acesso para entender melhor a interconexão de temas de sustentabilidade e seus efeitos.

Usando fontes renováveis de energia, a Bird Textiles, primeira empresa neutra em carbono da Austrália, começou a produzir de forma autônoma suas coleções de roupas e artigos domésticos.[34] Isso quer dizer tecidos estampados manualmente e costureiras operando máquinas movidas a pedal ou a eletricidade vinda de células fotovoltaicas e turbinas eólicas. Com a disponibilidade pública de eletricidade "verde" por meio da rede convencional de energia, a Bird Textiles incluiu, entre seus fornecedores,

Ao lado: vestido magenta da Bird Textiles, primeira empresa australiana neutra em carbono.

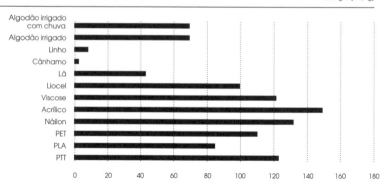

FIG. 4 CONSUMO DE ENERGIA DAS FIBRAS[35]   Energia (MJ/kg)

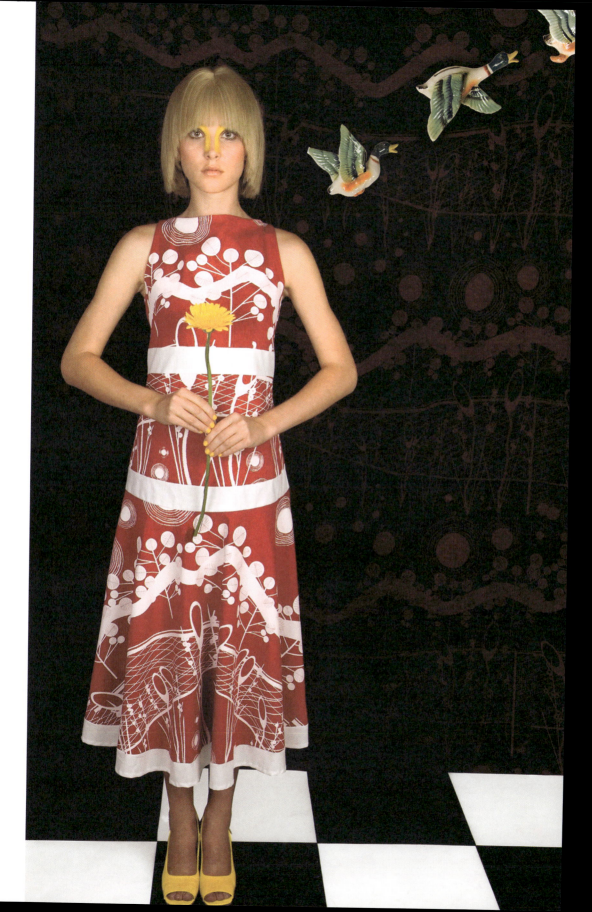

compradores de energia verde de empresas de eletricidade ou com fornecimento autônomo de energia. O resultado é uma fusão de soluções de baixa e alta tecnologia para o uso de energia e redução nas emissões de carbono.

Fibras com baixo consumo de água

A água move-se em um ciclo contínuo, acima e abaixo do solo, com volume fixo. A demanda por esse recurso finito cresce e, conforme a industrialização se espalha e as populações se expandem, aumenta a pressão sobre os limitados recursos hídricos. Daqui a vinte anos, de acordo com cifras do Programa das Nações Unidas para o Meio Ambiente (Pnuma), os seres humanos usarão 40% mais água do que hoje, se as tendências atuais continuarem.[36] Ao mesmo tempo que cresce a demanda por água, enfrentamos a possibilidade de um fornecimento reduzido de água limpa, devido aos índices cada vez mais altos de poluição. A consequência é que a água, ou sua escassez, logo se tornará a principal questão geopolítica mundial. De acordo com a Unesco e o Fórum Econômico Mundial, estamos diante de uma "bancarrota da água", que provavelmente terá efeitos globais ainda maiores do que a crise financeira que hoje desestabiliza a economia mundial.[37]

Água: uma grande questão para a moda

A água é um problema essencial para as fibras têxteis e, portanto, para a indústria da moda. Porém, os níveis de consumo de água variam muitíssimo de uma fibra para outra e de uma região de cultivo para outra. Por exemplo, no mundo todo, 50% das plantações de algodão são irrigadas artificialmente, com um variado conjunto de práticas e eficiências. Em Israel, onde a água é escassa e cara, equipamentos de irrigação altamente eficazes fornecem água às fábricas em momentos específicos e quantidades controladas, conforme o necessário; já no Uzbequistão, onde o custo da água é baixo, é comum a irrigação excessiva.[38] Os 50% restantes da plantação mundial de algodão são irrigados pela chuva, e os ciclos de chuva oscilantes resultam em produções de volume e qualidade variável. Como a água do mundo circula em um sistema fechado (conhecido como ciclo hidrológico), o uso na cotonicultura afeta seu acesso para outros fins (como para beber e irrigar plantações de alimentos ou na indústria), e a contaminação com fertilizantes e pesticidas torna-a imprópria para outros usos. O algodão não é a única fibra têxtil que consome muita água: a viscose, por exemplo, requer cerca de 500 litros por quilo de fibra produzida.[39] Em contrapartida, outras fibras sintéticas (sobretudo o poliéster) pedem níveis relativamente baixos de água em sua produção. Da mesma forma, certas fibras naturais, em áreas com altos índices pluviométricos, como a lã, o cânhamo e o linho, não exigem irrigação artificial (ver fig. 5).

Inovar para reduzir o uso de água no cultivo de fibras é parte inevitável do futuro da indústria da moda. A escassez de água elevará os custos dos recursos hídricos, fazendo da sua preservação uma exigência mais econômica que ecológica. Os analistas preveem um cenário para a água (às vezes chamado "pico da água") similar ao descrito para o petróleo; especificamente, de agora em diante a obtenção de água tornar-se-á cada vez mais difícil e mais cara. Nunca é demais ressaltar a implicação do pico da água para um setor como o da moda, cujos produtos dependem de fornecimento barato e abundante desse recurso para cultivo, produção, processamento e, por fim, lavagem. Como afirma a Unesco, "podem ocorrer conflitos pela água em todas as escalas". Para a moda, essas escalas são micro

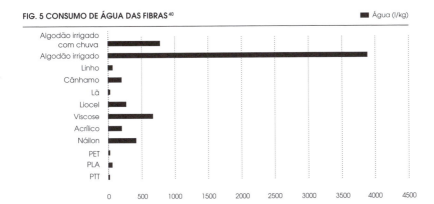

FIG. 5 CONSUMO DE ÁGUA DAS FIBRAS[40]

e macro, e refletem decisões individuais sobre cultivo de fibras e métodos de processamento e lavagem cada vez mais em conflito com as necessidades de água de países e continentes produtores. A Patagonia, marca norte-americana de roupas esportivas para atividades ao ar livre e pioneira em sustentabilidade, agiu de acordo com a tendência dos negócios em geral, rumo a maior transparência da cadeia de fornecimento, e publicou na internet a "pegada", inclusive a pegada hídrica, de um número pequeno, mas crescente, de seus produtos, do design à entrega.[41] Essa ação expõe os problemas das cadeias de fornecimento e dá à Patagonia a oportunidade de demonstrar as soluções. O consumo de água varia consideravelmente de uma roupa para outra. Por exemplo, são necessários 379 litros de água para que uma blusa feminina de algodão e Tencel chegue à loja, em comparação com 206 litros para uma jaqueta masculina de náilon à prova de água, e 135 litros para uma blusa de lã de poliéster. Mas parece haver uma compensação aqui, já que os produtos cuja produção depende de volume relativamente pequeno de água tendem a requerer uso intensivo de energia, reforçando, mais uma vez, a necessidade de que essa questão seja vista como um todo. Curiosamente, de todas as peças de indumentária que a Patagonia avaliou quanto ao uso da água, as que talvez possuamos em maior quantidade – camisetas de algodão ou de mesclas de algodão – são as que mais consomem água. Isso lança luz sobre nossas atitudes no passado, quando o uso intensivo de recursos para determinada fibra ou peça de roupa não era empecilho à sua produção, e também sobre a dimensão dos desafios com que nos deparamos ao olhar para a sustentabilidade e para o futuro: as peças mais abundantes em nosso guarda-roupa e os artigos que mais consumimos são também os que demandam mais água.

Pulôver Nano Puff da Patagonia, com pegada hídrica de 69 litros, da matéria-prima à distribuição.

Fibras que favorecem os predadores

Na natureza, a ecologia pode ser vista em ação de forma direta e onipresente. Muitas pessoas têm experiências arrebatadoras em contato com a natureza. Elas saem transformadas [...] A natureza pode nos inspirar a viver de sua generosidade sem destruí-la.

Ernest Callenbach [42]

Embora tenham ajudado os designers a vincular a escolha e a compra do tecido ao cultivo e às economias rurais, práticas agrícolas como a orgânica são de pouca valia para explicar a relação entre nossa atividade e a paisagem mais ampla ao redor da plantação – a natureza e as áreas não cultivadas. Conforme observa Fred Kirschenmann na introdução de *Farming with the Wild*, os cultivos orgânicos continuam sendo "áreas imaculadas de produção" isoladas.[43] Mas a maneira como a terra é usada por nós perturba a ecologia muito além das fronteiras de uma fazenda. Ao dividir a terra, para facilitar a propriedade de uso residencial, industrial ou agrícola, fragmentam-se os caminhos e os territórios de migração de outras espécies. Isso é especialmente importante no caso dos grandes carnívoros, como lobos, ursos e pumas, que precisam da "liberdade de perambular" para caçar e se reproduzir.[44] Embora pareça tênue a relação entre grandes predadores e nossas escolhas de design, esses animais estão diretamente relacionados com uma das nossas fibras têxteis mais conhecidas: a lã. O Serviço Nacional de Estatísticas Agrícolas dos EUA relata que até 250 mil carneiros e ovelhas são vítimas de predadores todos os anos.[45] E assim como é costume dos produtores de algodão usar inseticidas químicos em seus campos para proteger sua colheita, sem levar em conta a ecologia mais ampla que causa o desequilíbrio, também os criadores de ovelhas defendem seu rebanho das espécies predadoras sem necessariamente considerar o impacto em outras partes. De fato, com a população humana cada vez mais numerosa e os recursos já em declínio, é inevitável que se intensifique a competição por terra entre os seres humanos e outras espécies, incluindo grandes predadores. Os relatórios já indicam, por exemplo, que 80 mil coiotes são mortos por ano pelo Wildlife Services (encarregado do controle de predadores) do Departamento de Agricultura dos EUA, a um custo de US$ 10 milhões.[46]

Nos últimos anos, ambientalistas e uma iniciativa federal de recuperação ajudaram a trazer de volta os lobos em áreas como as Montanhas Rochosas do Norte. Embora amplamente aceito que a reintrodução de predadores em áreas naturais beneficia a diversidade ecológica, até mesmo controlando as populações de presas, sabe-se que são grandes as perdas de rebanhos devidas a ataques de predadores e que, com a economia das fazendas já meio fora de controle, é inevitável o conflito entre os protetores de lobos e os fazendeiros. Por um lado, a perda de rebanhos para os predadores reduz sensivelmente a receita das operações comerciais com ovelhas, e é compreensível que os criadores tentem proteger suas já debilitadas finanças. Mas as circunstâncias que contribuem para a pressão econômica sobre os ovinocultores são complexas e incluem baixos preços das *commodities* para as fibras, concorrência dos grandes produtores de lã, como a Nova Zelândia e a Austrália, concorrência de fibras sintéticas, como o poliéster, e concorrência com a suinocultura, a bovinocultura e a avicultura.

Integração de áreas de cultivo de fibras têxteis aos ecossistemas vizinhos

Com o reconhecimento dessas e de outras complexidades, formou-se nos EUA um movimento nacional com o objetivo de integrar melhor a agricultura e a criação de animais aos ecossistemas vizinhos. Esse esforço implica manejo cooperativo de pastagens, o qual interliga terras cultivadas a parques nacionais e a áreas privadas para criar corredores de vida selvagem, expandindo assim os hábitats de grandes predadores e garantindo sua convivência e diversidade genética. Também requer o plantio em hábitats para atrair a vida selvagem às fazendas e integrar melhor campos cultivados e a terra virgem adjacente. Paralelamente a esses esforços, fazendeiros "amigos dos predadores" trabalham para manter a viabilidade econômica de sua atividade sem matar esses animais: em vez disso, adotam outros obstáculos, como cercas elétricas ou cercas convencionais em boas condições para manter burros, cães de guarda e outros animais dentro das fazendas e até mesmo para selecionar gado mais "esperto"! Como complemento a essas iniciativas dos fazendeiros, estão sendo negociados incentivos governamentais para contrabalançar as perdas financeiras. E, no que concerne ao marketing, está disponível a certificação Predator Friendly®, como um pequeno bônus pelos riscos econômicos da agricultura atenta à natureza. A soma de iniciativas desse tipo está ajudando os fazendeiros e a vida selvagem a coexistir.

"Lhama de guarda" na fazenda Thirteen Mile, em Montana, que protege ovelhas dos grandes predadores.

A Thirteen Mile Farm é uma gleba de 65 hectares situada no estado de Montana, transformada em área permanente de proteção ambiental pelos proprietários, Becky Weed e Mike Tyler. Isso garante que esteja perpetuamente a salvo do desenvolvimento. Da mesma forma, duas propriedades adjacentes estão protegidas; juntas, compõem uma área de 160 hectares que se liga a um corredor de vida selvagem e o expande.[47] Os predadores dos arredores são controlados por meio de cães de guarda, lhamas e cercas elétricas.

As perdas de ovelhas são maiores do que se os predadores fossem mortos, mas o casal criou algumas alternativas para contornar esse obstáculo econômico. Em vez de leiloar o rebanho, eles vendem carneiros alimentados com pasto orgânico diretamente aos consumidores. E no lugar de vender lã a um consórcio de mercadorias, o casal ajudou a criar um nicho de mercado para a fibra de lã que favorece os predadores. Também investiram em uma pequena tecelagem e identificaram uma rede local de mulheres usuárias de máquinas de tricô domésticas, e assim podem fornecer fios e suéteres "amigos dos predadores", agregando ainda mais valor a sua fibra. A soma desses esforços permite-lhes obter um rendimento digno, que até agora tem funcionado tanto para os fazendeiros quanto para a natureza. E, desde que começaram a criar animais, Weed e Tyler expandiram seu rebanho de apenas 12 para 250 ovelhas e dobraram a extensão de suas terras.

Capítulo 2: Processos

Quanto mais longa a cadeia de nossas tecnologias, mais distantes estamos da natureza e suas capacidades e de nosso efeito sobre elas.
David Brower

O processamento têxtil é parte essencial da conversão de fibras em tecidos e em peças de vestuário, e tem grande impacto sobre a sustentabilidade. Muitos designers de moda ficam desconcertados com a complexidade técnica do processamento têxtil e tratam de compreender o que é preciso para obter o aspecto visual ou tátil de determinado tecido. As questões de sustentabilidade complicaram ainda mais essa situação. Como designers, simplesmente especificamos o toque que queremos ou acatamos as novidades que uma tecelagem oferece, deixando as decisões técnicas – e seus efeitos sobre a água, a qualidade do ar, a toxicidade do solo e a saúde das pessoas e dos ecossistemas – nas mãos de engenheiros têxteis. Isso ocorre, talvez, porque os aspectos técnicos do processamento da fibra e do tecido intimidam os designers, ou simplesmente porque nos sentimos menos qualificados que os "especialistas". Essa "timidez intelectual"[1] amplia a diferença de conhecimento e nos impede de assumir responsabilidades, marginalizando ainda mais o papel dos designers na criação de soluções. Aqui, a legislação ambiental continua sendo problema de outros. A intervenção governamental e os padrões da indústria – não a inovação impulsionada pelo design – têm sido as principais ferramentas para promover avanços ecológicos. Mas os padrões e a legislação tendem a ser punitivos e a criar um ciclo de *feedback* negativo para o setor, resultando em um modelo de sustentabilidade limitado e restrito. O design, ao contrário, é uma abordagem afirmativa que pode criar ciclos de *feedback* positivo e, por estar à frente da cadeia de produção, influenciar drasticamente as etapas posteriores de processamento e até mesmo evitar seus impactos.

O trabalho mais perto da natureza

Embora a abordagem ecológica à moda e à sustentabilidade quase sempre se manifeste como estereótipo "natural", em tecidos não branqueados e não tingidos, feitos de materiais naturais, o que de fato nos permite acercar da natureza é, paradoxalmente, que os designers se envolvam mais nos processos industriais e técnicos. A experiência direta desperta nossa percepção de forma imediata e visceral e começa a erigir um modelo ou marco de referência para se avaliar decisões futuras. Além disso, quando os designers estão engajados na tecnologia do processamento têxtil, os técnicos são ainda mais questionados, o que leva a identificar melhor os impactos ecológicos dos processos. Quanto mais claro expressarmos nossos questionamentos e objetivos, mais séria a resposta e mais rápido eles serão alcançados; e, como os designers são o mercado do setor, podemos ser os catalisadores de avanços inéditos. É essa simbiose criativa e científica que aciona a capacidade de definir novos cenários da ação no processamento têxtil sustentável. Juntas, as funções técnicas e criativas começam a transformar a cadeia de fornecimento, que deixa de ser caracterizada por compartimentos especializados, com *feedback* negativo e ação restritiva, e passa a ser marcada por colaboração, *feedback* positivo e sempre mais oportunidades. Em conjunto, o técnico (ou cientista) e o designer desenvolvem modelos de processos que nos aproximam do equilíbrio com os sistemas naturais dos quais depende nosso setor.

Princípios amplos de apoio a boas práticas

Os impactos da produção de tecidos e roupas sobre a sustentabilidade variam de um tipo de fibra para outro e dependem das especificações do tecido e do desenho das peças. Mas, na inevitável complexidade dos efeitos do processamento têxtil, há princípios gerais que podem guiar as decisões de design e embasar boas práticas. A intenção geral, na perspectiva ambiental, é especificar formas de processamento que usem o mínimo de recursos e causem o menor impacto possível. Às vezes, isso significará abrir mão de certo acabamento para inibir todos os impactos de determinada etapa de processamento. No entanto, nem todos os processos ou tratamentos químicos podem ser evitados; de fato, muitos são essenciais à fabricação de produtos de moda práticos e utilizáveis. Os princípios gerais para boas práticas são:

OBJETIVO	AÇÃO
• Usar recursos naturais com critério.	• Minimizar o número de etapas de processamento.
• Reduzir o risco de poluição.	• Minimizar a quantidade e a toxicidade das substâncias químicas usadas e eliminar processos nocivos.
• Minimizar o consumo de energia.	• Combinar processos ou usar processos que demandem baixa temperatura.
• Minimizar o consumo de água.	• Eliminar os processos que consomem muita água.
• Reduzir o volume em aterros sanitários.	• Minimizar a geração de resíduos em todas as etapas.

A seguir, examinaremos certo número de etapas de processamento e manufatura, definindo boas práticas e explorando oportunidades de design para melhorar o perfil sustentável das roupas. Tais etapas – cuja escolha decorre mais do alcance e do caráter desafiador das questões ambientais e sociais para o setor do que de uma análise abrangente dos impactos associados com o processamento – demarcam os desafios quanto a recursos, resíduos, poluição e mão de obra do processamento de fibras têxteis, tecidos e roupas, no contexto de uma parte específica da cadeia de manufatura, para conscientizar sobre práticas inovadoras nessas e em outras áreas. São questões associadas ao branqueamento e ao tingimento de tecidos, processos arquetípicos de grande impacto, que consomem enormes quantidades de água, energia e substâncias químicas e, muitas vezes, são foco das análises ambientais; ao desperdício decorrente do corte de molde; à complexidade das questões laborais e dos direitos trabalhistas na montagem das peças; e ao impacto dos metais e aviamentos utilizados nas peças – além das oportunidades de design que cada problema descortina.

Branqueamento com uso reduzido de substâncias químicas

"Não branqueado e não tingido" era um dos mantras da "ecomoda" no início dos anos 1990, influenciada por amplas campanhas contra o uso de alvejantes à base de cloro na produção de papel. Produtos à base de cloro, como o clorito e o hipoclorito de sódio, podem formar compostos orgânicos halogênicos em águas residuais, que, comprovadamente, se acumulam em organismos vivos, se associam a anormalidades no desenvolvimento fisiológico e podem ser cancerígenos.[2]

Na indústria da moda, o alvejante é usado na etapa de preparação para o tingimento e é crucial para obter um tecido de cor uniforme que poderá ser tingido de forma homogênea e de forma repetida. Assim, o branqueamento é fundamental para os objetivos de sustentabilidade, pois garante o tingimento adequado já na primeira vez, evitando o uso intensivo dos recursos e a poluição associados a retrabalhos como remoção da tintura, ajustes de tons, etc. O branqueamento também influencia a durabilidade da roupa: uma peça mal tingida em consequência de inadequado tratamento prévio pode desbotar com a lavagem e ser descartada mais depressa. O "custo" de branquear, em termos de recursos consumidos e poluição gerada, deve ser avaliado tendo-se em conta o visual desejado e a durabilidade nas mãos do consumidor.

Alternativas ao cloro

O cloro já não é muito usado no processamento têxtil há cerca de vinte anos;[3] hoje, a maioria das tecelagens da União Europeia e dos EUA usa peróxido de hidrogênio para preparar os tecidos para o tingimento. O peróxido de hidrogênio é um agente alvejante facilmente disponível e economicamente viável, mas só é ativo a temperaturas acima de 60 °C (140 °F), o que resulta em branqueamento com relativo alto consumo de energia. Além disso, para estabilizar o peróxido de hidrogênio e otimizar o branqueamento, são necessários aditivos químicos, incluindo agentes sequestrantes, altamente poluentes se não tratados nas águas residuais. O ozônio é uma opção mais recente de branqueamento que não requer água; afirma-se que, em casos que demandam muito tratamento, como no acabamento do brim, a tecnologia pode economizar até 80% das substâncias químicas normalmente usadas.[4] O ozônio, no entanto, é relativamente caro, e o equipamento ainda não está disponível com tanta facilidade. Embora os processos alternativos de branqueamento possam ser mais caros, a redução no custo de limpar as águas residuais tende a compensar os custos iniciais. Também é possível economizar com a combinação de etapas de processamento, eliminando lavagens intermediárias e o uso de energia e de água.[5]

Tecnologia enzimática

Com a avaliação das vantagens e desvantagens dos branqueadores e sistemas de branqueamento disponíveis, tem-se dado mais atenção à tecnologia enzimática. As enzimas são proteínas capazes de catalisar reações específicas e são usadas há algum tempo na indústria têxtil para auxiliar em várias etapas de processamento, até mesmo na remoção de fibrilas ou "biopolimento" da superfície dos tecidos, bem como na limpeza de águas residuais. As enzimas podem ser usadas em quantidades mínimas e em condições muito específicas; portanto, é relativamente fácil controlá-las com mudanças no pH ou na temperatura. No branqueamento, para eliminar a ação do peróxido branqueador, pode-se usar a enzima peroxídase, que tem índice de poluição muito mais baixo que os agentes redutores típicos. Contudo, a Global Organic Textile Standard (GOTS), que estabelece um padrão global para têxteis orgânicos, proíbe os tratamentos enzimáticos provenientes de modificações genéticas. As consequências dos transgênicos no longo prazo, tanto em tecnologias

Camiseta e calça da North Face, em tecido de fabricante certificado pela Bluesign.

de processamento têxtil (como as enzimas) quanto em cultivos (como o algodão), devem ser objeto de novos debates públicos antes de plenamente aceitas.

Esses novos processos – cuja contribuição para a sustentabilidade vai além de substituir uma substância química por alternativa menos nociva – começam a conectar segmentos da cadeia de fornecimento, requerendo a cooperação entre cada etapa do desenvolvimento têxtil e criando solo fértil para mais "inteligência coletiva". Os designers não precisam permanecer isolados dessa nova forma de trabalhar, pois nosso conhecimento sobre a teoria das cores pode ajudar a ajustar tons e combinações de cores para alcançar a cor desejada sobre a base branca mais suave do peróxido de hidrogênio. O que sabemos sobre as preferências do consumidor pode ajudar a direcionar o branqueamento por ozônio, mais caro, para produtos com maior valor visual e elasticidade de preço no varejo. E talvez possamos até ajudar a acelerar a integração de novas tecnologias como o ozônio, promovendo coletivamente uma nova camiseta "branca high-tech" e revigorando a onipresente camiseta branca – dessa vez como ícone da sustentabilidade.

Padrões de processamento e acreditação

Ao longo das últimas décadas, foram criados diversos padrões "ecotêxteis", que garantem certo nível de qualidade ambiental e social, importantes como identificadores de autênticos esforços rumo à sustentabilidade e, quando são rigorosos, podem impulsionar a inovação e os avanços tecnológicos. No entanto, podem ser usados, com igual facilidade, para promover a "exclusividade" e, com efeito, bloquear o acesso ao mercado. Nesse caso, criam-se nichos no setor e perdem-se os ganhos ecológicos acumulados, que poderiam ser obtidos com a implementação desses padrões em uma escala maior. O "ponto ideal", em que a integridade e a inovação entram em equilíbrio com o pragmatismo e a escalabilidade, é objeto de contínuo debate e exige a confiança de todo o setor para manter a consistência e melhorias progressivas. Nos últimos anos, surgiram entidades certificadoras independentes para ajudar nessa trajetória, algumas das quais analisam e avaliam como as instalações de processamento na cadeia de produção podem favorecer a implementação de melhores práticas.

Uma dessas entidades, a Bluesign,[6] desenvolveu um padrão construído com base nos princípios de produtividade dos recursos, segurança do consumidor, emissão de poluentes no ar e na água, saúde e segurança ocupacional. O padrão visa fornecer soluções para problemas ligados à saúde, à segurança e ao meio ambiente, ao longo de toda a cadeia de fornecimento têxtil, usando uma metodologia sólida para documentar as atividades em andamento em uma instalação e medir seu progresso. Por meio de determinado processo de detecção, a empresa analisa todas as matérias-primas químicas usadas em uma tecelagem, classificando-as em três categorias: as que passam por este filtro recebem um rótulo azul e são apropriadas para o uso; aquelas que têm impacto moderado e são consideradas inferiores à "melhor tecnologia disponível" recebem um rótulo cinza; aquelas que não podem ser tratadas de forma limpa recebem um rótulo preto e seu uso é proibido no padrão Bluesign.[7] No branqueamento, o cloro é proibido, o peróxido de hidrogênio é permitido, as enzimas, consideradas a melhor tecnologia disponível, são permitidas, e, como os equipamentos de ozônio não estão prontamente disponíveis no setor, o branqueamento por ozônio não é uma exigência do padrão Bluesign.

Mesmo quando uma entidade certificadora assume a responsabilidade pelas decisões técnicas no processamento têxtil, as relações continuam sendo essenciais, pois, conforme a Bluesign reconhece, é o contínuo diálogo entre fornecedores e varejistas que assegura permanente vigência, no longo prazo, das mudanças implementadas.[8] Além disso, os designers tendem a ser proativos e preocupados em atender os requisitos e, portanto, são importantes na melhoria contínua das boas práticas. Há pouco tempo, o padrão e a metodologia da Bluesign foram divulgados para toda a indústria, permitindo o uso disseminado e maiores ganhos acumulados, e dando espaço para críticas e debate aberto sobre a garantia de que o padrão avançará no longo prazo. Essa abordagem tece uma rede de cooperação e competição positiva entre todos os setores dessa indústria. Muitas marcas, entre as quais a The North Face, cujos produtos são feitos de tecidos desenvolvidos em uma instalação certificada pela entidade, decidiram trabalhar com os processos acreditados pela Bluesign.

Tingimento com uso reduzido de substâncias químicas

A cor é um dos fatores mais importantes do apelo comercial dos produtos de vestuário e foco primordial das tendências de moda no curto prazo, visto que é a maneira mais rápida, barata e segura de mudar o visual, atrair o consumidor e garantir novas vendas.

Há muitos fatores que influenciam o perfil sustentável de determinada escolha de cor: o tipo de fibra, o corante, as substâncias químicas auxiliares, o método de aplicação, o tipo e a idade do maquinário e a dureza da água, entre muitos outros. Basicamente, no entanto, é a natureza que determina se as cores que escolhemos são ou não "sustentáveis", pois fornece os recursos que abastecem a tecelagem, transporta e processa os efluentes que de lá saem. Entender as tolerâncias e os limites dos ciclos hídricos naturais e sua relação com usos industriais como o tingimento ajuda a construir um critério para nossas decisões sobre as cores dos tecidos. Estima-se que, no mundo todo, a indústria têxtil usa 378 bilhões de litros de água por ano,[9] e, se a água de superfície pode ser renovada pelas chuvas, os aquíferos subterrâneos levam centenas ou milhares de anos para se reabastecer, se forem drenados; quando provêm de aquíferos "ossificados", com topo sólido, a água é, com efeito, não renovável.[10] Ao desviar água para uso na indústria têxtil e contaminar os corpos de água locais com resíduos do processamento, negamos água potável a outras espécies na "bacia hidrográfica" onde a tinturaria está situada, ameaçando a diversidade e o vigor ecológico de toda a região. A seguir, apresentamos uma série de "lentes" contextuais sob as quais podemos observar a sustentabilidade e o tingimento.

A ecologia de um banho de tingimento

Na última década, não surgiu nenhum corante ou cor específica que se destacasse pelo maior ou menor impacto ambiental, com exceção do turquesa, dos azuis brilhantes e dos verdes-bandeira – que, para estabilidade na comercialização, requerem cobre, metal pesado associado à produção de efluentes tóxicos – e das cores mais escuras em geral, que têm baixas taxas de exaustão.[11] A exaustão é importante porque, quanto maior a taxa de fixação, menos tempo o corante permanece no banho de tingimento, menor o nível de substâncias químicas corantes liberadas em águas residuais e menor o risco de poluição.

Em sistemas convencionais de tingimento, os corantes reativos, mais usados para fibras à base de celulose, como o algodão, têm as taxas de fixação mais baixas, aproximadamente 65%, e os 35% de corantes restantes são jogados fora após o tingimento. Avanços nas técnicas de tingimento e na composição química dos corantes proporcionaram melhor desempenho: os corantes reativos bifuncionais alcançam até 95% de fixação ao tecido. Além do uso de corantes químicos no banho de tingimento, são necessárias substâncias químicas auxiliares para facilitar o processo, o que pode aumentar ainda mais o risco de poluição. Ao tingir fibras à base de celulose com corantes reativos, por exemplo, usa-se sal em grande quantidade, para obter maior exaustão. Para as fibras de poliéster tingidas com corantes dispersos, as substâncias químicas auxiliares incluem agentes dispersantes e transportadores. Corantes reativos com baixa concentração de sal estão atualmente disponíveis para o tingimento de algodão; alguns sistemas de tingimento para o poliéster, como o dióxido de carbono supercrítico, eliminam a necessidade de agentes transportadores, mas demandam temperaturas muito mais altas, aumentando o uso de energia, e ainda não estão disponíveis em toda parte.[12]

Como os corantes químicos e aditivos são usados em soluções, seu volume é calculado com relação ao volume de água usado e à massa de material a ser tingido. A proporção entre o volume de água e o material é conhecida como "razão de banho", e pode variar muitíssimo, dependendo do equipamento de tingimento. Alguns equipamentos requerem uma razão de banho alta, de até 20:1, embora o padrão da indústria seja 12:1 e os sistemas mais eficientes quanto ao uso da água requeiram apenas 5:1.[13] O uso de técnicas que pedem baixa razão de banho reduz tanto o volume de água desviado da natureza quanto o volume de resíduos potencialmente tóxicos descartados nos córregos após o tingimento. Uma razão de banho baixa também minimiza a energia necessária para aquecer o banho de tingimento (já que o volume de água é menor) e reduz as emissões de dióxido de carbono, que contribuem para a mudança climática e a consequente escassez de água. Alguns sistemas de tingimento, como o tingimento descontínuo a frio, operam em temperatura ambiente e eliminam por completo a necessidade de aquecimento.

A ecologia de uma tinturaria

Mesmo que a escolha cuidadosa de corantes e produtos químicos auxiliares e uma razão de banho baixa ajudem a desacelerar o fluxo de entrada de insumos e saída de resíduos no tingimento, esse processo ainda continua um sistema linear: os recursos chegam, são processados e eliminados. Em contrapartida, a reutilização e a recuperação dos banhos, nas quais se adicionam produtos químicos para renová-los no fim do tingimento, possibilitam que eles sejam usados pelo menos seis vezes antes que os contaminadores da solução interfiram na qualidade do tingimento.[14] Na maioria das instalações, o acabamento úmido é complexo, com diferentes tons, técnicas de tingimento e tipos de fibra sendo manuseados a qualquer momento; por isso, as oportunidades de reutilizar o banho de tingimento podem ser limitadas. Ainda assim, em tecelagens como as de jeans, sarja de algodão, roupas íntimas ou uniformes, que usam cores repetidas, a reutilização da água de tingimento é procedimento relativamente simples, já que corantes e produtos químicos incompatíveis não são misturados no sistema de reciclagem. Hoje, há pesquisas para desenvolver corantes "universais", que possam ser usados para tingir vários tipos de fibra, simplificando o processamento úmido e favorecendo a reutilização do banho de tingimento em ampla gama de instalações. Enquanto isso, a adoção de sistemas de reutilização dos banhos, para tingir grandes volumes de um mesmo tecido com cores repetidas, ou o desenho de peças com palhetas tonais de cores podem ajudar a influenciar a expansão dessa tecnologia no setor.

A ecologia da região (ou bacia hidrográfica)

Mudar o foco de corantes para banhos de tingimento e para tinturarias alarga a perspectiva do design sobre a sustentabilidade da coloração de roupas. Mas o fato de que o processo de tingir artigos têxteis depende do mundo natural e, ao mesmo tempo, é por este limitado talvez seja observado com mais clareza no ambiente em que a tinturaria se localiza, pois é aí que os sistemas industriais e os sistemas naturais interagem de forma direta. Sistemas têxteis que não geram resíduos para a região têm máximo potencial de harmonizar o tingimento industrial com os ecossistemas, e há informes de que seriam capazes de evitar, em 80% a 90%, a diminuição do nível de água.[15] Enquanto as instalações, por si sós, podem usar tratamentos padrão de limpeza de água, como floculação e digestão biológica, a colaboração regional pode ampliar essas ações com sistemas avançados, como ultrafiltração, nanofiltração e osmose reversa (que remove sal das águas residuais), com o ônus financeiro em geral dividido entre entidades privadas e municipalidade local. Assim, a água tratada é reciclada e devolvida à tecelagem, em um ciclo fechado sem contaminação externa. Embora esse tipo de tratamento complexo esteja além da área de influência típica dos designers de moda, estar ciente dos avanços tecnológicos e considerá-los nas ideias futuras de marketing pode ter influência ativa e positiva.

Os "tingimentos de baixo impacto", então, oferecem aos designers uma gama complexa de considerações. Algumas dessas escolhas são visíveis no fio de algodão da Tuscarora Yarns, produzido com uso reduzido de substâncias químicas,[16] que é colorido mediante processo que envolve tratamento prévio com agentes químicos catiônicos, o qual torna o algodão mais reativo e mais fácil de tingir. Os fios, já tratados em variados níveis, são unidos em tiras e então um processo simples de tinturaria produz complexos efeitos de superfície. Ao tingir com reagentes, o tratamento catiônico prévio elimina por completo a necessidade de sal, usando 50%

Camiseta de "algodão catiônico", da Tuscarora Yarns.

menos energia que o tingimento com algodão não tratado. Essas economias devem-se à redução no tempo de tingimento, à maior fixação do corante e à diminuição de efluentes. Mas os próprios agentes catiônicos costumam ser moderadamente tóxicos e apresentam médio risco de poluição, fator que deve ser contrabalançado por seus efeitos positivos no processamento subsequente. Recomenda-se que a cationização seja combinada com a remoção de impurezas, em uma só etapa, para reduzir ainda mais o uso de recursos.[17] Mas antes de diminuir o consumo de materiais e de energia, a cationização reduz a necessidade de armazenar várias cores de fio, pois os fios permanecem "crus" até que se solicitem cores específicas, e o tingimento da peça favorece entregas rápidas, de modo que o estoque é muitíssimo reduzido. Essa tecnologia ilustra a inovação que pode resultar da combinação de conhecimento profundo da indústria com expectativas dos clientes, conhecimento técnico, propósito estético e objetivos de sustentabilidade.

Cor sem tingimento

A cor é um dos aspectos mais vitais e visualmente estimulantes da moda. A cada estação, os designers começam a criar baseados em uma inspiração, na qual desenvolvem uma palheta de cores, apreciando variações mínimas de tom e matiz para harmonizar padrões de tingimento de fio ou de estamparia. Para obter a cor em um tecido ou peça de vestuário sem uso de corantes, é preciso pesquisar explorações criativas; no longo prazo, usar fibras naturalmente coloridas contribui muito mais para a sustentabilidade do que escolher corantes de baixo impacto. Aderir à seleção exclusiva de fibras com cores naturais leva-nos ao início da cadeia de produção, até o cultivo da fibra e a criação animal, e nos reconecta diretamente com tudo o que a natureza tem a oferecer. Criar nesses limites e capacidades é algo que se pode fazer facilmente com o conjunto de habilidades requeridas pelo design de moda, e cada ponto na cadeia de fornecimento oferece uma oportunidade para a inovação criativa e para conectar o consumidor com os sistemas naturais.

Variações regionais de cor

Para proporcionar uma gama consistente de cores sintéticas, a indústria têxtil elimina todo o caráter peculiar da fibra e, ao fazê-lo, apaga também sua narrativa ou história particular, o que contribui para a estética repetitiva das peças disponíveis no mercado e para nossa relação superficial com as roupas. A cor natural, ao contrário, é indicação do lugar e também da fibra têxtil; seu caráter, como o de um bom vinho, é influenciado pelos minerais naturalmente presentes na água e no solo local, e até pela dieta animal (no caso das fibras proteicas). As cores das fibras naturais também refletem os padrões climáticos em certo ano ou estação – por exemplo, tons naturais mais escuros do linho, causados pelas chuvas e pela umidade extra durante o crescimento e a maceração – e revelam de imediato as técnicas de processamento tradicionais em determinada região produtora. O olho treinado de um designer logo reconhece a referência histórica ou a época na forma ou nuance particular de um colarinho; com o tempo, o olho também se torna intimamente familiarizado com as sutilezas das variações naturais de cor, que aprende a apreciar, e suas causas. A cor natural conecta-nos mais com as pessoas, a terra e as economias locais.

A Ardalanish é uma fabricante têxtil com sede nas Terras Altas da Escócia, especializada em tecidos *tweed* com um caráter regional único. A lã, obtida de criadores de ovelhas hebridean, shetland e manx loaghtan locais, é fornecida por fazendas das Terras Altas e ilhas escocesas. Processamento, seleção, classificação, fiação e tecelagem da fibra, em grande parte, ocorrem localmente, gerando trabalho para a comunidade da região; um programa de capacitação financiado pela empresa oferece oportunidades para que as novas gerações, ao aprender tecelagem, possam viver de forma digna e ao mesmo tempo dar continuidade às tradições têxteis locais. Os tecidos únicos da Ardalanish, principalmente de lã não tingida, com a adição ocasional de alizarina e ísatis, exibem estampas e tons de beleza sutil. As cores vão de preto e marrom acinzentado a um lindo branco leitoso, passando por castanho amarelado e cinza prateado.

A designer de moda Eloise Grey usa tecidos da Ardalanish em suas coleções e afirma que as cores naturais são as que mais atraem seus clientes. Como as cores são compostas de centenas de matizes naturais, Grey observa que iluminam muito mais o tom de pele do usuário do que os neutros uniformes das fibras artificialmente tingidas, e que as pessoas acham que as peças têm um toque muito diferenciado: nas pessoas mais idosas, em particular, despertam a lembrança da sensação tátil proporcionada pelo *tweed*. São essas características táteis e visuais que os clientes de Grey consideram mais atraentes, não as credenciais ecológicas ou a procedência do tecido. Isso mostra como uma estética sustentável pode ganhar ressonância universal e contornar a necessidade de comunicação explícita – tarefa infinitamente mais difícil com um produto fabricado em escala industrial, em que o benefício "verde" é invisível para o usuário e tem de ser promovido de forma muito mais ativa para justificar seu preço e valor.

Casaco De Beauvoir, em lã colorida naturalmente, de Eloise Grey.

Fios tingidos naturalmente, de Sasha Duerr. As cores vêm de sobras de alimentos, como cascas de cebola e de abacate, ramas de cenoura, pó de café, amora e cúrcuma, e não precisam de mordentes tóxicos.

Corantes naturais

São muitas vezes criticados pela indústria, pois a disponibilidade de matérias-primas é limitada e, em consequência, é difícil garantir a repetição das cores e sua reprodução em larga escala. A estabilidade da cor ao longo do tempo, sobretudo em fibras de celulose, também é uma preocupação constante. Mas, para muitos dos que optam pelo tingimento natural, essas objeções desconsideram o que é realmente importante. Com corantes naturais, o propósito em geral não é atender aos padrões que a indústria impõe a si mesma, mas, acima de tudo, trabalhar dentro dos limites da natureza e adaptar a criatividade e a prática conforme necessário. Planejar com base em materiais sazonalmente disponíveis, usando restos ou folhas caídas como fontes de cores, apreciando as variações e o caráter do tingimento desigual: tudo desafia nossas modernas percepções acerca do que é uma cor aceitável e revela o quanto estamos influenciados pelo que o comércio comunica como desejável. As explorações dos profissionais do tingimento natural orientam-se pela conexão profunda com a terra, muitas vezes combinada com o senso de comunidade. Eles são parte do *slow movement* (ver p. 128) e resistem aos "padrões" da indústria de ampliação, aceleração e embalagem. De fato, eles, intencionalmente, são um tônico contra esses paradigmas industriais.

Mudança no panorama cultural para os corantes naturais

Durante décadas, os corantes naturais foram geralmente depreciados pelo mercado de massa da indústria têxtil. Hoje, com o crescente interesse por sustentabilidade, inovações técnicas começam a diluir as diferenças entre objetivos industriais e artesanais, e entre o que é corante natural e o que é corante sintético. Mais plantas cultivadas por hectare e mais extrato produzido por planta começam de novo a impor sobre a natureza metas industriais de interesse humano. A aceitação de avanços técnicos em corantes naturais exigirá de nossas aguçadas capacidades cognitivas a avaliação de seus perfis de sustentabilidade, com medições que considerem mais do que seu caráter "natural".

As perguntas a seguir exemplificam os novos aspectos que devemos levar em conta, ao examinar novas tecnologias de tingimento:

- Há novas tecnologias para a aplicação de cores?
- Se sim, que indicadores melhoram?
- Quanto usam de água, energia e substâncias químicas em cultivo, processamento e implementação?
- Aceleram ou desaceleram/interrompem o fluxo de recursos naturais para a indústria?
- Desaceleram ou interrompem o fluxo de resíduos industriais ou biológicos para os sistemas naturais?
- Transformam fluxos em ciclos?
- A quem beneficiam?
- Funcionam dentro ou além dos limites dos sistemas naturais?
- Pode haver consequências imprevistas?
- Há riscos reversíveis que podem ser identificados?

O trabalho de Sasha Duerr é a síntese da abordagem *slow* à cor na indústria têxtil. Procurando materiais em sua região e usando plantas em vez de extratos, Duerr está diretamente envolvida com o ciclo de vida das plantas, sua disponibilidade sazonal e suas possibilidades de cores. Mantém um calendário indicador de plantas disponíveis e agenda projetos e encomendas com base nessa informação, para garantir que os projetos possam ser concluídos, como um chef "orgânico" planeja menus conforme os alimentos da estação que se podem obter em sua região.

Desperdício mínimo no corte e na costura

Os designers de moda abordam sua prática de várias formas. Alguns começam com protótipos tridimensionais e usam o drapejamento como o principal método para chegar ao desenho final. Outros trabalham com moldes planos e conseguem prever a silhueta e os detalhes da peça final por meio de formas bidimensionais no papel. Na indústria, o sistema de design e desenvolvimento está configurado para a "eficiência" industrial e para maximizar os resultados da ideia original. Portanto, os designers que trabalham para empresas médias e grandes quase sempre criam na forma de croquis, entregues com especificações para um modelista que confecciona o primeiro protótipo para análise. Com grande número de modelos para desenhar e desenvolver a cada temporada, o designer tem pouco tempo para prestar atenção a questões que vão além do desenho; a eficiência no corte de tecidos é especialidade da equipe de apoio técnico. E os técnicos raramente sugerem alterações a fim de promover a redução de resíduos, pois isso seria uma ofensa à expertise (e ao ego!) do designer. Muitas vezes, quem calcula o melhor aproveitamento no corte é o software de CAD (hoje usado em toda a indústria da moda) do fornecedor.

Como assinala Timo Rissanen, um dos pioneiros no desenho de roupas de modo a gerar o mínimo de resíduos, na maioria dos casos esses sistemas podem reduzir de 10% a 20% as sobras provenientes do corte.[18] Embora isso possa parecer insignificante, esses retalhos são mais que uma mera manifestação física de nosso método de corte de moldes e de nossa cadeia de desenvolvimento segmentada. De fato, isso traz uma "história oculta" de processos industriais que exploram, desviam, extraem, escavam, gastam, sugam e descartam bilhões de quilos de recursos naturais para produzir e fornecer o tecido que é jogado no chão do ateliê.[19] Além disso, a eficácia dos sistemas de CAD é limitada pela lógica original

Ao lado, acima: Jaqueta Low to No Waste, de Sam Forno, da qual partes que se repetem são cortadas em espaços negativos do leiaute do molde.

Ao lado, abaixo: Leiaute do molde da jaqueta Low to No Waste.

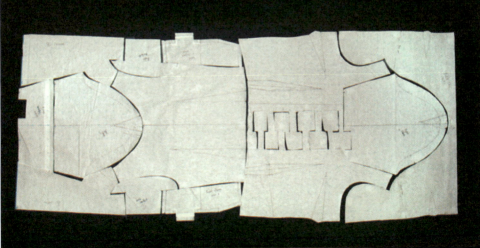

À esquerda: Camisa Endurance, de Timo Rissanen, feita com técnicas de corte de molde sem sobras.

Abaixo: Molde da camisa Endurance.

Ao lado: Vestido da MATERIALBYPRODUCT, desenhado com novo sistema de corte, marcação e junção do tecido para gerar menos resíduos.

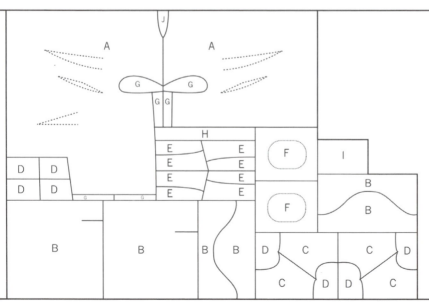

A: Corpo
B: Manga (incluindo o forro da superior da manga)
C: Pala
D: Punho
E: Gola e colarinho
F: Cotoveleira
G: Abertura da manga
H: Reforço interno da cintura
I: Reforço interno da prega das
J: Aplique da pala das costas

de sua programação: esses programas trabalham com parâmetros de eficiência estabelecidos por um sistema existente de corte de moldes. Não são capazes de se adaptar a conceitos completamente novos para confeccionar roupas e, portanto, podem frear o surgimento de inovações relacionadas à redução de resíduos e à nova estética que estas podem revelar. Ademais, toda redução de sobras do corte obtida com o CAD é invisível no produto final; designer e consumidor não percebem as economias ou os impactos ecológicos. As melhorias em sustentabilidade permanecem "cativas", na forma de dados ou cálculos abstratos, em algum lugar na cadeia de produção industrial.

Novos conceitos na redução de resíduos

Nos últimos anos, em relação às sobras da etapa de corte, surgiram conceitos de design com foco na sustentabilidade que vão desde usar os restos de pano em peças feitas de retalhos até reciclá-los como novos fios. Essas ideias prometem e estão ajudando a desacelerar o fluxo de resíduos na indústria da moda. Mas os conceitos emergentes de design podem ir ainda mais longe e desenvolver formas totalmente novas de conceber a confecção de roupas. Essas técnicas mostram que no talento e na habilidade prática dos designers, no contexto da sustentabilidade, é que estão a promessa real e os promotores de mudanças. A tecnologia pode proporcionar novas ferramentas, mas é o espírito do design criativo que orienta sua eficácia. E são a criatividade do designer e sua capacidade de dar grandes saltos de imaginação que podem transformar não só o modo como fazemos as coisas, mas também o modo como pensamos.

A jaqueta Low to No Waste, de Sam Forno, é resultado da combinação de processos de design e de confecção de moldes, para que as partes do molde fossem modeladas pelo espaço negativo (o espaço entre as peças do molde) no leiaute do tecido. Isso gerou uma indumentária com estética única, em que as partes do molde, intimamente relacionadas, formavam as linhas do desenho e orientavam o modo de amarração no centro frontal – com redução de 25% no tecido normalmente necessário para confeccionar uma jaqueta. Aqui, em vez de impor ao tecido um desenho e um modelo preconcebidos, o designer torna-se um facilitador, possibilitando que a forma surja e guiando sua evolução: Sam observou que "a jaqueta desenhou a si mesma".

Timo Rissanen usa uma abordagem no design e no corte de moldes que descreve como "quebra-cabeças": consiste em remodelar a forma e o tamanho das partes do molde de modo que se encaixem umas às outras. Seus moldes horizontais e as roupas resultantes têm formas levemente alteradas, porque o tecido que seria desperdiçado no corte é parte integrante da indumentária. Isso aumenta efetivamente a quantidade de material usado no design de uma roupa, sem elevar o custo. Rissanen diz que seu trabalho é uma tentativa de "desenhar um conjunto de peças que ocupam em duas dimensões certa extensão de tecido [...] e, ao mesmo tempo, a peça em três dimensões".[20]

O ateliê de moda australiano MATERIALBYPRODUCT trabalha com um novo sistema de corte, marcação e junção de tecidos que usa os espaços positivos e negativos de um molde para criar uma peça e é poeticamente descrito como "corte com ambos os lados da tesoura".[21] A empresa desenvolveu um programa de leiaute exclusivo, que integra as linhas de guia e dimensionamento à forma e à estampa da peça. Dobras verticais substituem as linhas de corte e conferem às peças nova silhueta que ocupa o tecido de uma ourela à outra. Cada peça é feita sob medida e arrematada manualmente com uma faixa de amarrar que cria um franzido característico.

Questões de trabalho justo e digno na etapa de corte e costura

> *O que é trabalho?*
> *Serve aos interesses de quem?*
> *Com que esmero é realizado, e com que finalidade?*
> *É feito na companhia de quem?*
> *Quanto tempo dura?*
> Wendell Berry

Nos últimos dois séculos, a industrialização da cadeia de fornecimento de roupas e produtos têxteis levou alguns países à independência econômica. De Grã-Bretanha e EUA a Japão e Hong Kong, entre outros, com a globalização dos mercados, essa inovação foi crucial para o crescimento e o desenvolvimento. As indústrias que fazem uso intensivo da mão de obra – como as indústrias têxtil e da moda – são particularmente eficazes para tirar as pessoas da pobreza e gerar renda, em particular para as mulheres.[22] Mas, se trazem importantes oportunidades para os trabalhadores pobres, também trazem grandes ameaças, por causa da escala e do poder absoluto do sistema de negociação que pode simplesmente massacrar os indivíduos. Isso é especialmente verdadeiro no setor de confecção da indústria têxtil e de indumentária, que em geral emprega mulheres entre 16 e 25 anos de idade, na maioria migrantes vindos de áreas rurais, que desconhecem seus direitos, quase nunca têm coragem de levantar a voz e, portanto, são facilmente exploradas.[23] Embora as compras dos consumidores dos países mais ricos possam ajudar a gerar empregos com um "salário de subsistência", os mercados, por si sós, não são suficientes para garantir o bem-estar dos trabalhadores.

Vários fatores criaram uma indústria têxtil global cheia de oportunidades para a exploração da mão de obra. A indústria da moda é particularmente fluída e móvel e, nos últimos quarenta anos, à medida que os salários aumentavam nos países desenvolvidos, as empresas de confecção transferiram suas instalações para onde os salários fossem mais baixos – o que resultou em uma cadeia de fornecimento de enorme complexidade, com centenas de fábricas espalhadas por muitas nações. Em consequência, grande parte da responsabilidade pelo bem-estar dos trabalhadores recaiu sobre os fornecedores – fora da influência imediata das marcas. Com isso, o controle e o monitoramento estão sujeitos à corrupção e à manipulação, cada vez com mais chances de violação de direitos humanos: o que não podemos ver, não temos como saber ou monitorar.

O papel das ONGs e dos movimentos trabalhistas

Assim como a situação de privação dos operários nas "escuras tecelagens satânicas" da Inglaterra novecentista levou ao movimento trabalhista global, hoje a revelação de violações de direitos humanos traz positivas mudanças ao sistema hegemônico.

Desde o início dos anos 1990, ONGs e grupos ativistas do setor público usaram técnicas de denúncia na imprensa para exigir transparência nas cadeias de fornecimento e responsabilização das marcas de roupas.[24] As iniciativas de boicote por parte dos consumidores, como as lideradas pela Oxfam, a Clean Clothes Campaign e outras ONGs, impulsionaram de forma significativa o desenvolvimento de códigos de conduta corporativos, que hoje são lugar-comum no negócio de confecções.[25] Mas essas práticas são só uma solução parcial para a exploração da mão de obra. É meta da Organização Internacional do Trabalho (OIT) erradicar o trabalho infantil, mas as violações de direitos continuam endêmicas na indústria da moda, sobretudo entre trabalhadores domésticos e subcontratados. E as fábricas rotineiramente mantêm dois ou mais livros contábeis para driblar as inspeções.[26]

Inadvertidamente, as empresas mais responsáveis podem perpetuar condições inadequadas de trabalho: ainda predominam profundas tensões entre os departamentos corporativos de responsabilidade social, que demandam remunerações mais altas para os trabalhadores, e os de produção, que querem menores preços para os produtos.[27] Os designers também são culpados, porque, ao especificar um estilo elaborado para um preço alvo estabelecido, forçam os fabricantes a aceitar margens mais apertadas; e aprovações da produção tardias apertam o cronograma da fábrica para cumprir as entregas combinadas com o varejo. Tudo isso pressiona os operários a trabalhar mais rápido e por mais tempo, com salários reduzidos, e minam de forma crônica os esforços das ONGs em defesa dos trabalhadores. Em 2008, a Hennes & Mauritz (H&M), apesar de ter um dos mais sólidos programas corporativos de responsabilidade social do setor, declarou que em 73% das unidades de produção de seus novos fornecedores excedia-se o limite legal de horas extras mensais, e em 49% violava-se a legislação quanto à compensação de horas extras.[28]

Parcerias entre ONGs e corporações

Paradoxalmente, se as campanhas de ação direta ou os boicotes organizados pelas ONGs, como estratégia eficaz, tenham resultado no fortalecimento de termos de compromisso corporativos, são as parcerias entre ONGs e empresas privadas que levam padrões a serem transformados em leis, harmonizam o setor como um todo e impulsionam mudanças mais eficazes nas fábricas. Um fabricante inescrupuloso, por exemplo, pode rechaçar os altos padrões requeridos por uma marca ética e preferir trabalhar com um cliente menos exigente. Mas, quando várias marcas colaboram para adotar as mesmas políticas, talvez apoiadas por uma ONG, seu poder de compra combinado leva os fabricantes a cumprir os requisitos.[29] Além disso, dadas as complexidades da cadeia de fornecimento, as empresas, por si sós, conseguem inspecionar as fábricas de fornecedores poucas vezes por ano. Mas, se as marcas compradoras dos mesmos fabricantes trabalham juntas, podem, de fato, expandir sua presença nas fábricas, contando com as ONGs locais para complementar as inspeções sempre que necessário.

Apesar dos avanços que esses parceiros alcançaram quanto à saúde e à segurança de operários têxteis, estudos revelam que continuam baixos os níveis de salário dos trabalhadores da indústria da moda.[30] Nos países em desenvolvimento, o salário mínimo legal costuma ser mais baixo que o necessário para a subsistência, as costureiras não raro trabalham com contratos temporários ou sem contrato algum, e pagamentos atrasados são prática corriqueira.[31] Essas situações na indústria da moda são um microcosmo da indústria globalizada como um todo. A Oxfam International relata que, desde meados dos anos 1970, embora 400 milhões de pessoas tenham saído da pobreza, 1,1 bilhão continuam sobrevivendo com menos de um dólar por dia, o mesmo número que em meados dos anos 1980.[32] Então, parte crucial da responsabilidade social corporativa é garantir não só que os códigos de conduta vigorem e sejam acatados, mas também que os ganhos financeiros sejam distribuídos aos trabalhadores. Hoje, essa percepção leva à expansão de programas de comércio justo na indústria da moda – para indumentárias inteiras, não só para as fibras (ver p. 21, para mais informações sobre fibras de algodão certificadas pela Fairtrade). Atualmente, a Fair Trade USA, a US Fair Trade Labelling Initiative e membros da Fairtrade Labelling Organizations International (FLO) testam um modelo de comércio justo para a montagem de roupas. Ainda um tanto novo, o programa pretende se apoiar em modelos testados de colaboração em responsabilidade social corporativa e iniciativas conjuntas de vários grupos de interesse para melhorar as condições de trabalho, atuando em parceria com ONGs locais para fornecer apoio às fábricas por meio de treinamentos, monitoramento e canais diretos para reclamações. O padrão baseia-se em princípios fundamentais dos produtos agrícolas certificados como comércio justo, como capacitar os trabalhadores para ter voz no local de trabalho por meio de estruturas democráticas e trazer benefícios econômicos e sociais aos trabalhadores, às famílias e às comunidades por meio de uma recompensa concedida pela entidade certificadora.

Estratégias de design para condições de trabalho justas e dignas

Os designers podem contribuir para que esse esforço ganhe impulso – por exemplo, conscientizando-se dos efeitos que as decisões de design têm sobre a velocidade e os custos na cadeia de fornecimento, cumprindo prazos e criando ideias inovadoras para agregar valor às peças com baixo custo, iniciativas que podem aliviar a pressão financeira sobre os operários das fábricas e proteger as margens de lucro dos fornecedores. Desenhar roupas com fibras sem valor comercial e evitar produtos com elasticidade de preço mínima ou nula no varejo também ajudam a trazer margens mais altas à cadeia de produção. Mas garantir que a receita extra chegue às mãos dos trabalhadores requer estratégias complementares, que vão além do produto em si. Escolher fornecedores com certificação de comércio justo ou trabalhar com empresas locais ou integradas verticalmente, em que a situação dos funcionários pode ser facilmente observada e monitorada, são opções viáveis, ao passo que a negociação direta com artesãos e cooperativas de trabalhadores para promover a produção em pequena escala demanda envolvimento mais direto e pessoal, que exploraremos adiante mais detalhadamente (ver p. 110).

Metais e aviamentos de baixo impacto

Metais e aviamentos acentuam nossos desenhos e dão vivacidade à peça como um todo. São um percentual minúsculo do produto, e é talvez precisamente por isso que costumam ser negligenciados. Mas os aviamentos agregam um impacto ecológico significativo à peça, tomando da indústria mineradora (metais para zíperes e botões de pressão) e da indústria petroleira (matérias-primas para botões de plástico), com todos os efeitos associados sobre o aquecimento global, a degradação do solo, a saúde humana, as emissões no ar e a contaminação tóxica da água. E não é só no começo do ciclo de vida da peça que os aviamentos têm efeito, pois influenciam diretamente a longevidade da roupa e podem comprometer sua reciclagem. Os botões, por exemplo, costumam durar muito tempo e, mesmo quando caem da roupa, podem ser costurados de volta com relativa facilidade e pouca habilidade. Os zíperes, por outro lado, quebram mais facilmente, e é preciso saber costurar a máquina e ter acessórios especiais para poder substituí-los. Por isso, os artigos com zíperes quebrados têm muito mais chance de ser descartados mais cedo do que os que têm fechos mais simples. No fim do seu ciclo de vida, em usinas têxteis de reciclagem em grande escala, os artigos devem estar livres de todos os aviamentos para facilitar um processamento eficaz. Como em geral é difícil e trabalhoso removê-los, os aviamentos tendem a ficar nas roupas: assim, peças que, não fosse por isso, seriam recicladas e dariam origem a novos fios e tecidos são ignoradas e enviadas ao aterro sanitário ou empacotadas para ser distribuídas no exterior.

Galvanoplastia

Sem dúvida, embora continuem, em grande medida, sob o radar de sustentabilidade do designer, os aviamentos merecem mais da nossa atenção. Quanto à sustentabilidade dos metais, um desafio essencial é a galvanoplastia, processo em que, para evitar a oxidação de um metal base, este é revestido com outro inoxidável. Normalmente, o processo consiste em mergulhar as peças a serem galvanizadas em tanques que contêm soluções de sais metálicos; uma corrente elétrica atravessa a solução, para que íons metálicos depositem-se nos aviamentos. Após cada etapa de processamento, uma lavagem cuidadosa remove o excesso de produtos químicos e produz quantidade enorme de água contaminada por ácidos, bases, cianeto, metais, agentes branqueadores, solventes, óleos e sujeira. Essa água pode destruir a ação biológica em estações de tratamento de esgoto e é tóxica para as espécies aquáticas. Estima-se que a produção de 3,3 mil botões de metal gere 500 gramas de lodo nocivo, que exige tratamento antes de ser descartado em aterro sanitário especialmente revestido.[33]

Alternativas à galvanoplastia

Existem alternativas viáveis à galvanoplastia. Várias ligas metálicas inoxidáveis, que combinam porcentagens de cobre, zinco, níquel e ferro, estão disponíveis na forma de lâminas e oferecem ampla gama de cores para atender às necessidades dos designers. Cada metal tem propriedades físicas particulares e uma aparência específica: o cobre é flexível, pode ser moldado sem muita dificuldade, mas pode ser marcado e arranhado com facilidade; o latão J (7/8) tem um tom quente de amarelo rosado; o latão H (5/8) tem um matiz mais frio, amarelo brilhante; a liga 752 tem um tom quente de prata; o aço inoxidável é de um cinza mais frio, é forte e resiliente, mas também quebradiço e resistente à dobra. Todas as opções fornecem um meio de eliminar os resíduos na fonte, em vez de eliminar os contaminantes no fim da galvanização.

Botões de aço inoxidável da Levi Strauss, que dispensam galvanoplastia.

Embora certamente existam questionamentos sobre o ciclo de vida de metais e ligas – a pesquisa do consumo de energia e recursos que acarretam, da extração ao acabamento final –, o uso de metal não galvanizado é uma primeira etapa de reduções significativas no impacto ecológico de aviamentos de metal. Nesse caso, o papel do designer de moda já não consiste em fazer escolhas estéticas simples e fornecer especificações, mas em colaborar com profissionais de muitos contextos, engenheiros, metalúrgicos e fornecedores, para desenvolver produtos que conciliem objetivos ecológicos e requisitos comerciais.

Os botões de aço inoxidável que a Levi Strauss & Co usa em seus jeans não representam nenhuma concessão estética ou qualitativa do designer. O principal desafio é atender às demandas de produção quanto ao volume, pois cada colchete ou botão é cortado de uma peça padronizada de chapa metálica com ferramentas já configuradas para um tamanho padrão de chapa. Daí que, com as ligas menos comuns, o estoque na cadeia de fornecimento pode não estar prontamente disponível sem que haja uma demanda contínua por parte do mercado (isto é, dos designers); assim, as quantidades mínimas requeridas tendem a refletir o número de botões perfurados por lâmina. A Global Organic Textile Standard já aceita aviamentos de metal não galvanizado, e essa opção parece enfim destinada a se tornar a prática comum do setor. Enquanto isso, ao especificar aviamentos não galvanizados, os designers podem ajudar a fomentar colaborações e compromissos entre as empresas, para garantir que o estoque de uma variedade de ligas fique à disposição para suprir pedidos pequenos e médios e acompanhar a grande rotatividade.

Capítulo 3: Distribuição

Um mapa-múndi com a rota de distribuição de qualquer peça de indumentária e seus componentes, por toda a cadeia de fornecimento, revela uma desconcertante massa de linhas de transporte cruzadas, cada qual gerando determinado número de emissões de carbono que podem ser contrabalançadas de várias formas: substituindo transporte aéreo e rodoviário por ferroviário e marítimo; convertendo os veículos para biocombustível, gás ou eletricidade; implementando programas de compensação de carbono; etc. Mas estudos indicam que o transporte responde por apenas 1% do carbono no ciclo de vida de um produto.[1] Embora essa revelação aparentemente redirecione os esforços de design com foco em sustentabilidade para outras áreas de maior impacto, uma análise mais detalhada mostra que a distribuição consiste em várias especializações, que, além da entrega, incluem aquisição de materiais, previsão de vendas e gestão de produção. Essas especialidades gerenciam o fluxo e o volume de materiais no sistema de distribuição e apresentam várias oportunidades de intervenção.

Os fluxos e volumes de materiais na indústria da moda são determinados por projeções de vendas no varejo. Configuração da tecelagem para o tecido, alocação de maquinário, solicitações de aviamentos, organização e contratação de mão de obra, treinamento, sistemas de engenharia da produção – tudo é orquestrado por projeções de vendas. E mais: fibras são cultivadas, compactadas e empacotadas; petróleo é extraído; minas entram em operação e metais são extraídos dos minérios para a confecção de aviamentos; rios são desviados para o processamento; carvão é extraído e queimado para a produção de eletricidade. Essa enorme infraestrutura de recursos circula de uma parte do planeta a outra, e tudo isso entra em cena sob a direção da caneta que preenche um pedido de compra.

A eficiência na distribuição e no varejo

Nos últimos anos, o "varejo enxuto" transferiu os riscos inerentes a esse sistema de previsão do varejista ao fabricante, que hoje precisa manter grandes estoques por tempo indefinido para atender as rápidas solicitações de reposição. Cada produto leva coletores de informação tecnológicos, como as etiquetas de Identificação por Radiofrequência (RFID, na sigla em inglês); e foram desenvolvidos sistemas analíticos para otimizar o fluxo das peças ao longo da cadeia de fornecimento. Essas tecnologias fornecem dados para que os produtores e os varejistas possam rastrear, analisar e redirecionar estoques de material, a fim de torná-los compatíveis com as vendas de produtos, reduzindo o estoque e a produção em excesso.[2] À primeira vista, a otimização de fluxos de estoque é uma situação vantajosa tanto para os negócios como para o meio ambiente, já que o reduzido volume de excedentes em qualquer ponto do sistema da moda beneficia a ambos. Mas, com efeito, essas tecnologias "lubrificam" o sistema de distribuição, permitindo que mais itens sejam empurrados para o consumidor a uma velocidade cada vez maior, resultando, muitas vezes, em sobras de varejo no fim da temporada. Ainda há desperdício: ele simplesmente acaba em um ponto diferente do sistema. Hardin Tibbs, especialista em análise de futuros, estratégia e planejamento de cenários, observa que o fluxo total de materiais no sistema industrial dobra a cada vinte anos.[3]

De fato, pode-se afirmar que as tecnologias RFID só otimizam o fluxo de produtos para gerar mais ganhos comerciais, em geral *à custa* da sustentabilidade, pois abstraem as transações comerciais: as vendas são expressas como conjuntos de dados para apoiar a análise; as pessoas tornam-se meros habilitadores dos fluxos de material; o valor das peças de roupa que desenhamos, produzimos e vendemos, reduzidas a unidades anônimas, é julgado apenas com base no volume da produção. Embora alimentem nosso intelecto e, sem dúvida, nos permitam conhecer os fluxos industriais, a análise e os dados fazem pouco para fomentar – e, com efeito, inibem – nossa capacidade de estabelecer vínculos com os contextos naturais, sociais e culturais.

A gerência de informações da cadeia de fornecimento

Essa falta de conexão entre comércio, por um lado, e considerações sobre a natureza e a sociedade, por outro, somada à crescente consciência da sustentabilidade levaram a avanços nas tecnologias de rastreamento que começam a reconectar pessoas e lugares na cadeia de fornecimento. A tecnologia String, por exemplo, desenvolvida pela Historic Futures, é um *software* que permite às empresas reunir e centralizar informações em cada etapa da fabricação de uma peça de roupa. Os fornecedores entram com informações sobre o consumo e o processamento de materiais envolvidos na fabricação de uma peça, fornecendo às marcas dados específicos da cadeia de fornecimento, que elas podem divulgar aos consumidores, normalmente por meio de uma interface web. As informações fornecidas pelas empresas acerca de seus produtos são, até agora, concisas e limitadas. Mas ferramentas que facilitam esse nível de transparência, onde antes não havia nenhum, transformam fundamentalmente a cultura do setor. De fato, quando o Walmart anunciou, em 2009, que divulgaria sua cadeia de fornecimento, isso causou um impacto em todo o setor das megastores, pois transparência significa que as coisas podem ser vistas e, portanto, reguladas e – por extensão – que os varejistas serão mais facilmente responsabilizados. Em consequência, ferramentas como a String começam a influenciar o meio industrial, que, por sua vez, governa o fluxo de produtos. Mas, embora comecem a desmascarar e revelar o sistema, são incapazes de transformá-lo em sua raiz. Ajudam a transformar a cadeia de fornecimento em uma cadeia de "valor", mas ela continua sendo uma cadeia. Nosso desafio é não só transformar produtos e informações que fornecemos a consumidores e cadeias de fornecimento, como também redefinir meios de fornecimento, convertendo-os de cadeias e fluxos em ciclos, e transformar nossos negócios, convertendo-os de gestão de produtos em gestão de ciclos – de materiais e de inovação.

Compensações de carbono

Nas últimas décadas, a onipresente ameaça do aquecimento global e da alta nos preços do petróleo levou várias indústrias, incluindo a da moda, a reagir. Foram desenvolvidas ferramentas – como análise de pegadas de energia e de carbono e avaliação do ciclo de vida (ACV) – para ajudar as empresas a captar os recursos naturais consumidos e os resíduos gerados em toda a cadeia de valor, do fornecimento de matérias-primas ao uso e descarte de produtos, e a identificar fontes de desperdício de energia. "Normalizados", os dados coletados são usados para desenvolver estratégias de aprimoramento do uso de energia e indicar a quantidade de compensações de carbono necessárias para reduzir as emissões de gases de efeito estufa da própria empresa, de modo a alcançar "neutralidade de carbono".

Embora a ACV seja eficaz ao fornecer uma visão abrangente dos impactos, é infinitamente difícil de desenvolver e implementar na prática, pois requer dados reais, que a cadeia de fornecimento da indústria de confecções não disponibiliza imediatamente. A indústria considera a energia como parte das despesas gerais, e nunca a calculada para cada peça de indumentária. Além disso, como os varejistas costumam comprar roupas em pacotes completos, frequentemente por meio de um representante, nunca ou raras vezes interagem com os produtores individuais, que poderiam fornecer os dados. Ademais, as cadeias de fornecimento de uma empresa são quase sempre inconstantes, flexibilizando-se, sobretudo, para se adaptar às oscilantes demandas de mercado e aos pedidos de última hora, sem disponibilidade de tempo ou incentivos para realizar a lenta e cuidadosa coleta de dados necessária para os cálculos de carbono.

Obstáculos culturais às medições de carbono

Como acontece com muitos obstáculos à sustentabilidade, desenvolver pegadas e compensações de carbono depende tanto de fatores culturais quanto de dados científicos. Em muitos casos, simplesmente conhecer os produtores na cadeia de fornecimento é um primeiro passo importante.[4] Isso é válido sobretudo para as grandes empresas da moda com um negócio de baixo custo e rápido abastecimento do mercado, em que a cadeia de fornecimento é mais elástica. As empresas com linhas de produção mais lentas têm mais chances de construir relações duradouras com os produtores estabelecidos, que podem ser mais facilmente angariados. No entanto, a coleta de informações pode levar várias temporadas e até anos. Mesmo para a Patagonia, a construção das pegadas de carbono começou modestamente, fornecendo aos consumidores, em 2007, informações de apenas cinco produtos. Quando seu site "Footprint Chronicles" foi lançado, outros fornecedores concordaram em participar; hoje, a cada seis meses, adicionam-se informações acerca de três a cinco produtos.

Os designers estão acostumados a avaliar atributos físicos e funcionais genéricos em todos os tecidos e esperam o mesmo com relação à eficiência energética. Mas não há perfil genérico de energia para fibras e tecidos. O consumo de energia é dirigido por um complexo de circunstâncias de produção e processamento que inclui procedência da fibra (ver p. 14), local de fabricação e distância de transporte, eficiência energética da fábrica, processo de tingimento (ver p. 37), peso e cor do tecido e até cuidados do consumidor (ver p. 60). Mas só com o simples, talvez solicitando informações sobre a pegada de carbono, ao avaliar as linhas de tecidos, é possível encorajar os fornecedores a participar da coleta de dados. Documentar o cálculo de carbono para novidades de moda, de comercialização volátil e imprevisível, continuará sendo um desafio, e isso pode sugerir estratégias de design alternativas para redução do consumo de energia, como reciclagem em um ciclo fechado (ver p. 17) ou design com foco em adaptabilidade (ver p. 76). Todas essas estratégias requerem que os designers afastem-se do estilismo convencional e dos imperativos do mercado e vejam a redução de carbono como o *resultado* de mudar a maneira como desenhamos e produzimos roupas, em vez de um *objetivo* em si mesmo.

A Timberland, marca de roupas e calçados, adotou uma abordagem em vários níveis para lidar com as emissões de dióxido de carbono provenientes de suas atividades. Em 2010, visando à eficiência energética e à aquisição de energia renovável em todas as suas instalações, a empresa atingiu suas metas para a redução de dióxido de carbono. Hoje, para lidar com a grande quantidade de emissões de gases de efeito estufa que vêm da cadeia de fornecimento que não controla, a empresa forneceu às equipes de designers um sistema de classificação de materiais a fim de auxiliar a seleção, desde o início, de materiais com emissão menos intensiva de carbono, uma estratégia que tem o potencial de promover mudanças em toda a cadeia de fornecimento.

Sistemas de transporte e logística

> *A maior parte do tempo, vivemos nossas vidas dentro desses sistemas invisíveis, felizmente inconscientes da vida artificial, as infraestruturas exaustivamente projetadas que os sustentam.*
> Mau & Leonard[5]

O tamanho e o alcance global da indústria da moda requerem inúmeras formas de transporte em várias partes do mundo, dispostas em uma rede complexa para transportar o estoque de produtos da fibra ao processamento, às peças acabadas e ao varejo. Como já afirmamos, alguns estudos indicam que o transporte representa apenas 1% da pegada de carbono de um produto,[6] mas outros indicam que pode representar até 55% das emissões de carbono da empresa.[7] A discrepância entre as duas informações reside no "escopo" de cada estudo: quando a análise amplia-se até incluir o comportamento do consumidor, geralmente é o cuidado com a peça, não o transporte, que representa o maior uso de energia no ciclo total do produto; mas quando se fecha e enfoca apenas as atividades da empresa, o uso de transporte e energia nas lojas é o fator determinante. Portanto, é crucial que os designers estejam cientes dos benefícios e das limitações de estabelecer um escopo de pesquisa, pois ele orienta o *feedback* que a pesquisa fornece, o qual, por sua vez, influencia a estratégia e as ações do design. Sem entender as mudanças de contexto, as ações podem ser inadequadas.

Os limites de parâmetros gerenciáveis

As ações para reduzir o uso de energia na distribuição são mais bem direcionadas quando se coletam informações da cadeia de fornecimento específica de determinada empresa. Mas isso requer a cooperação de vários fornecedores e a interpretação de comparações de dados de diferentes fábricas, tipos de equipamento e empresas de remessa. Portanto, o consumo de energia e as emissões de carbono associadas tendem a ser calculados, por necessidade, dentro de um escopo limitado. O uso de energia em centros de distribuição e lojas varejistas, o total de quilômetros percorridos por funcionários e as rotas de distribuição dos produtos são típicas investigações primordiais. Estudo da varejista britânica Marks & Spencer, por exemplo, revelou que a aerodinâmica pode representar até 50% do consumo de combustível de um caminhão de entrega. Este é muitíssimo influenciado pela forma e pelo perfil do veículo, que podem causar arrasto e turbulência, diminuindo sua eficiência energética. Redesenhado, o caminhão da empresa hoje tem a forma de uma gota fluída, com uma curva contínua em todo o comprimento do teto, o que diminui a turbulência e o arrasto em aproximadamente 35%, em comparação com um caminhão convencional. Além de reduzir em 10% o consumo total de combustível da frota da M&S, o novo design aumentou a capacidade de carga do caminhão, acomodando estoques até 16% maiores e, assim, diminuindo o número de viagens necessárias para fazer as entregas.[8]

Combustíveis renováveis

A conversão para combustíveis renováveis é outra estratégia que parece simples de adotada – uma nova frota de caminhões movidos a biodiesel, e missão cumprida. Mas também requer consideração do contexto quando aplicada na prática, pois os combustíveis renováveis, por si sós, não são necessariamente uma tecnologia benéfica. Embora possam ser fabricados à base de cultivos que crescem ou se renovam rapidamente e queimam de forma mais limpa que os combustíveis fósseis, os renováveis estão associados a um complexo conjunto de sistemas de cultivo, extração e processamento, cada um dos quais, por sua vez, dependente do petróleo. O milho, por exemplo, uma das principais fontes de exploração de biocombustível líquido até o momento, cresce em monoculturas vastas e intensivas e, como tal, requer grandes volumes de fertilizantes e pesticidas derivados do petróleo. Grande parte do processamento necessário para refinar o milho e transformá-lo em combustível consome energia proveniente de termelétricas a carvão ou reservas de gasolina. Ao todo, estima-se que um galão de biodiesel requer dois terços de um galão de gasolina para produzir – com apenas um terço de ganho na redução da dependência de combustíveis fósseis.[9] Além do mais, a terra arável sempre é um bem econômico escasso e sob pressão cada vez maior, à medida que o crescimento da população humana e da riqueza *per capita* leva ao aumento mundial da necessidade de alimento e de energia. Em 2007 e 2008, no mundo inteiro, os preços dos alimentos alcançaram o maior pico de sua história, em parte porque o uso da terra para cultivos destinados a combustível levou à redução nos estoques mundiais de alimentos. Cada hectare plantado para produzir biocombustível significa outro acre retirado da produção alimentícia.[10] De modo geral, o etanol à base de grãos é considerado um trampolim para cultivos como a cana-de-açúcar, a *switchgrass* (*Panicum virgatum*) e o miscanto chinês, que prometem melhor desempenho; e é consenso que os biocombustíveis só podem ser parte de uma estratégia energética abrangente.

As oportunidades criativas de uma política energética abrangente

Essas deliberações sobre distribuição, energia e combustível levam-nos muito além dos parâmetros físicos da cadeia de distribuição da indústria têxtil e da moda, e afastam as respostas de considerações superficiais sobre sustentabilidade, evidenciando a necessidade de estratégias energéticas integradas e diversas para a moda. Pensar criticamente sobre os sistemas de distribuição, gestão de estoque, transporte e uso de energia nas lojas, como um todo, pode levar a estratégias inovadoras para a redução das emissões de carbono. A empresa de roupas Nau, por exemplo, criou pequenas lojas varejistas onde estocou peças de mostruário, apenas para que o consumidor veja as opções de modelos e avalie o caimento. A empresa oferecia 10% de desconto para os consumidores que solicitassem produtos *on-line* para entrega porta a porta. Embora essa opção pareça contrariar a redução das emissões de carbono, a pesquisa realizada pela própria empresa indicou que a combinação de espaços mínimos no varejo e gestão de estoque simplificada para reabastecer prateleiras e liquidar itens não vendidos tinha efeitos indiretos: a logística simplificada reduziu muitíssimo a pegada de carbono da empresa como um todo. Ao refletir, em um contexto particular, sobre os "objetivos finais", como produção local, instalação de painéis solares e uso de biodiesel, cada um deles torna-se simplesmente um elemento possível em uma política energética abrangente que tem melhor resultado quando se analisam circunstâncias específicas.

Ao lado: Loja da Nau, com ponto de atendimento para entrega em domicílio, a fim de reduzir a pegada de carbono.

Capítulo 4: Cuidados do consumidor

Desenhar peças de vestuário para reduzir o impacto dos cuidados do consumidor – a etapa do ciclo de vida em que a roupa é lavada, seca e passada – tem o potencial de trazer enormes benefícios com relação a algumas peças. Para muitas roupas lavadas com frequência, o consumo de recursos associado a padrões de uso domina todas as outras etapas do ciclo de vida; a energia necessária para lavar uma roupa de poliéster no decorrer de sua vida útil é cerca de quatro vezes a energia necessária para fabricá-la. É claro que não é o caso de todas as roupas – casacos, por exemplo, raramente são lavados, e portanto os impactos dos serviços de lavanderia são pequenos em comparação com os de produção. Mas para os itens lavados com frequência, a lavagem é talvez a etapa que mais consome recursos em toda a vida da peça – tanto que o Programa das Nações Unidas para o Meio Ambiente lançou uma campanha especificamente destinada aos hábitos de pessoas jovens com relação a lavagem e secagem de jeans, como forma de reduzir o consumo de energia.[1]

Talvez pareça absurda a ideia de que lavar e secar roupas gera impacto bem maior do que cultivar as fibras, processar os fios e cortar e costurar as peças, pois o impacto dos cuidados com as roupas é, em grande medida, invisível e amplamente distribuído – em todos os lares e em todos os territórios –, em vez de se concentrar na típica fábrica ou tecelagem que polui e faz uso intensivo dos recursos. Mas, quando consideramos os números recentes da Inglaterra, o alcance e o impacto potencial da lavagem doméstica tornam-se mais reais: 21 milhões de máquinas de lavar (em uma população de 60 milhões), 11,5 milhões de secadoras e entre 274 e 343 cargas de lavagem por lar ao ano.[2] Coletivamente, as máquinas de lavar inglesas consomem 4,5 terawatts-hora de energia por ano (o que equivale mais ou menos à produção anual de uma usina energética média): sem dúvida, um valor substancial.

A percepção de que a maioria dos impactos associados a uma vestimenta ocorre na lavanderia indica que uma das estratégias mais eficientes rumo à sustentabilidade seria mudar o modo como as pessoas usam, lavam e secam roupas. Nesse ponto, mesmo uma pequena mudança teria grande efeito e poderia incluir a alteração de etiquetas para encorajar a limpeza a temperaturas mais baixas, a escolha de cores específicas que tendem a ser lavadas com menos frequência e a temperaturas mais baixas, e o uso de tecidos que secam mais rápido.

Etiquetas de cuidados com a peça

Algumas culturas (notadamente a japonesa) lavam a maioria de suas roupas em água à temperatura ambiente (cerca de 20 °C/68 °F); em outros lugares, a maior parte das lavadoras domésticas tem programas que lavam roupas a temperaturas entre 30 °C/86 °F e 90 °C/134 °F. Quanto mais baixa a temperatura a que as roupas são lavadas, menor o consumo de energia (há controvérsias: às vezes, considera-se que os detergentes são menos eficazes a temperaturas mais baixas; por isso, seria necessário lavar as peças com mais frequência para que fiquem limpas).[3]

Etiquetas nas peças estipulam a temperatura máxima de lavagem a que uma roupa pode ser submetida sem ser danificada. Para tecidos sintéticos, como o poliéster, a temperatura de lavagem recomendada é mais baixa que para os de algodão. Recentemente, uma série de marcas e varejistas começaram a usar etiquetas com instruções de conservação para recomendar que os consumidores usem

Etiqueta de cuidados com a peça de jeans Levi's 501.

temperaturas mais baixas na lavagem: na Inglaterra, por exemplo, a Marks & Spencer usa o *slogan* "Pense no meio ambiente, lave a 30 °C" em suas etiquetas, em uma tentativa de influenciar o impacto ambiental do comportamento do consumidor. As estatísticas indicam que, naquele país, lavar a 30 °C/86 °F, em vez de 40 °C/104 °F, e secar as roupas no varal, em vez de usar secadoras, reduziria em um terço a carga energética da lavagem doméstica atual.[4]

Há algum tempo, avaliação da Levi Strauss dos impactos do ciclo de vida de seu clássico modelo 501 revelou que, para um único par de jeans, 60% do total de emissões de dióxido de carbono (32,3 kg) são atribuídos a lavagem/cuidados do consumidor, sendo que 80% estão associados ao método de consumo intensivo de energia escolhido para a secagem;[5] e, de um total de 3.480,5 litros de água usados durante aquele ciclo, a lavagem doméstica é responsável por 2 mil litros.[6] Essas descobertas levaram a Levi's a patrocinar uma campanha para educar os consumidores sobre os benefícios de mudar os hábitos de lavagem, incluindo uma etiqueta com instruções de lavagem a baixa temperatura para todas as peças. Também fez uma parceria com os sabões em pó Tide (promovidos como sendo eficazes a baixas temperaturas) e o Walmart, para que os produtos da marca Levi's Signature e os sabões da Tide fossem colocados nas mesmas gôndolas nos supermercados da rede, de modo a tornar clara a conexão entre o dióxido de carbono e a lavagem de peças e possibilitar que o consumidor aja com discernimento.

Lavagem e secagem com baixo consumo de energia

Talvez o fator mais óbvio para economizar recursos na lavagem seja melhorar a eficiência dos equipamentos (máquinas) e de outros insumos (como detergentes). Hoje, uma nova geração de detergentes torna possível a limpeza eficaz de roupas a baixas temperaturas (menos de 15 °C/59 °F). No entanto, o fator limitante para a maioria das pessoas é a funcionalidade das máquinas de lavar, já que muitas não são capazes de reduzir a temperatura a menos de 30 °C/86 °F. Melhorar a funcionalidade das máquinas também poderia ajudar a reduzir de outras maneiras a intensidade da energia consumida na lavagem. As máquinas de lavar são mais eficientes quando estão com a carga completa, mas a maioria dos estudos mostra que os consumidores só enchem a máquina até a metade; portanto, uma interface "inteligente" capaz de pesar a carga e adequar o volume de água e o tempo de lavagem poderia trazer benefícios. Se isso se juntasse a novas tecnologias, como etiquetas RFID embutidas nas roupas, que pudessem se "comunicar" diretamente com a máquina, o uso de recursos talvez fosse ainda mais eficiente na etapa de lavagem.

Novas tecnologias

Em quinze lavanderias de prisões no estado de Missouri, nos EUA, um tipo diferente de tecnologia – o ozônio – foi implementado como parte de uma iniciativa para reduzir o consumo de água e energia e diminuir a carga no sistema de esgotos municipal.[7] Uma prisão típica do Missouri processa cerca de 16 mil quilogramas de roupas todos os dias, e grande parte desse volume está muito suja e requer limpeza pesada. O ozônio (gás obtido ao se aplicar alta voltagem elétrica a moléculas de oxigênio) é um potente agente de limpeza, que decompõe matéria orgânica, como sujeira, bactérias, bolor e gordura, em partículas que são removidas do tecido por lavagem com detergente. O ozônio funciona melhor em água fria, eliminando assim a necessidade de aquecer a água. Requer menos substâncias químicas para remover as manchas: menos detergentes, branqueadores e amaciantes. Também reduz a necessidade de enxágues antes e após a lavagem e, portanto, economiza água e energia. Como as peças são submetidas a menos agitação mecânica, o desgaste é significativamente menor, aumentando a longevidade.

A secagem de roupas requer comportamentos tão comprometidos quanto a lavagem. As secadoras são uma solução conveniente para muitas pessoas, mas consomem muitíssima energia. Uma opção que não consome energia é secar as roupas ao sol, no varal; no entanto, nem todos têm acesso a espaço externo adequado para isso e, em alguns países, o mau tempo é fator limitante. O acesso a lugares seguros para secar roupas em varais também é importante; em alguns bairros, os varais de roupas são considerados antiestéticos. Organizações como a Project Laundry List, em New Hampshire, trabalham para tornar a lavagem com água fria e a secagem ao ar livre desejáveis e aceitáveis, combinando educação, campanhas e uma loja de produtos para a secagem em varal.[8]

Equipamento de gás ozônio em lavanderia prisional do Missouri, que usa água fria e menos substâncias químicas.

Capítulo 5: Descarte

O descarte – no cesto de lixo e depois no aterro sanitário – é o destino final de muitas roupas. Estatísticas revelam que, na Inglaterra, quase três quartos dos produtos têxteis (vestimentas, mobília, roupa de cama, mesa e banho, carpetes, etc.) acabam em um aterro sanitário depois de usados,[1] um padrão que se repete em muitos países ocidentais. Mas os recursos usados na fabricação de roupas (também conhecidos como "energia incorporada" da peça de vestuário ou de qualquer outro produto) quase nunca são plenamente aproveitados antes de nos deixarem. Os materiais, a energia e a mão de obra que compõem uma peça de indumentária têm o potencial de satisfazer nossas necessidades criativas e operacionais várias vezes – e, em alguns casos, um número infinito de vezes. Com efeito, o que se descarta no aterro sanitário não são apenas roupas: oportunidades de design e de negócio também terminam enterradas em um buraco no chão.

Para desenhar roupas com vidas futuras, é preciso reformular radicalmente o modo como hoje lidamos com os resíduos. Tal reformulação tem implicações para as decisões de design, para as estratégias de coleta de resíduos e até para a engenharia de negócios. Em seu cerne, está uma tentativa de redefinir nossas noções de valor e fazer melhor uso dos recursos inerentes às peças, como itens de vestuário, tecidos ou fibras, antes de enfim descartá-las. Esse objetivo deu origem, na indústria da moda, a um conjunto de atividades descritas, *grosso modo*, como reciclagem, como as associadas a reutilização de indumentárias, restauração de roupas gastas ou datadas, confecção de novos itens a partir de peças velhas e reciclagem de matérias-primas.

Desacelerando o fluxo de materiais

A reutilização, a restauração e a reciclagem interceptam recursos destinados aos aterros sanitários e os conduzem de volta ao processo industrial como matérias-primas. Assim, desaceleram o fluxo linear de materiais ao longo do sistema industrial. A energia e os materiais necessários para reutilização, restauração e reciclagem variam e deram origem a uma hierarquia de estratégias para gerenciar os resíduos. A opção que usa menos recursos é a reutilização, já que em geral se trata de adquirir e revender as peças no estado em que se encontram. A restauração consome mais recursos, pois requer mão de obra e energia para transformar velhos tecidos ou peças em roupas novas. Ainda mais recursos são usados na reciclagem, em que as peças são trituradas e as fibras são extraídas por processos mecânicos ou químicos. Vale enfatizar, no entanto, que mesmo esta última opção, que faz uso mais intensivo de recursos, é ecológica, se comparada com a produção de fibra virgem. Todas essas estratégias são influenciadas por uma tendência mais ampla de *downcycling* – isto é, diminuição da qualidade dos materiais recuperados, convertendo-os em produtos baratos e de pouco valor.

Mas embora os benefícios da reutilização, da restauração e da reciclagem sejam positivos e desfrutem de popularidade no setor da moda, cada vez mais consciente da sustentabilidade, é importante situar essas atividades em contexto mais amplo. Por mais que ajudem a tratar resíduos e conter seus efeitos negativos, a reutilização e a reciclagem não evitam que sejam produzidos resíduos; não atingem a raiz do problema do desperdício na moda, nem transformam o modelo industrial, fundamentalmente ineficaz – apenas minimizam seus efeitos nocivos. Em suma, os processos de reutilização e reciclagem exigem muito pouco no que diz respeito a mudanças mais profundas nos hábitos de compra ou nas metas de produção. A seu favor, devemos observar que são estratégias que funcionam bem no curto prazo e ajudam a gerar confiança para trabalhar com ideias de sustentabilidade; uma confiança que, combinada com modos diferentes de pensar e agir, pode começar a transformar o setor da moda. De fato, as relações convencionais necessárias para disponibilizar produtos de moda para reutilização e reciclagem, em vez de descarte, são impulsionadas ainda mais por programas de logística reversa dos produtos ao fim de sua vida útil, programas que influenciam tais relações e são desenvolvidos com base em noções como responsabilidade estendida do produtor, ciclo de vida e cadeias de responsabilidade.

Programas de logística reversa

Obrigam os fabricantes de um produto a aceitá-lo de volta para possível remanufatura, reutilização ou descarte, quando o consumidor tiver terminado de usá-lo. Em termos filosóficos e práticos, tornar o designer ou o varejista responsáveis pelo futuro descarte dos produtos muda completamente a lógica da produção, distribuição e venda de roupas. Amplia, em termos práticos e legais, o foco da atividade dos produtores para além das etapas iniciais da cadeia de produção e passa a abarcar ações e fluxos de recursos pós-produção, bem como futuros comportamentos do consumidor. Inclui, nas decisões de produção e nos balanços patrimoniais das marcas e dos varejistas, o trabalho de organizações antes não conectadas, como usinas de reciclagem têxtil e organismos públicos como os que lidam com o descarte de resíduos.

Ainda não se conhecem ao certo as verdadeiras implicações dos programas de logística reversa para as atividades de distribuição na indústria da moda. No setor de produtos eletrônicos, a legislação sobre a responsabilidade do produtor existe na Europa desde 2001, e exige que os fabricantes recuperem e reciclem 90% dos grandes aparelhos domésticos e 70% de todos os outros produtos elétricos e eletrônicos.[2] Na prática, isso é organizado por outra empresa, criada pelos fabricantes. É provável que, se tal legislação for implementada em outros setores de produtos, como o da moda, a recuperação e a reciclagem também ficarão a cargo de terceiros. Embora não seja um programa de logística reversa formal, uma parceria lançada em 2008 entre a Oxfam – que administra a maior rede de brechós filantrópicos da Inglaterra – e a megavarejista britânica Marks & Spencer, para promover índices mais altos de reciclagem de roupas, é um exemplo concreto da noção de responsabilidade do produtor. A Clothes Exchange recompensa a reciclagem de roupas distribuindo aos compradores cupons de desconto, no valor de 5 libras, válidos na M&S por doar à Oxfam as roupas da revendedora que já não usam. De acordo com a parceria, mais de meio milhão de compradores hoje recicla suas roupas nesse programa, o que gerou 2 milhões de libras extras para a Oxfam. Em 2009, o programa foi ampliado para incluir artigos têxteis domésticos, como almofadas, cortinas, capas e roupas de cama.[3]

Também em 2008, a Filippa K, marca sueca de roupas femininas e masculinas de preço médio, abriu em Estocolmo um brechó abastecido apenas com suas peças que os compradores não quisessem mais. Na loja, administrada pela empresa como

Ao lado: Estratégias alternativas para manter o uso de recursos.

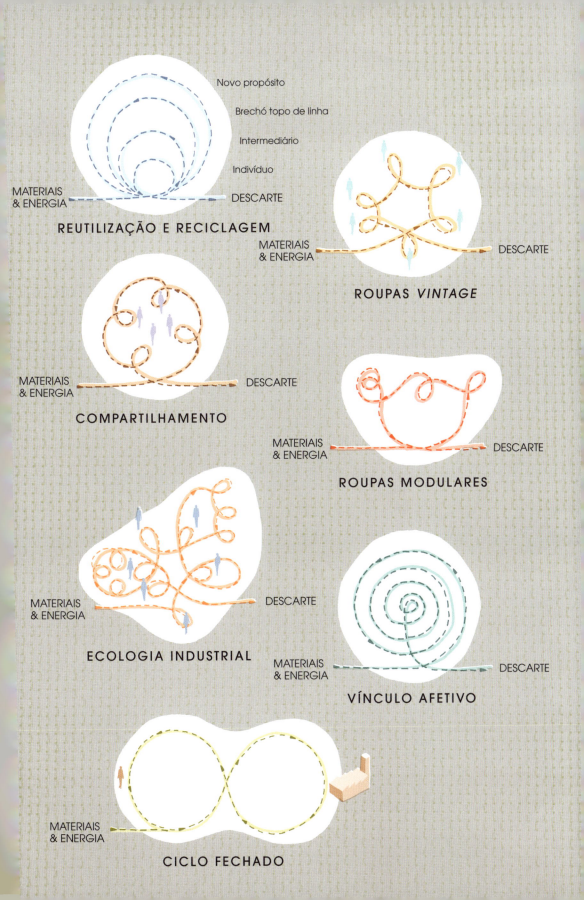

empreendimento sem fins lucrativos, os consumidores podem revender artigos da Filippa K que já não querem, por uma comissão. A empresa é seletiva quanto às peças que aceita, e o que não vende é devolvido ao dono. O retorno de roupas usadas de uma marca às revendas dessa mesma marca parece beneficiar tanto as novas coleções quanto a oferta de itens usados. A existência do brechó da Filippa K reafirma o valor duradouro de seus novos produtos. E o prestígio da nova coleção aumenta o interesse pelos produtos usados.

A loja de usados da Filippa K em Estocolmo, que vende roupas de segunda mão da marca e paga comissão aos ex-donos.

Reutilização

As noções de sustentabilidade têm raízes profundas no uso criterioso dos recursos, e poucas ideias demonstram tanta persistência na moda como reutilizar roupas no estado em que se encontram, isto é, sem submetê-las a modificação alguma. De acordo com alguns números, as atividades de reutilização de roupas preservam entre 90% e 95% da energia necessária para fabricar novos itens.[4] A reutilização existe há muito tempo – é tão velha quanto a própria indústria têxtil –, mas a dinâmica da reutilização de roupas está mudando diante dos níveis cada vez mais altos de consumo e descarte e da predominância do mercado de produtos baratos – às vezes chamados "produtos de segunda linha".

Por décadas, o estabelecimento de um ciclo em que roupas não desejadas, velhas ou gastas são levadas de volta aos sistemas têxtil e da moda, para separação, redistribuição e revenda, foi facilitado por organizações voluntárias e instituições filantrópicas, como a Oxfam e o Exército da Salvação, na Inglaterra, e a Goodwill, nos EUA. Na ampla categoria de reutilização, há vários níveis de atividade; cada um oferece oportunidades diferentes para a inovação. O mais óbvio é a reutilização direta, em que peças de qualidade são separadas e redirecionadas para brechós sofisticados e *vintage*, e o restante é comprado por comerciantes para o mercado de brechós menos especializados. Ambos os caminhos geram emprego e mantêm as roupas em uso por mais tempo, economizando recursos. No entanto, apenas 10%

das roupas são reutilizadas dessa maneira; o restante é embalado e segue para mercados de roupas usadas no exterior.[5] Para a Goodwill, que recupera roupas, o maior percentual de itens nos pacotes de roupas são as calças chino, seguidas de camisetas com logotipos/estampas e jaquetas masculinas.[6] Isso indica que uma oportunidade de inovação poderia ser a busca de estratégias de restauração para essas categorias específicas de roupas, já que representam o maior problema.

Postura reativa

Essas organizações só podem separar e revender o que lhes é doado. Com essa postura reativa, pouco conseguem fazer para influenciar os hábitos de descarte dos consumidores ou a qualidade dos produtos desenhados e vendidos. A tendência recente, no varejo, de baixar os preços e a qualidade para aumentar as margens de lucro levou ao rápido aumento do que é comprado e descartado e atinge em cheio aquelas organizações. Ao mesmo tempo abarrotados com o volume de doações e carentes de mercados para roupas usadas de baixa qualidade, os sistemas de reutilização, já saturados, entrarão em colapso, a não ser que as indústrias têxtil e da moda reavaliem radicalmente suas perspectivas sobre os descartes e o valor alocado em todos os materiais, novos e usados. Para mudar esse panorama sombrio, será preciso redefinir as instituições filantrópicas como parceiras proativas e plenamente integradas na produção de moda.

Na Goodwill de São Francisco, as doações de roupas chegam diariamente e contribuem para um fluxo constante de variedade em suas lojas. Muitas vezes, os itens de menor valor ficam encalhados por mais de um mês e, depois desse período, precisam ser direcionados para caminhos alternativos, a fim de liberar espaço para o fluxo constante de novas doações. A loja de produtos usados da empresa fornece uma saída desse tipo para itens não selecionados, vendidos por meros quinze centavos de dólar cada um, e atrai uma amostra representativa de compradores regulares, de vendedores ambulantes a atacadistas internacionais. Mas nem mesmo esses preços baixíssimos conseguem dar conta de todos os produtos que sobram. A cada semana, mais de 130 pacotes de roupas não vendidas são destinados a comerciantes de trapos, mercados externos, incineração ou aterros sanitários.

Embora representem apenas 0,3% do fluxo total de reciclagem da Goodwill (que inclui móveis e produtos eletrônicos), esses pacotes somam aproximadamente 30 toneladas de roupa por ano e ilustram a dissonância cognitiva de consumidores que esvaziam seus guarda-roupas no bazar de caridade da região. Para uma reciclagem eficaz, é necessário que os consumidores fechem o ciclo. Em outras palavras, que eles não só doem roupas aos bazares, mas também comprem nesses locais. Desenhar tendo em mente a revenda significa que os itens devem ser feitos com a melhor qualidade possível, para garantir que as roupas mantenham seu valor e possam ser recompradas muitas vezes.

Restauração

Dar vida nova a roupas descartadas, rasgadas ou manchadas evita – ou posterga – o envio de resíduos aos aterros sanitários. As técnicas usadas para recondicionar uma peça em desuso são muitas e variadas e se tornaram a especialidade de um número cada vez maior de designers que unem economia a criatividade e beleza.

Técnicas como remodelar, recortar e recoser peças inteiras ou pedaços de roupas, junto com retalhos, tecidos *vintage* e aviamentos, são usadas para produzir peças únicas, às vezes confeccionadas manualmente e outras vezes com tecnologia de ponta. Essas peças desafiam a tendência geral de diminuir o valor de materiais já usados e são um indício de que o *upcycling* – isto é, agregar valor por meio de reparação criteriosa – também é possível.

Os benefícios da restauração são evidentes: novas peças são feitas de peças velhas ou usadas, de modo que cada unidade de recurso usada na fabricação de uma fibra ou um tecido é otimizada ao máximo antes de ser descartada. A restauração também requer insumos: para consertar ou redesenhar roupas, é necessário contar com uma fonte confiável de materiais residuais, componentes (de todo tipo, de linha de costura a tintas, no caso de sobreimpressão) e mão de obra. De fato, a geração de trabalho é uma importante vantagem de atividades como a restauração e poderia ser mais estimulada por legislação com descortino, como isenções fiscais para reduzir o custo da mão de obra para restauração e conserto. Outra parte importante da restauração é o desenvolvimento de modelos de negócio que tornam as atividades rentáveis. A restauração, por sua própria natureza, requer muita mão de obra e se baseia em uma fonte imprevisível e pouco convencional de matérias-primas (sobretudo quando lida com resíduos de consumo). Embora muitas empresas tenham conseguido usar essas funções como diferencial para criar coleções únicas, artesanais e sob medida, hoje um grande desafio é ampliar a escala das operações até um ponto em que um volume mais significativo de resíduos possa ser reutilizado. Na Inglaterra, por exemplo, a From Somewhere, sólida marca de roupas restauradas, solucionou as questões de fornecimento: compra retalhos de tecido das melhores tecelagens italianas, o que lhe garante matéria-prima mais previsível que os resíduos gerados por consumidores; e a Junky Styling, líder na restauração de roupas, já não só vasculha brechós filantrópicos à procura de ternos de segunda mão, mas os adquire diretamente dos fabricantes.

Outro desafio fundamental para os modelos de negócio de restauração é tirar melhor proveito da mão de obra manual e, quando apropriado, integrar tecnologia a etapas essenciais da montagem da peça. A linha "William Good", da Goodwill de São Francisco, adotou o corte a laser para criar apliques com um visual moderno. Mais recentemente, os designers começaram a ver roupas velhas menos como peças prontas, a serem remodeladas e atualizadas, e mais como fontes de tecido com o qual é possível criar peças novas. Isso permitiu que as marcas desenvolvessem moldes mais padronizados, feitos de pedaços de pano cortados de roupas velhas, e possibilitou que a tecnologia aliviasse a carga de trabalho manual.

As peças características da Goodone, marca britânica de roupas restauradas, são feitas à base de moldes compostos de cerca de dez partes, desenhados para ser econômicos e minimizar as perdas geradas pelos cortes. Ao usar muitos retalhos pequenos, cada pedaço de pano que constitui a matéria-prima para as operações da empresa é usado ao máximo. As peças da Goodone são feitas do "melhor retalho possível", cuidadosamente obtido e selecionado manualmente nas usinas de reciclagem têxtil que comercializam resíduos de consumo. Independentemente do cuidado com que o retalho é separado, é difícil alcançar uma cor consistente; por isso, quando se encontra a cor certa para um desenho, ela é usada com moderação,

Ao lado: Vestido da Goodwill; ao fundo, caixas de roupas não vendidas.

para dar realce. Novas parcerias permitiram à Goodone ampliar a escala de suas operações: um projeto com a House of Cashmere, por exemplo, inclui retrabalhar estoque defeituoso (resíduos gerados antes do consumo); e uma iniciativa com a maior varejista da Grã-Bretanha, a Tesco, inicialmente usa estoque obsoleto (pré-consumo) e, então, com o tempo, passará a combinar resíduos pós-consumo com tecido orgânico virgem ou produzido segundo os princípios do comércio justo. A economia é a força motriz de muitas decisões sobre a reutilização; no projeto da Tesco, combinar tecidos novos e usados remove da equação da produção de vestuário o custo de cortar o pano manualmente para criar novas partes de molde.

Assim como outras estratégias de gestão de resíduos, a restauração ocorre após as principais operações de produção de moda e tem influência limitada sobre prioridades ou valores no início da cadeia. Existe uma espécie de operação de "limpeza" *a posteriori*, lidando com parte dos resíduos (ou ineficiências) do modelo industrial de produção de moda. As mesmas habilidades e técnicas, e a inventividade que as guia, tendem a ser o eixo de modelos de negócio fundamentalmente mais sustentáveis para a moda em geral.

Reciclagem

O processo de reciclagem propriamente dito consiste em recuperar as fibras de tecidos existentes com métodos mecânicos ou químicos. Os métodos químicos só servem para fibras sintéticas, ao passo que todos os tipos de fibras podem ser reciclados por meios mecânicos.

"Abrir" mecanicamente um tecido com máquinas trituradoras não só desfaz a estrutura do tecido como também quebra as fibras individuais, tornando-as mais curtas. Esse tipo de reprocessamento gera fios mais volumosos e de qualidade inferior. A tendência geral à deterioração da qualidade do material na reciclagem (às vezes chamada *downcycling*) é agravada pela carência de pesquisa e desenvolvimento em métodos de reciclagem mecânica, que usam a mesma tecnologia há 250 anos. Os materiais reciclados que costumavam ser convertidos em cobertores e casacos de lã hoje passam a ser destinados a materiais de isolamento térmico e enchimento de colchões. Quanto aos recursos, a reciclagem mecânica possibilita economias significativas em comparação com a produção de material virgem. Usa menos energia e, se as matérias-primas residuais forem separadas por cor e processadas em lotes específicos (como ocorre na região de Prato, na Itália), também se elimina a necessidade de novo tingimento, com todos os impactos hídricos e energéticos associados.

Reciclagem de fibras sintéticas

Um método predominantemente mecânico também é usado para reciclar algumas fibras de poliéster. Aqui, a fibra pode ser recuperada de uma mistura de resíduos de fibra pós-industrial e plástico pós-consumo (o mais comum é o das garrafas PET). Esses materiais são cortados, triturados e derretidos para voltar a formar flocos de poliéster, que são extrudados, processados e texturizados como o poliéster virgem. As tecnologias mais recentes de reciclagem de poliéster baseiam-se na decomposição química de polímeros em monômeros (os blocos construtores do poliéster). A matéria-prima é repolimerizada para produzir um material reciclado mais puro e de qualidade mais consistente que o produzido pelo método mecânico, embora consuma mais energia. A importância do poliéster reciclado (de ambas as formas) é cada vez maior. Os números atuais indicam que mais da metade de toda a fibra de poliéster da Europa é obtida de materiais reciclados,[7] ao passo que inovações como a tecnologia Eco Circle, da empresa japonesa Tejin, que permite manter a qualidade do material durante todo o processo de reciclagem do poliéster, talvez sinalizem o fim da inevitável diminuição da qualidade do material na reciclagem.

Tal como o poliéster, o náilon 6 pode ser reciclado com técnicas que decompõem quimicamente o polímero. Avanços recentes tornaram mais simples o processo de repolimerização, e hoje há fios de náilon 6 reciclado feitos de resíduos pós-industriais, como fios rejeitados no processo de fabricação por não atenderem aos padrões de qualidade requeridos. As afirmações sobre a economia de energia do poliéster e do náilon reciclados, em comparação com o material virgem, são muito

Vestido da Goodone, feito de resíduos pós-consumo.

similares: ambas as fibras demandam cerca de 80% menos energia para ser recicladas do que a necessária para fabricar produtos químicos virgens intermediários do petróleo e convertê-los em fibras.[8]

Novos modelos de produção baseados em ciclos

Conforme mostram as estatísticas, inovar com relação à reciclagem de fibras gera economia de recursos mensuráveis, muitas vezes de uma forma que os consumidores entendem. Mas cabe lembrar que a reciclagem é uma resposta de curto prazo para o problema do desperdício, não uma solução preventiva de longo prazo. Para que isso comece a mudar, a primeira coisa a ser implementada talvez deva ser um novo canal de comunicação entre designers, produtores e usinas de reciclagem, as quais, até agora, têm operado como um segmento industrial separado da produção têxtil e posterior a esta. O resultado dessa falta de conexão significa que as usinas de reciclagem têm demorado para solicitar que as decisões de design e de produção promovam mudanças que tornariam a reciclagem mais fácil e mais rentável, e que o design e a produção, por sua vez, têm demorado para desenvolver produtos que facilitem a reciclagem; isso reflete, portanto, a ausência de pensamento holístico por parte de todos os atores do setor. O desafio é não só usar materiais reciclados em uma ampla gama de produtos, como também entender o potencial dos modelos de produção baseados em ciclos e responsabilidade conjunta para todo o sistema de produção: usar a reciclagem como catalisador para uma mudança de comportamento mais profunda.

A designer Karina Michel vem trabalhando para usar os resíduos gerados pela produção de peças de indumentária na Pratibha Syntex, fabricante indiana de roupas de tricô. Incumbida de reduzir os desperdícios da Pratibha, que atualmente ficam em torno de 30% (incluindo itens rejeitados e sobras de tecido), Michel usa uma técnica de aplique invertida, intercalando vários tecidos tricotados e costurando-os a máquina e manualmente, e depois cortando algumas partes para revelar as muitas camadas de cor. A transformação de resíduos têxteis em peças de roupa confeccionadas com perfeição exemplifica a capacidade do design para inovar em questões de sustentabilidade.

Ao lado: Jaqueta e saia com apliques reversos, de Karina Michel, confeccionadas com resíduos têxteis.

TRANSFORMANDO SISTEMAS DE MODA

Por mais que tratemos de inovar e agir para melhorar as credenciais de sustentabilidade de uma peça de roupa, os benefícios trazidos por essas mudanças são sempre restringidos pelos sistemas de produção e modelos de negócio que promovem e vendem a peça e pelo comportamento da pessoa que a compra. Produzir roupas com fibras de menor impacto ou com melhores condições de trabalho, embora importante, muda muito pouco o sistema geral, pois essas fibras e peças "melhores" são transformadas nos mesmos tipos de vestuário, vendidas pelos mesmos varejistas e então vestidas e lavadas da mesma forma que antes. A Parte Dois deste livro explora novas maneiras de envolvimento com a sustentabilidade na moda, começando por reconhecer os vários e grandes desafios inerentes à tentativa de unir sustentabilidade, indústria da moda e nosso sistema econômico baseado no crescimento.

Como trabalhamos para fomentar e cultivar os benefícios da sustentabilidade na moda, parece lógico ampliar nossa análise de um foco estrito nos produtos para um que contemple modelos de negócio e regras e metas econômicas que hoje definem o setor – do contrário, sempre limitaremos nossas ações e seus possíveis efeitos. Muitas dessas regras e metas, e as formas de pensar que lhes dão origem, permanecem despercebidas e inquestionadas nos principais ciclos da indústria, validando silenciosamente o modo atual de fazer as coisas. Mas, para muitos dos que defendem a sustentabilidade, a raiz do problema da insustentabilidade é exatamente esse modo de fazer. Sem análise das estruturas, motivações e práticas de negócio estabelecidas, a busca de qualidade social e ambiental continuará superficial e nunca passará a um ponto de florescimento (isto é, de sustentabilidade) para os sistemas humanos e não humanos.

Herman Daly, economista do Banco Mundial, afirma: "Fazer de modo mais eficaz algo que nem deveria ser feito não é motivo de alegria".[1] Isso não quer dizer – longe disso – que os muitos avanços importantes que ocorreram já em nome da inovação em sustentabilidade não tenham valor; apenas que não são tudo o que precisa ser feito. Precisamos admitir que, embora isso contrarie grande parte do pensamento moderno, muitos problemas ambientais e sociais na indústria da moda não têm solução puramente técnica ou mercadológica: ao contrário, as soluções são morais e éticas (valores que não são apreendidos pelos negócios e pelo mercado), e para isso precisamos tomar distância do modo convencional de fazer negócio e examinar o que define, dirige e motiva os sistemas maiores.

A filósofa ambientalista Kate Rawles reconhece as imensas dificuldades de desafiar concretamente o pensamento dominante estando dentro dele, já que "as pessoas aderem ao *status quo*".[2] Mas, para começar a resolver problemas ambientais e sociais da indústria da moda, precisamos perceber onde estão suas raízes. A esse respeito, o eminente ecologista industrial John Ehrenfeld aconselha: "Discipline-se para conviver com a dúvida [...], assim, aos poucos conseguirá descartar respostas já experimentadas, não mais válidas, e substituí-las por maneiras novas e eficazes de construir um futuro sustentável".[3]

Com esse propósito, a Parte Dois aborda oportunidades de inovação que assentam as bases de um conjunto diferente de práticas para todo o setor e os designers em particular, à luz de relações econômicas revisadas, valores diferentes e uma visão de mundo ecológica (isto é, inspirada na natureza). Algumas dessas ideias são familiares; outras exigem que abramos a mente para imaginar seu pleno potencial; e mais outras parecem inoportunas ou descabidas. Mas todas se apoiam em princípios genuínos de sustentabilidade, são construídas por pessoas que consideramos líderes culturais ou provêm de fontes respeitadas, e são baseadas em raciocínio lógico e dados empíricos. Em geral, as oportunidades de inovação detalhadas nas páginas a seguir envolvem um trabalho mais lento, mais complexo e mais estratégico do que aquele com que os designers e a indústria da moda estão acostumados. Mas é participando desse processo que podemos aprimorar as práticas atuais e construir uma visão de um futuro alternativo.

Capítulo 6: Adaptabilidade

ADAPTAR:

1. Tornar adequado ou apropriado, transformando ou ajustando

2. ajustar(-se) a circunstâncias novas ou modificadas – vi. ajustar-se [1]

No design sustentável, a adaptabilidade de um produto, processo ou sistema é, quase sempre, uma resposta ao uso ineficiente de recursos na indústria da moda comercial. As estratégias de adaptabilidade visam intensificar o uso para aumentar a eficiência com que cada peça de indumentária é usada – isto é, obter mais rendimento do mesmo insumo. Por si só, isso nos permite aproveitar mais a mesma peça, embora seja parte de um trabalho maior, que começa por interromper os ciclos mais amplos de compra e descarte, desacelerar o consumo total e desafiar os modelos de negócio dominantes, os quais dependem de produção e venda de grande volume de roupas para obter os benefícios da economia em grande escala, que maximiza os lucros.

Na natureza, a adaptabilidade da vida a seu entorno é a principal força motriz do processo evolutivo pelo qual surgem novas espécies biológicas, e é a base da qual flui toda a vida. A adaptabilidade possibilita que certas espécies ocupem nichos específicos no hábitat, cada qual com uma oportunidade única de interação com outras espécies, recursos e processos.[2] A abertura e a prontidão de uma espécie para se adaptar permitem-lhe mudar continuamente em resposta às condições cambiantes e sobreviver em ambientes hostis. Essa mudança contínua, em microescala, é sustentada pela estabilidade e resiliência de um ecossistema em uma macroescala, possibilitando-lhe reagir e se remodelar diante da crise em uma área, enquanto permanece estável em outras.

Adaptabilidade no contexto de negócios

Para indústrias, corporações e grandes negócios, adaptar é processo lento e incômodo – a inércia absoluta inibe sua capacidade de se flexibilizar e mudar. Com frequência, as pessoas que hoje trabalham para implementar práticas voltadas para a sustentabilidade na indústria da moda sentem todo dia o peso dessa imobilidade, e a incapacidade da indústria para se adaptar é um dos principais motivos pelos quais a sustentabilidade na moda permaneceu quase no mesmo território (a melhoria de produtos e processos) nos últimos vinte anos. Como afirma Jonathan Chapman, pensador do design sustentável: "O próprio sistema tende a eliminar a inovação em nome de ideias úteis e convenientes para o modo de operação estabelecido".[3] Eliminado na indústria e no desenvolvimento do produto, o pensamento inovador também é eliminado no designer, no consumidor e no mercado, pois todos se adaptaram ao modo de operação dominante: grandes volumes e produtos homogêneos lançados e disponibilizados em todos os mercados globais.

Daí que a variedade e o pluralismo, na forma de produtos de moda adaptáveis, são um desafio não só para a indústria como também para os designers e os consumidores, transformando o modo como todos os envolvidos criam e vivenciam a moda. Para a indústria, e em particular para o segmento acostumado a desenhar grandes volumes de produtos similares para a produção em massa, o desafio da adaptabilidade é fomentar a heterogeneidade no modo de pensar e o design de roupas que se adaptem a circunstâncias variadas. A adaptabilidade em geral requer um papel mais proativo dos usuários, ao transformar a forma de uma peça. Dos designers, uma mudança de foco: da criação de uma peça acabada à criação de um trabalho em progresso, uma peça cambiante, crescente, em transformação.

Assim como os nichos na natureza têm relação simbiótica com o ecossistema mais amplo, também essa incubação de comportamentos alternativos por parte do designer, do produtor e do consumidor influencia o metabolismo de toda a nossa indústria. A adaptabilidade pode ser vista como forma de satisfazer o desejo do usuário final por variedade e de otimizar a produtividade material; mas, por seu foco em transformação e flexibilidade, também pode aumentar a resiliência da indústria no longo prazo e nos preparar melhor para uma época em que a mudança e os riscos – físico, econômico, ecológico e social – estarão na ordem do dia.

Versatilidade e multifuncionalidade

A adaptabilidade pode se manifestar de várias formas, pois um produto compõe-se de atributos. A cor, a silhueta, a textura, a estampa, a função e as minúcias, todas oferecem oportunidades de manipulação e transformação. E cada qual, em maior ou menor grau, desafia o *status quo* da moda industrial. Nas roupas versáteis quanto à função, a adaptabilidade está totalmente associada ao material de que é feito o produto e costuma ser inspirada em ideias de biomimética (ver Capítulo 11), em que as eficiências da natureza fornecem soluções complexas, mas elegantes, ou permitem que uma função seja embutida em outra. Como os atributos da versatilidade funcional tendem a ser invisíveis, as roupas ajustam-se bem a nosso estilo de vida moderno, pois quando a velocidade e a conveniência são o mais importante, os atributos invisíveis permitem passar logo de uma situação social ou condição ambiental a outra, e fazem poucas exigências ao usuário para que ele desacelere ou pare para fazer ajustes físicos a uma peça de roupa. O que os itens versáteis proporcionam de conveniência, portanto, carecem de comprometimento, pois os atributos invisíveis não são vivenciados de nenhuma forma observável ou mesmo oculta; as roupas versáteis não nos levam a questionar ou mudar de comportamento. E é precisamente por não nos desafiar nesse nível que os itens versáteis são a forma de adaptabilidade mais aceita comercialmente.

Roupas versáteis

Quando uma peça de roupa funcionalmente versátil substitui outras – como é a intenção com itens feitos, por exemplo, de tecidos à prova de água e isolantes que permitem à pele respirar –, o conceito tem grande potencial para desmaterializar nosso guarda-roupas e aumentar o número de horas de uso por peça. Contudo, se o comportamento do usuário não for devidamente estudado, nada garante que as economias feitas em um único produto versátil não sejam desperdiçadas em nova aquisição. Portanto, se os itens versáteis prometem reduzir o uso de recursos e energia, os desafios essenciais continuam sendo influenciar o comportamento do consumidor e o modelo de crescimento. A marca norte-americana REI, de roupas

A jaqueta da REI reúne qualidades de isolamento térmico, proteção contra o vento e impermeabilidade.

esportivas para atividades ao ar livre, criou uma jaqueta que abriga e protege da chuva, além de permitir que a pele respire. Graças à tecnologia presente no tecido de que é feita, a jaqueta pode substituir três camadas de roupa (a isolante, a de proteção contra o vento e a camada à prova de água) por uma única, e ainda assim atender às necessidades do usuário em todas as três categorias de função. A peça ilustra como uma estratégia de versatilidade funcional aplicada ao tecido ou à indumentária pode influenciar escalas mais amplas, afetando as escolhas em uma vestimenta completa e até mesmo em todo um guarda-roupa.

Roupas multiuso

As pessoas são instáveis e emotivas, volúveis e inconstantes, e vivem em uma sociedade cujos valores e crenças estão em contínua transformação. Embora a própria moda evolua com o tempo para refletir a sociedade e a cultura, os produtos fabricados em escala industrial, ainda que versáteis, são fisicamente estáticos. As peças multiuso tratam de lidar com essa inércia, construindo uma relação mais sólida e duradoura entre produto e consumidor, por meio de múltiplos níveis de envolvimento. Prometem aumentar o número de horas de uso por peça de roupa. No entanto, os designers claramente se deleitam com suas próprias invenções, e muitas vezes a capacidade de criar funções pode se sobrepor à própria necessidade dessas funções! Além disso, um excesso arbitrário de funções pode criar confusão para o usuário final e intimidá-lo a tal ponto que aquelas funções que vão além das utilidades básicas raramente são usadas. No design, "os rigores do comedimento",[4] portanto, são essenciais e particularmente importantes quando a multifuncionalidade é empregada como estratégia de redução do impacto ambiental, pois, quando cada função adicional requer mais recursos naturais ou a consternação do usuário resulta em uma peça descartada, o efeito real é a antítese de sustentabilidade.

A multifuncionalidade, como fim em si mesma, pode perder completamente o propósito de sustentabilidade – sobretudo quando as funções tornam-se novidades ou atrativos para comprar mais, o que muitas vezes acontece. Mas, usada com critério, se o uso pretendido de cada função é claro e o resultado comportamental desejado é efetivamente alcançado por meio de dicas e orientações bem planejadas, pode transformar um artigo estático em um produto que envolve o usuário ao satisfazer diferentes estados de ânimo e necessidades físicas. Mecanismos bem projetados para roupas multiuso podem interceptar o ato familiar e repetitivo de se vestir e começar a moldar a mente para novas ideias, assentando as bases para mudanças maiores. A camiseta reversível Cambia, da Páramo, por exemplo, é desenhada para eliminar umidade e tem duas camadas de tecido, cada uma das quais pode ser usada por dentro ou por fora, dependendo de fatores externos e das necessidades do usuário. Quando em contato com a pele, o tecido suave retém a umidade junto ao corpo, contribuindo para refrescar em clima quente; quando invertida, a face "colmeia" afasta a água da pele, mantendo o corpo mais seco e aquecido. Embora cada função esteja sempre presente no tecido, o fato de ter de parar, considerar as condições, ponderar suas próprias necessidades e virar a camiseta de um lado ou de outro mobiliza sutilmente os usuários para além do estilo da superfície e começa a abrir novos caminhos de mudança comportamental rumo à sustentabilidade.

Transazonalidade

A moda prospera com a mudança e a velocidade, e com a rotatividade das peças no guarda-roupa de um indivíduo. Para garantir a renovação do estoque e compras adicionais, a indústria da moda fabricou "temporadas" artificiais de varejo que requerem novos visuais e estilos. A participação nessas temporadas criadas pelo homem denota um código social, uma sensação de ser bem-sucedido, de ser capaz de estar a par das últimas tendências e de ter dinheiro para compras frequentes: "Volta às aulas", "Renovação", "Viagens" e "Férias" são algumas das chamadas para atrair consumidores a *shopping centers*, todas idealizadas para incitar trocas de guarda-roupa e garantir o fluxo contínuo de produtos pelo sistema industrial da moda.

Roupas transazonais

As peças transazonais podem deter essa lógica dominante na indústria. Em vez de adotar novos modelos e palhetas de cores que duram semanas, os designers identificam cores que tendem a funcionar em diferentes estações e combinações

de guarda-roupa. Os conceitos transazonais começam a envolver os designers, e também os usuários, em níveis que vão além dos aspectos materiais da moda e abarcam também os imateriais – conectando ambos aos ritmos das estações naturais e demandando que considerem que grau de mudança é necessário e por que razões. Da perspectiva do consumidor, isso pode incluir que partes do corpo precisam de proteção e abrigo e quando; e, do ponto de vista do designer, que grau de adaptação levará o consumidor a desacelerar ou evitar novas compras.

As formas orgânicas no casaco de Emily Melville foram inspiradas em pesquisas sobre as áreas do corpo que mais precisam de abrigo. A jaqueta interna, que agasalha o centro do corpo, onde o abrigo funcional é mais importante, integra-se às mangas, formando um design interessante em si mesmo. O colete comprido e sem mangas é desenhado para ser usado sozinho ou sobre a jaqueta. Efetivas tanto juntas quanto separadas, as peças podem ser combinadas nas estações mais frias e usadas separadamente quando o clima é mais ameno.

O casaco de Emily Melville combina uma jaqueta interior e um colete que podem ser usados juntos ou separados, em todas as estações.

Modularidade

As roupas modulares possibilitam a participação lúdica e criativa do usuário, e, por se adaptarem a necessidades e preferências pessoais, podem trazer uma sensação duradoura de satisfação. Desenhar peças modulares combináveis demanda mais do designer, que deve conciliar e facilitar a expressão individual do consumidor. O objetivo do designer deixa de ser a criação de um produto acabado e passa a ser a criação de um conceito acabado, e a genialidade do design reside tanto no sistema ou mecanismo de montagem e desmontagem quanto no produto em si. O foco do design de roupas modulares, portanto, inclui, além da peça, o comportamento e os hábitos de compra do consumidor, bem como sinais e códigos sociais, e nos

A abordagem modular da DePLOY baseia-se em alfaiataria tradicional e trajes conversíveis.

ajuda a lidar com problemas complexos de sustentabilidade, apresentando soluções complexas. As peças modulares não só oferecem formas alternativas de consumir, como demandam novos modelos de negócio, em que se disponibilizam não apenas coleções ou vestimentas completas, mas partes acessórias de peças de indumentária; esses modelos apoiam-se não tanto no volume de produção material quanto em serviços, ciclos e necessidades humanas (ver Capítulo 13).

Ao abordar a modularidade, a DePLOY considera a indumentária completa. Visando "pôr o maior guarda-roupa na menor mala", cada peça da sua coleção é adaptável e pode ser personalizada – um vestido vira uma saia, um casaco vira um vestido – por meio de engenhosa alfaiataria à moda antiga e fechos de fixação imperceptíveis. Assim, uma única peça oferece inúmeras possibilidades, permitindo que os consumidores façam mais com menos, substituindo novas "partes" de roupas a cada estação. Desenhar com o objetivo de desmaterializar um guarda-roupa e, ao mesmo tempo, satisfazer a necessidade social de mulheres modernas, ativas e ocupadas, significa que a função da roupa em diversos contextos sociais tem de ser considerada desde o início. O estilo das peças da DePLOY serve do escritório ao jantar e mais além, e a inovação está nas propriedades de transformação das roupas, obtidas com o mínimo de partes possível. O modelo de negócios da empresa reflete-se em seu lema – "um lugar para criar, não só consumir" – e na sua descrição de sua linha modular como *demi-couture* ("meia confecção de luxo").

Além de exigir que nós, designers, reexaminemos os modos de prática e negócio, a modularidade em roupas também nos oferece meios para refletir sobre o modo como nós, na condição de consumidores, renovamos nosso guarda-roupa e, em certo sentido, renovamos a nós mesmos. Indaga se, adaptando uma peça existente, dá para saciar nosso desejo por algo novo e quão radicais as mudanças devem ser para satisfazer a necessidade humana elementar de variedade cíclica.

Respondendo a esse questionamento, a Crystal Titus desenhou um vestido modular com base em um sistema de botões de pressão, que permite desconectar e reconectar panos com facilidade. Essa construção flexível possibilita que algumas seções troquem de cor, tecido e estampas, e que deslizem verticalmente umas sobre as outras, para variar a forma do decote. A jaqueta da Manon Flener segue um conceito similar, mas resulta em um visual diferente. Com botões de metal para fixá-las, as partes removíveis da peça são compostas de quadrados de tecidos duráveis, resultando em um produto final muito mais ornamentado.

Cada um desses conceitos modulares poderia ser ainda mais explorado. O mapeamento de padrões de uso e graus de insatisfação em diversas categorias e tipos de produto poderia produzir uma coleção de itens com vários níveis de modularidade, refletindo a necessidade e a velocidade apropriadas da variedade cíclica de cada item. Essas reflexões ilustram o modo como – se o designer se adaptar a um modo de pensar baseado em princípios de sustentabilidade – as ideias surgirão de forma espontânea e se apoiarão mutuamente, abrindo vários caminhos para o desenvolvimento de moda e vestuário.

Mudança de formas

De todos os conceitos de adaptabilidade apresentados nestas páginas, a mudança de silhueta ou forma de uma peça de indumentária é, talvez, o mais desafiador em todos os níveis, pois a forma literalmente estabelece limites e parâmetros físicos para o trabalho dos designers e define o espaço em que se movem os usuários. Desenhar de modo a permitir mudanças na forma do produto é um conceito que, há muitos anos, vem sendo aplicado com sucesso em brinquedos infantis, como Lego, Meccano e Tinker Toys. Esses jogos têm em comum sistemas simples e específicos de unir componentes que, uma vez aprendidos, podem ser manipulados em vários níveis de complexidade. Permitem a interpretação individual e liberam a intuição e a integração contínua de habilidades adquiridas, encantamento estético e diversão. E mais: fornecem um meio para que os indivíduos explorem e construam por si mesmos.

Roupas que mudam de forma

Desenhar roupas que possam mudar de forma exige uma lógica completamente diferente em todos os setores da indústria da moda. O designer deve ter conhecimento de técnicas de construção e confecção de moldes radicalmente distintas, e reconhecer as habilidades criativas e as limitações dos usuários finais. O usuário, por sua vez, precisa ter confiança suficiente para se envolver no desenvolvimento contínuo do produto e estar disposto a uma abordagem completamente nova ao ato de se vestir. Mudar a forma das roupas também remodela a relação entre designer e usuário: ambos se tornam ativamente receptivos um ao outro, diferentemente de quando seu único foco é a venda e a compra de uma peça de roupa estática. Paradoxalmente, conforme designer e usuário se envolvem mais um com o outro, também se tornam menos apegados – o designer, a suas próprias ideias, permitindo que a forma final da roupa surja nas mãos do

Acima: O vestido modular da Crystal Titus permite remoção e substituição de panos por meio de botões de pressão.

Ao lado: Jaqueta modular de Manon Flener, feita de quadrados presos por botões.

usuário, e este, às coisas, pois quando uma nova forma é construída, a anterior desaparece. Assim, desenhar roupas que admitam mudança de formas é outro meio de fazer com que os produtos passem de fluxos a ciclos. Isso nos ajuda a avaliar um conjunto mais amplo de valores que vão além do produto físico e a criar e vestir de maneiras que se aproximam mais de sistemas naturais, como crescimento e decadência ou expansão e contração.

Galya Rosenfeld, designer de moda conceitual, desenvolve e constrói bolsas e roupas modulares como uma série de "pixels" ou quadrados que se encaixam por todos os lados. Cortadas em feltro, essas seções autoacabadas são facilmente montadas manualmente, sem necessidade de grandes habilidades, equipamentos ou fontes de energia especiais. Em geral, o conceito fornece uma variedade quase infinita de possibilidades de construção e um meio para que o usuário satisfaça o

desejo afetivo de variedade e mudança, e até mesmo permite a completa desmontagem e a montagem de produtos inteiramente novos. Mudar formas é o grande desafio da moda industrial – como se adaptar para conciliar peças que desapareçam e reapareçam nas mãos do usuário?

Acima e à esquerda: Os quadrados de feltro nas peças de Galya Rosenfeld podem ser acoplados, com muitas possibilidades de formas diferentes.

Capítulo 7: Vida útil otimizada

A velocidade com que o volume de produtos fabricados industrialmente flui pelo sistema da moda resultou em sua despersonalização. Já não conhecemos os fabricantes ou a origem dos materiais; isso já não fala de nossos mitos, comunidades ou sociedades. Nossas roupas tornaram-se objetos inanimados, proporcionando, sobretudo, um meio de cumprir metas comerciais. O significado poético perdeu importância, em nome das eficiências de produção, e a estética de uma peça de vestuário reflete não mais que uma atratividade mínima, desenvolvida basicamente para garantir sua venda inicial. As roupas são, nas palavras de Jonathan Chapman, "esteticamente empobrecidas".[1]

Somada a baixo custo e facilidade de compra, a limitada presença de significado e empatia em tantos produtos de moda comerciais contribui de forma decisiva para que sejam descartados muito antes de estarem gastos. Para mudar isso, é necessário atuar em uma série de frentes – sobretudo em torno daquilo que influencia a vida útil de uma roupa em termos materiais, estilísticos e emocionais. A vida útil, ou durabilidade, é muitas vezes entendida como fenômeno primordialmente físico: materiais resistentes e construção robusta. Mas a durabilidade física é uma solução falha quanto à sustentabilidade. Com frequência, na indústria da moda, um produto descartado não é um indicador de baixa qualidade, mas de uma relação fracassada entre o produto e o usuário.[2] Se é verdade que a falta de durabilidade física em um item funcional, como um zíper, pode resultar no descarte de uma peça, estudos revelaram que 90% das roupas são jogadas fora antes do fim de sua vida útil. Produtos fisicamente duráveis ainda permanecem sujeitos à lógica do consumo cíclico ditada pela sociedade e pela cultura "ocidentais". E, "quando os materiais físicos sobrevivem a nosso desejo por eles, o resultado é o descarte";[3] quando o produto está no aterro sanitário, a durabilidade física torna-se um passivo, em vez de um ativo.

Empatia

Para obter medições reais da vida útil de um produto "durável", é preciso considerar índices emocionais e culturais – que significado a roupa carrega; como é usada; o comportamento, o estilo de vida, os desejos e os valores pessoais do usuário. Essas conexões empáticas já são bem exploradas e compreendidas pelas empresas, já que formam a própria base das estratégias de marketing para vender mais produtos. Usar essas informações, não só para obter lucros, mas para orientar o design a uma conexão emocional, a fim de otimizar a vida útil do produto e contribuir para a sustentabilidade, é um território um tanto desconhecido e incômodo. Desafia o próprio cerne dos modelos de negócio existentes.

Em um mundo material superdesenvolvido e superabundante, o enorme desafio é fazer com que os produtos despertem empatia. Lojas visualmente ruidosas e aceleradas exaurem a atenção física do comprador; os elementos que podem sinalizar vínculos emocionais com uma peça de vestuário, silenciosos como costumam ser, podem ser facilmente sufocados devido à disputa por essa atenção. De fato, a designer Christina Kim, da Dosa, reconhece e contorna esse problema, expondo só com hora marcada sua linha *slow fashion* em sua própria galeria no centro de Los Angeles: os visitantes podem se demorar na apreciação das qualidades únicas de cada peça e absorver toda a filosofia da designer em seu espaço (ver p. 177). Além disso, a empatia costuma surgir com reflexão e aquisição de narrativas, construídas lentamente e com o tempo, depois de consumada a compra – isto é, fora do alcance da influência direta da designer. Permitir que essas narrativas sejam apreendidas é, portanto, uma dança delicada, pois a intenção e o significado estão sujeitos a incontáveis interpretações pessoais com base nas associações passadas e nas experiências do usuário – uma memória, um acontecimento significativo ou um rito de passagem – e, assim, as respostas, de uma pessoa para outra, podem ser um tanto imprevisíveis.

Atributos físicos e emocionais da durabilidade

Existem alguns atributos físicos bem aceitos que sistematicamente agradam nossas sensibilidades. O "desbotado" do jeans, por exemplo, adquire um caráter cada vez mais desejável com o tempo, captando os padrões particulares de uso e desgaste do usuário e ampliando continuamente seu conteúdo emocional. E o toque da caxemira nunca deixa de proporcionar uma sensação afetuosa e aconchegante de bem-estar. Além dessas vias táteis, o conteúdo emocional pode ser alcançado pelo tratamento habilidoso de algo simples como uma etiqueta. A empresa californiana ZoZa, por exemplo, costurou mensagens atenciosas como "Don't be tense. Be present" ("Não fique tenso. Fique presente") em lugares pouco usuais dentro de suas peças, que criavam satisfação imediata quando descobertas, e um reconhecimento permanente de que o designer estava emocionalmente envolvido ao criar.

Podem ser encontradas outras formas evidentes de envolvimento emocional do designer que se reproduz no usuário, como, por exemplo, o aproveitamento das variadas propriedades dos tingimentos naturais quanto a sua resistência à lavagem e à luz, com a apropriada superposição de tecidos em uma roupa, para que padrões se revelem e evoluam com o uso; outro exemplo é reestampar uma peça, incluindo áreas protegidas como uma "janela" com visão para seu estado anterior, é uma forma de apreender o passado e, ao mesmo tempo, criar uma nova estampa e permitir o surgimento de estampas mais complexas no futuro. Esses toques poéticos criam espaço para momentos de clareza e lançam novas luzes sobre diferentes maneiras de criar e vivenciar a moda.

Entender os aspectos físicos, estilísticos e emocionais da durabilidade de uma peça com relação a um tipo de usuário permite satisfazer plenamente suas necessidades materiais e simbólicas. Mas, se o objetivo da otimização da vida útil é desacelerar o fluxo de recursos naturais pelo sistema da moda, desenhar produtos emocionalmente mais duráveis pode ser uma estratégia tão limitada quanto a durabilidade física. O setor imobiliário que mais cresce nos Estados Unidos é o de guarda-volumes individuais, hoje uma indústria de US$ 50 bilhões, e a maior parte do conteúdo dessas unidades são "coisas" de classe média, embora as famílias norte-americanas tenham metade do tamanho que tinham nos anos 1950 e as casas tenham o dobro de espaço. Assim como restringir a energia incorporada em uma peça não garante reduções absolutas de energia, pois o negócio como um todo cresce, otimizar a vida útil de um único item não garante necessariamente reduções líquidas no consumo de recursos. A palavra de ordem ainda é alcançar a "otimização absoluta da vida útil" dos produtos, por meio de mudanças fundamentais na cultura, nos comportamentos sociais e nas práticas de negócio.

Mas, apesar de suas limitações, o que todos os conceitos apresentados proporcionam é um *feedback* emocional para o usuário, em que podemos reavaliar nossa relação com cada peça, contemplar noções de uso, posse e necessidade, e levar em consideração estoques e fluxos de objetos que passam por nossas vidas, reajustando o metabolismo de nossos guarda-roupas.

Vidas úteis otimizadas

A noção de vida útil otimizada como categoria de sustentabilidade na moda convida a abordagens e explorações que refletem conhecimentos mais profundos e respostas mais integradas à sustentabilidade. Vimos a vida útil otimizada surgir de começos simples, manifestados na materialidade do produto (tecido e construção fisicamente robustos, e tecidos reciclados e biodegradáveis inspirados no modelo Cradle to Cradle). Vimos conceitos que superavam a capacidade de mudança da indústria (como o sapato "Sugar and Spice", da Patagonia, desenhado para ser desmontado e reciclado, que não vingou por falta de infraestrutura industrial) e outros que acertaram o alvo (como o serviço de aluguel de bolsas da Avelle; ver p. 103), em que as características do produto conferem tanto qualidade emocional de curto prazo, para o consumidor, como qualidade física duradoura, para permitir recirculação contínua e uso extensivo.

Projetos de pesquisa em número crescente têm nos ajudado a compreender como fazer peças de vestuário apropriadamente duráveis. O projeto ToTEM (Tales of Things and Electronic Memory) investiga o potencial de associar histórias pessoais a objetos específicos, usando códigos de Quick Response (QR) e etiquetas RFID, e permitindo que outros as leiam e possam compreender a importância de um item. E o projeto WORN_RELICS©, específico para roupas, proporciona um espaço único onde a história de vida e o futuro das roupas podem ser coletados e arquivados. Os participantes recebem uma senha fornecida por uma etiqueta codificada que lhes permite registrar um item e criar um perfil desse item no website da Worn Relics. As entradas podem ser atualizadas, e muitas seguem a vida ou jornada da roupa. Os arquivos não só revelam o vínculo entre o produto e o usuário, como toda uma rede de relações, sensações e memórias que inevitavelmente se associam a uma peça usada com frequência.

Múltiplas abordagens à durabilidade

Uma forma de imaginar para além dos marcos atuais é usar "cenários futuros", em que as investigações obedecem a certo conjunto de critérios baseados em tendências etnográficas e socioculturais bem estudadas e extrapoladas ao máximo, para tentar entender o que pode acontecer daqui a algumas décadas. Criado em

2004, o projeto Lifetimes, de Kate Fletcher e Mathilda Tham, apresenta uma pesquisa detalhada do vestuário e do potencial para desenhar peças mais engenhosas considerando a velocidade e o tempo. Esse projeto envolveu o estudo de produtos com base em índices como vida prolongada, durabilidade, materiais, usos e serviços. O objetivo foi criar cenários para o consumo mais criativo de roupas específicas (ver quadros nas pp. 90 e 91).

Metabolismo de um guarda-roupa

Cenários como os desenvolvidos no projeto Lifetimes ajudam-nos a antever possibilidades que requerem mínimos investimentos financeiros em infraestrutura ou desenvolvimento de protótipos, e nos permitem considerar várias influências para criar uma plataforma a partir da qual idealizar as próximas etapas lógicas. Considerando esses cenários, não é exagero imaginar, por exemplo, uma época em que todos conheçam o "metabolismo" de seu guarda-roupa e tenham a capacidade de ajustá-lo. Em vez de meros receptáculos periodicamente esvaziados para abrir espaço, os guarda-roupas tornam-se lugares de "equilíbrio dinâmico"; as roupas são retrabalhadas, compartilhadas e reutilizadas sem requerer um fluxo constante de novos produtos e recursos. Aqui, a compra já não está no centro da experiência de moda, mas é apenas um dos seus aspectos, que incorporam ainda a energia criativa dos indivíduos, ao considerar a durabilidade ideal de cada peça e renovar seu guarda-roupa e a si mesmo de novas maneiras.

Ao lado: metabolismos atual (acima) e futuro (abaixo) de um guarda-roupa, com muitas opções para desacelerar os fluxos pessoais de material.[4]

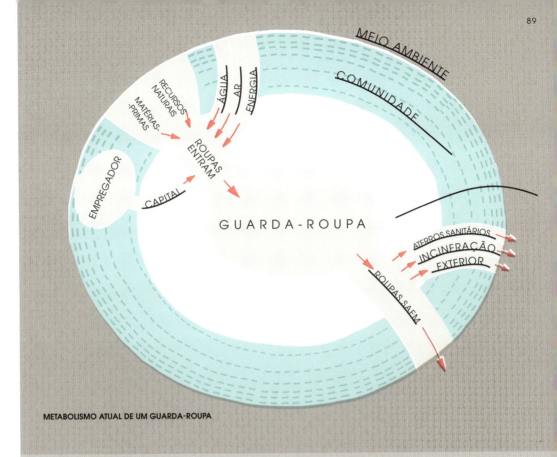

METABOLISMO ATUAL DE UM GUARDA-ROUPA

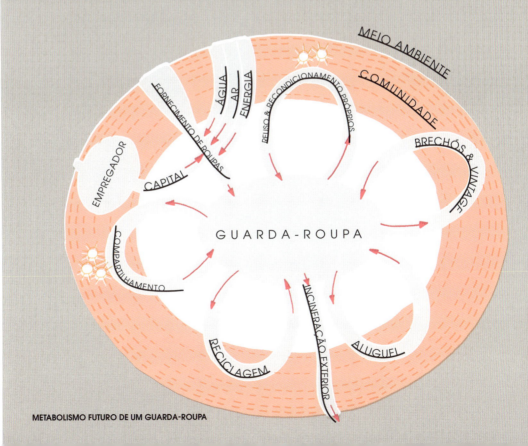

METABOLISMO FUTURO DE UM GUARDA-ROUPA

PROJETO LIFETIMES:
EXPLORANDO A VIDA ÚTIL OTIMIZADA DE QUATRO INDUMENTÁRIAS

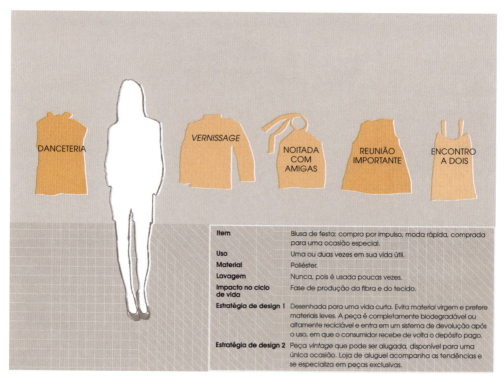

Item	Blusa de festa: compra por impulso, moda rápida, comprada para uma ocasião especial.
Uso	Uma ou duas vezes em sua vida útil.
Material	Poliéster.
Lavagem	Nunca, pois é usada poucas vezes.
Impacto no ciclo de vida	Fase de produção da fibra e do tecido.
Estratégia de design 1	Desenhada para uma vida curta. Evita material virgem e prefere materiais leves. A peça é completamente biodegradável ou altamente reciclável e entra em um sistema de devolução após o uso, em que o consumidor recebe de volta o depósito pago.
Estratégia de design 2	Peça *vintage* que pode ser alugada, disponível para uma única ocasião. Loja de aluguel acompanha as tendências e se especializa em peças exclusivas.

Item	Roupa íntima básica: evita sujeira e odores corporais em outras roupas.
Uso	Usada diariamente.
Material	Mescla de algodão e raiom.
Lavagem	Lavagem frequente após o uso.
Impacto no ciclo de vida	Fase de lavagem/cuidados do consumidor.
Estratégia de design 1	Descartável, dispensa lavagem. Suave e delicada, cortada a laser, é feita de celulose não tramada e colorida com pigmentos biodegradáveis. Fornecida em quantidade, com instruções de compostagem.
Estratégia de design 2	Não descartáveis, concebidas para lavagem de baixo impacto. Vêm com instruções para limpeza, em fitas e etiquetas.

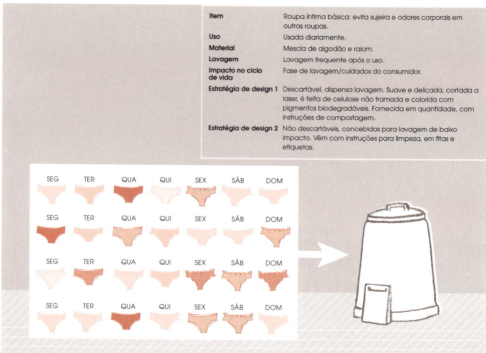

CAPÍTULO 7: VIDA ÚTIL OTIMIZADA 91

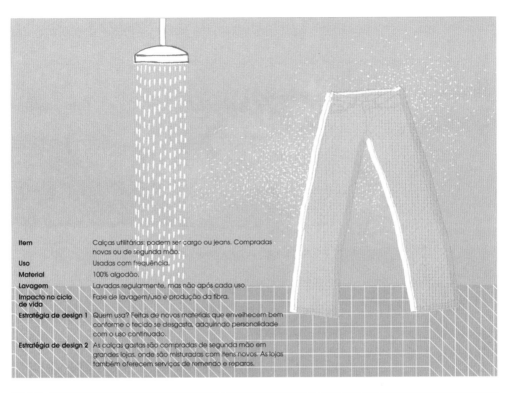

Item	Calças utilitárias: podem ser cargo ou jeans. Compradas novas ou de segunda mão.
Uso	Usadas com frequência.
Material	100% algodão.
Lavagem	Lavadas regularmente, mas não após cada uso.
Impacto no ciclo de vida	Fase de lavagem/uso e produção da fibra.
Estratégia de design 1	Quem usa? Feitas de novos materiais que envelhecem bem conforme o tecido se desgasta, adquirindo personalidade com o uso continuado.
Estratégia de design 2	As calças gastas são compradas de segunda mão em grandes lojas, onde são misturadas com itens novos. As lojas também oferecem serviços de remendo e reparos.

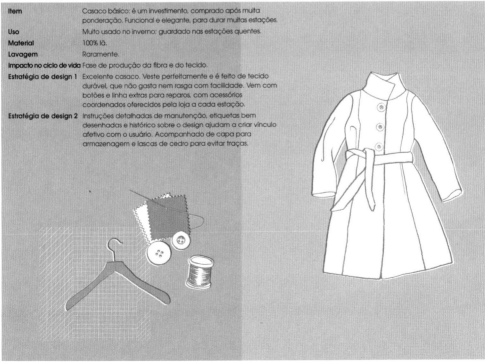

Item	Casaco básico: é um investimento, comprado após muita ponderação. Funcional e elegante, para durar muitas estações.
Uso	Muito usado no inverno; guardado nas estações quentes.
Material	100% lã.
Lavagem	Raramente.
Impacto no ciclo de vida	Fase de produção da fibra e do tecido.
Estratégia de design 1	Excelente casaco. Veste perfeitamente e é feito de tecido durável, que não gasta nem rasga com facilidade. Vem com botões e linha extras para reparos, com acessórios coordenados oferecidos pela loja a cada estação.
Estratégia de design 2	Instruções detalhadas de manutenção, etiquetas bem desenhadas e histórico sobre o design ajudam a criar vínculo afetivo com o usuário. Acompanhado de capa para armazenagem e lascas de cedro para evitar traças.

Capítulo 8:
Usos de baixo impacto

Mudar o modo como as pessoas lavam, secam e cuidam de suas roupas pode influenciar de forma significativa o impacto ambiental de qualquer item de vestuário. Estudos realizados há mais de vinte anos revelaram a importância relativa dos hábitos de lavagem e secagem para o perfil de sustentabilidade de uma peça. Tais estudos demonstraram que, para peças lavadas com frequência, o impacto da chamada "fase de uso" da vida de uma roupa é de duas a quatro vezes o da fase de produção, mesmo quando se considera uma ampla gama de critérios, como emissões de CO_2, poluição da água e produção de resíduos sólidos.[1] Em outras palavras, a maneira como cuidamos de nossas roupas tem grande efeito sobre sua possível sustentabilidade, e focar a atenção do design nesse aspecto traz a promessa de mudanças.

Mas, embora o impacto acumulado de nossos hábitos de cuidado com as roupas seja conhecido há décadas, faz muito pouco tempo, com a consolidação do conceito de ciclo de vida, que a responsabilidade sobre o que acontece na lavanderia começou a ser assumida pelos designers e pelas marcas, não só por aqueles de nós que efetivamente se dedicam à limpeza das roupas. Ao pensar em ciclos de vida, o objetivo é melhorar as credenciais de sustentabilidade do produto como um todo, à medida que este é feito, usado e descartado. Essa abordagem holística gerou várias iniciativas, para reduzir os comportamentos de lavagem e secagem que fazem uso intensivo de recursos, como forma de tornar a peça mais sustentável. O programa Sustainable Clothing Roadmap,[2] criado pelo governo britânico, financiou pesquisas específicas em tecnologias de lavagem e secagem e estratégias políticas associadas, a fim de promover explicitamente um perfil mais sustentável para as roupas.

Comportamento do consumidor e usos de baixo impacto

Como quase todas as questões de sustentabilidade na moda, aquelas relacionadas com lavagem e secagem são complexas e cheias de nuanças; há poucas soluções universais para os desafios enfrentados. Talvez a limitação mais evidente seja que nem todas as roupas – e nem todos os consumidores – são iguais. Algumas roupas (por exemplo, roupa íntima e camisetas) são lavadas com frequência. Outras (jaquetas e suéteres) raras vezes são limpas; para estas, fazer mudanças no modo como são cuidadas é perda de tempo, já que isso não terá quase nenhum efeito sobre a sustentabilidade geral. De maneira similar, há diferenças enormes no modo como as roupas são lavadas: uns as selecionam e separam com cuidado, lavando meia carga quando precisam de um item; outros lavam tudo à mesma temperatura em cargas completas; outros, ainda, usam lavanderias com grandes máquinas comerciais. Portanto, toda abordagem que vise lidar com os impactos sobre a lavagem deve ser específica e pessoal e, ao mesmo tempo, levar em conta as sutilezas das atitudes socioculturais e do comportamento do consumidor, além de lidar com considerações mais diretas sobre o uso eficiente de recursos. Basicamente, o objetivo é encorajar atitudes mais sustentáveis para com a limpeza e a higiene e ajudar a modificar as normas vigentes.

Design para lavagem de baixo impacto

O mais óbvio, nas mudanças para reduzir o impacto dos cuidados com as roupas, seria começar com as características de lavagem e secagem das fibras e, por exemplo, especificar materiais que podem ser lavados a temperaturas mais baixas e secam rápido, o que leva a benefícios como menor consumo de energia durante a lavagem (discutidos na p. 61). Mas não é só o tipo de fibra que influencia os hábitos de lavagem; a estrutura e o acabamento dos tecidos também podem levar a uma lavagem de menor impacto. Atualmente, são desenvolvidos novos acabamentos autolimpantes baseados em nanotecnologia. Talvez os acabamentos mais conhecidos aplicados aos tecidos para influenciar os hábitos de lavagem sejam os impermeabilizantes, como Scotchgard™ e Teflon®, que resistem à sujeira; ou os antimicróbicos, como triclosano, silicone quaternário e prata, que ajudam a manter os tecidos "novos" por mais tempo. Ambos os grupos de acabamentos prometem diminuir os impactos dos cuidados com a peça – se sua aplicação de fato se traduzir em hábitos diferentes de lavagem, o que está longe de ser garantido. O certo, entretanto, é que todo acabamento adicional acarreta processo industrial complementar e o custo ambiental agregado, que deve ser compensado pelos supostos benefícios da lavagem no longo prazo.

Implicações dos acabamentos

Cada vez mais evidências indicam grandes impactos sobre a saúde humana associados a perfluoretos (PFC), que são a base dos acabamentos impermeabilizantes. Estudo recente encontrou indícios que associam a exposição aos PFC a baixo peso de bebês ao nascer,[3] e atualmente esses produtos estão incluídos na lista SIN (*Substitute It Now* ["Substituir Já"]) desenvolvida por ONGs europeias. Essa lista identifica 267 substâncias como altamente preocupantes, e as ONGs demandam que as autoridades as regulamentem e as eliminem dos impermeabilizantes.[4] Para os acabamentos antimicróbicos, a preocupação é que as bactérias se tornem resistentes às drogas (ou, como às vezes são designadas, "superbactérias") devido à sua contínua exposição a substâncias bactericidas, inclusive acabamentos. Há também dúvidas quanto à firmeza dessas substâncias químicas durante a lavagem e sua presença em cursos de água que recebem efluentes de produção.

Quando se mergulha nos detalhes dos efeitos da química de um acabamento, é fácil perder de vista se tais tratamentos complementares proporcionam benefícios reais. Hoje, faltam evidências que demonstrem que sua aplicação resulta em lavagens menos frequentes, pois "os acabamentos só influenciam diretamente os fatores físicos da lavagem, mas não os fatores culturais ou comportamentais [e] são as razões culturais e comportamentais que explicam a maior parte das lavagens".[5] Além disso, há muito tempo carecemos de um debate sério sobre a necessidade (ou não) de tornar nossas roupas isentas de bactérias. Convém que artigos têxteis hospitalares – como gaze para curativos ou cotonetes – sejam esterilizados para reduzir riscos de infecção; mas roupas esterilizadas estão longe de ser essenciais ao bem-estar, para a maioria dos que têm um sistema imunológico saudável.

Novas soluções para lavagens de baixo impacto

A marca japonesa Konaka, a designer Kansai Yamamoto e o alfaiate da Savile Row John Pearse desenvolveram o Shower Clean Suit, um terno que pode ser lavado no vapor quente de uma ducha e que seca sem enrugar. É feito de uma nova mistura de lã e fibras solúveis; embebido em água após a confecção, suas fibras se dissolvem, criando um tecido feito de lã com um conjunto de cavidades ocas, pelo qual a água passa facilmente, removendo a sujeira. As vantagens de um terno fácil de cuidar, que pode ser lavado no chuveiro, são evidentes: não se usa limpeza a seco, tampouco os solventes associados; não se usam eletrodomésticos nem detergentes; e talvez, no caso do terno da Konaka, também se elimina a necessidade de ter vários ternos, já que o processo de limpeza é muito rápido. De acordo com a Konaka, leva cerca de dez minutos para enxaguar o terno e remover manchas comuns; em oito horas, a roupa está seca e sem rugas. A inovação da Konaka é anunciada como parte da cultura de conveniência e suscita novas questões – por exemplo, se um terno é mais fácil de limpar, tenderíamos a lavá-lo com mais frequência? E, ao lavar uma vestimenta no box de banho – do mesmo modo que lavamos o corpo –, nossas expectativas mais gerais de limpeza com relação às roupas aumentariam ainda mais, levando-nos a lavar roupas com mais frequência?

Feitas para não ser lavadas

Talvez a conclusão lógica de qualquer tentativa de inovar para reduzir o grande impacto da lavagem de roupas é desenhar roupas que jamais precisem ser lavadas. De um só golpe, seria possível economizar cerca de dois terços da energia total consumida na vida de uma peça-padrão lavada com frequência. Persuadir as pessoas a desafiar a pressão social e adotar o hábito de não lavar suas roupas pode não ser tão difícil, se pensarmos que, para algumas pessoas, esse já é o comportamento estabelecido. Estudos recentes reuniram histórias e imagens de, entre outras coisas, roupas que continuam em uso e que nunca foram lavadas.[6] Essas histórias reunidas revelam que um fator decisivo para determinar que uma peça não deve ser lavada é o medo de que o próprio processo de lavagem provoque a perda de algo precioso: um aroma, uma memória, o caimento da peça, a qualidade do trabalho manual e assim por diante. A evocação emotiva como influência fundamental sobre as práticas de lavagem doméstica contraria as principais abordagens da indústria, que tratam os cuidados com a roupa em função da eficiência técnica e comportamental, mas não emocional, do ciclo de lavagem.

Normas sociais e higiene

Conforme observa a historiadora de moda Melissa Leventon: "Vivemos em um tempo em que somos limpos e perfumados. Mas houve época em que fomos limpos e não perfumados, sujos e perfumados, e sujos e não perfumados. Cada período refletia os costumes sociais e culturais da época".[7] São bem conhecidos o alcance e a capacidade do design para se valer do conhecimento histórico e influenciar comportamentos sociais e culturais; mas talvez seu principal ponto de partida hoje, em uma época de pico de petróleo e escassez de água, seja

Terno Shower Clean,
da Konaka.

desenhar peças que encorajem os indivíduos a refletir sobre seu comportamento atual e ofereçam visões de um futuro muito diferente do presente, com o objetivo de fomentar a mudança no sentido da sustentabilidade. Em certa medida, a forma como o brim costuma ser gasto, a fim de permitir que autênticas marcas de uso se acumulem na peça, ajuda a compreender comportamentos alternativos já existentes que consomem poucos recursos; leva de quatro a nove meses para gastar uma calça de jeans dessa maneira, e a lavagem precisa ser postergada por no mínimo seis meses.

A blusa No Wash, desenhada em 2002-2003 por Becky Earley e Kate Fletcher como parte do projeto 5 Ways, foi desenvolvida em resposta a um diário de lavanderia que documentou seis meses de comportamentos associados a lavagem e secagem de roupas e a dados que indicavam o grande impacto relativo da etapa do ciclo de vida de uma peça em que esta é submetida a cuidados do consumidor. A peça tem superfícies que podem ser limpas com um pano em áreas onde há mais probabilidade de acumular manchas e tem ventilação extra nas axilas; foi usada regularmente por vários anos sem lavar.

Também após estudos sobre comportamentos do usuário e rituais culturais, a Energy Water Fashion investigou como o design pode influenciar o modo como as roupas são usadas e gastas. Expostos no início de 2010, como parte da mostra do curso de pós-graduação MA Fashion and the Environment, da London College of Fashion, cada uma das oito peças de sua coleção (a EW8) incorpora uma característica única de design, identificada empiricamente, para encorajar o usuário a lavar a peça com menos frequência. As características, que incluem cor, tipo de fibra, caimento, design, aberturas, uso de camadas protetoras e função, oferecem, com conhecimentos acerca das práticas de uso, uma base criativa para influenciar tanto a atividade do design quanto a forma como os usuários cuidam de suas roupas.

Feitas para manchar

Uma variante do conceito de roupas feitas para não lavar é o uso do inevitável acúmulo de manchas em uma peça ao longo do tempo como parte essencial de seu design – com efeito, como sinal de seu uso afetivo. Aqui, deixa-se espaço no corte ou na estampa de uma peça para gravar e celebrar marcas de uso: algo que vai contra nossa tática usual de apagar todos os indícios de uso, eliminando manchas e respingos. Reservar esse espaço para que o usuário deixe seu toque pessoal vincula a estética da peça às normas sociais e muda a função dos designers, da produção de peças completas e invioláveis para a de itens que só são acabados com o tempo, em colaboração com o usuário. Aqui, a intenção é que o usuário reconheça de imediato que a peça em questão deve ser tratada de maneira diferente. O vestido No Stain, de Lauren Devenney (ver p. 98), por exemplo, apresenta uma nova perspectiva sobre a inconveniência das roupas sujas, com peças desenhadas para resistir a odores e encorajar manchas. Com jérsei de linho e de algodão, para permitir que o corpo e as peças respirem, e silhuetas curvilíneas, com cavas profundas nos braços e no decote para proporcionar circulação extra, a perspiração e o cheiro de suor são reduzidos de maneira significativa. Manchados previamente em uma estampa com respingos meio aleatórios, os itens são renovados, em vez de degradados, a cada novo respingo acidental.

Ao lado: três peças da coleção da Energy Water Fashion, desenhadas para reduzir o impacto da lavagem por meio das instruções na etiqueta (o vestido); do corte da peça (calça); ou da escolha de fibras com perfil de lavagem reduzido (blusa de tricô).

Ao lado, abaixo: Blusa No Wash, produzida como parte do projeto 5 Ways.

CAPÍTULO 8: USOS DE BAIXO IMPACTO 97

Pouco ferro

Estatísticas revelam que, ao passar uma peça com ferro a vapor, a uma alta temperatura, gastamos a mesma quantidade de energia consumida durante a lavagem (embora o gasto de energia seja muito menor quando passamos a peça sem o uso de vapor).[8] É fácil imaginar a completa eliminação do processo de passar a ferro, em particular para quem já escapou dessa tarefa, mas essa estratégia tem implicações multifacetadas, sobretudo devido às normas sociais e à aceitabilidade cultural de usar roupas amassadas.

Passar a ferro suaviza tecidos amarrotados ou enrugados e, assim como a lavagem, dá uma aparência de elegância, cuidado e frescor, que comunicam mensagens sociais de sucesso e respeito. Durante séculos, passar a ferro foi parte fundamental do cuidado com as roupas, em particular as de fibras naturais como linho, algodão e seda, que amarrotam com facilidade. No entanto, com a introdução, após a Segunda Guerra Mundial, de fibras sintéticas que amassam menos e a crescente demanda dos consumidores por tecidos práticos e fáceis de cuidar, surgiram tratamentos de acabamento para fazer com que as fibras naturais amassem menos – efetivamente eliminando, ou ao menos minimizando, a necessidade de passar. O dilema, aqui, é: passar a ferro em casa – atividade que consome muita energia – e dedicar tempo e atenção a uma peça (o que, supostamente, nos conecta mais com a roupa) é melhor do que fazer uso mais intensivo de substâncias químicas no processo de acabamento industrial? Ou as duas abordagens podem ser obscurecidas por soluções que usam recursos de forma mais eficiente – talvez trabalhando com ideias de mudança social e cultural ou apenas desenhando roupas próprias para ser amarrotadas?

Vestido de Lauren Devenney, desenhado para incorporar manchas.

Feitas para enrugar

Desenhar uma peça que possa incorporar dobras e rugas é uma oportunidade de alcançar um objetivo de sustentabilidade e, ao mesmo tempo, beneficiar o usuário, pois, em nossa vida moderna e acelerada, rugas aceitáveis têm o atrativo da conveniência. A camiseta amarrotada e enrugada da Muji, por exemplo, elimina por completo a necessidade de passar a ferro. O produto, compactado na forma de um cubo embalado a vácuo, comunica claramente a intenção do design no ponto de venda, ao passo que o tecido, uma mistura de poliéster e algodão, retém o amarrotado durante o uso. Estampar uma peça de roupa deliberadamente amassada, para criar rupturas na imagem transferida e estampar um tecido liso com um motivo que simula dobras e vincos, criando um efeito *trompe-l'oeil* são tratamentos já explorados e comercializados com sucesso em peças convencionais. Tais efeitos desviam os olhos das rugas não intencionais, assim como um fio com tingimento irregular, uma vez tricotado, desvia os olhos do desbotado irregular das cores. Essas manipulações visuais prestam-se muito bem à mentalidade e às habilidades do designer e, quando aplicadas a questões de sustentabilidade, fornecem um número infinito de possíveis soluções. Uma abordagem mais escultural ao desenho a ser amassado poderia conter detalhes estruturais como cordões e dobras específicos para criar volumes e rugas de maneira criativamente aceita, ao passo que a versão amassada do conceito Pleats Please, da Issey Miyake, proporciona o efeito oposto – comprimir em vez de criar volume –, com o mesmo propósito. O que todas essas ideias têm em comum é que tornam as rugas e dobras aceitáveis, até mesmo elegantes e desejáveis, e portanto criam oportunidades para que elas venham a ser socialmente aceitas.

Camiseta enrugada da Muji, que vem embalada em um pequeno cubo.

Capítulo 9:
Serviços e compartilhamento

O ponto de partida para uma inovação rumo à sustentabilidade é tentar dissociar o sucesso de um negócio da implacável expansão de consumo material, procurando minimizar o esgotamento de recursos, a poluição e os efeitos associados, como a mudança climática. Isso parece uma tarefa colossal para o setor da moda, cuja estrutura está profundamente marcada pelo modelo expansionista de crescimento econômico, em que a venda crescente de novos itens é o caminho mais importante para aumentar os lucros e ampliar a participação no mercado.

Há alguns anos, os conceitos de negócios focados em serviços em vez de produtos têm demonstrado excelente potencial para promover melhorias em sustentabilidade. Seu segredo é se apoiar na busca de eficiência para reduzir o uso de recursos e aumentar os lucros. Os negócios orientados para serviços podem ser formulados de muitas maneiras, de serviços de reparo e aluguel a serviços de design *open source*, em que os moldes das peças são livremente divulgados e compartilhados com os usuários, para que eles possam confeccioná-las em casa. O desafio, aqui, é desenhar não só as peças, mas até o modelo de negócio, de modo que os requisitos de um determinem o outro, e vice-versa.

Serviços de reparo

Um elemento fundamental de muitos negócios focados em sustentabilidade é a possibilidade de gerar receita com trabalhos diferentes, não apenas com mais vendas. Os serviços de reparo contribuem para esse objetivo, ajudando as pessoas a recondicionar suas roupas e cobrando por esse serviço. É claro que os serviços de reforma e conserto não são novos; há anos, integram muitos empreendimentos de lavanderia e alfaiataria. No entanto, quando se reconhece formalmente sua contribuição e relevância para a sustentabilidade da indústria da moda, eles deixam de ser um conjunto de atividades isoladas e específicas e passam a ser um elemento intrínseco à efetividade geral do "sistema" da moda. Organizações improvisadas já estão se consolidando com ou sem a sanção da indústria oficial da moda. A Social Fabric Collaborative de São Francisco, por exemplo, promove oficinas em que designers profissionais ajudam os não profissionais a consertar e fabricar as próprias roupas, a começar do simples pregar de um botão. As aulas são ministradas com a colaboração da Bike Kitchen, empresa que oferece treinamento em consertos de bicicletas, no estilo "faça você mesmo". Ao se associar com uma comunidade de manutenção de produtos já aceita, a Social Fabric leva-nos a questionar por que não tratamos de nossas roupas do mesmo modo como cuidamos de nossas bicicletas.

Os precedentes históricos nos ajudam a enxergar as possibilidades de reparo, reforma e manutenção de roupas. Os produtos têxteis – e as roupas que compõem – só se tornaram abundantes no século XX. Antes disso, eram extremamente valorizados e preservados com muito cuidado, porque eram caros e escassos. Muitas das técnicas de manutenção das roupas em boas condições pelo maior tempo possível consistiam em incluir detalhes para evitar que as peças fossem danificadas e em consertar peças danificadas, remendando ou debruando partes gastas, aplicando faixas ou fitas a bainhas, punhos e decotes, para evitar que as roupas se desfizessem, e fazendo junções ou bainhas grandes que pudessem ser facilmente reformadas. Hoje, para a maioria das pessoas, o reparo de peças traz pouca economia, sobretudo devido ao baixo preço das roupas com relação ao alto preço da mão de obra para o conserto. Mas a escassez e o custo cada vez maior de recursos naturais, como petróleo e água potável, podem fazer com que a balança torne a pender a favor dos reparos, e uma atmosfera econômica e natural em transformação pode marcar o início de um conjunto diferente de normas materiais e sociais.

Limitações e possibilidades de conserto raramente influenciam o design de uma nova peça.

Bainhas trançadas, forro reforçado e remendado em uma jaqueta da era vitoriana.

Design concebido para facilitar reparos

Tradicionalmente, o reparo é visto como atividade separada e consecutiva ao design e à produção; os especialistas que reformam ou consertam roupas tendem a fazê-lo independentemente do design da peça, e não por causa dele. Mas, de fato, há oportunidades de confeccionar roupas a fim de torná-las mais resistentes e facilitar reparos futuros. Certos tipos de peças naturalmente parecem mais adequados a essa abordagem – peças "clássicas" caras, por exemplo –, cuja aplicação, quando combinada com aspectos como durabilidade emocional e um design concebido para desmontagem e adaptabilidade, pode ir além de seu nicho e alcançar muitos outros mercados e indivíduos.

De seu "carrinho de sorvete" móvel equipado com uma velha máquina de costura a pedal, Michael Swaine conserta roupas de graça nas esquinas de São Francisco. Ele faz bainhas de calças, remenda jaquetas e costura botões – no início, como parte de um projeto artístico sobre generosidade, mas, nove anos depois, mais por causa das relações e da confiança que construiu com as pessoas locais. Swaine afirma que seu carrinho – e o ato de consertar – criou um espaço comunitário de comunicação e reconectou as peças ao "fio da vida".

Sistemas de aluguel

Mudar as formas como os produtos são organizados, distribuídos e usados oferece a possibilidade de reduzir a quantidade de materiais que consumimos, sem deixar de satisfazer nossas necessidades. Uma das maneiras de fazer isso é ir do modelo tradicional de "possuir" peças de roupa para o modelo baseado em "alugá-las". Quando uma peça é alugada, um consumidor compra sua utilidade ou os resultados que oferece (estilo, abrigo, proteção, e assim por diante), em vez do objeto material em si. Um dos exemplos mais comuns de aluguel de roupas talvez seja o dos trajes formais; o fraque alugado, por exemplo, para um casamento. Aqui, o usuário quer a elegância e a ideia de tradição transmitidas pela peça, não a propriedade permanente dela. Esse afastamento pequeno, mas não insignificante, da posse exclusiva em direção ao uso compartilhado tem o potencial de reduzir o número de peças produzidas. Assim, os sistemas de aluguel atuam para quebrar a relação predominante de "uma peça para um usuário" que caracteriza a maioria de nossas experiências de uso de roupas. O desafio é aumentar o número de usuários para que os recursos que compõem cada peça sejam utilizados o máximo possível.

Informalmente, muitos de nós já agimos alterando essa proporção de uma peça para um usuário quando, por exemplo, compramos e então revendemos roupas antigas (um tipo de aluguel de longo prazo disfarçado) ou quando compartilhamos roupas com amigos próximos; nesses casos, a principal limitação para que uma peça seja compartilhada facilmente é que as pessoas envolvidas precisam ser mais ou menos do mesmo tamanho para que a roupa sirva. A empresa britânica Keep and Share, que fabrica roupas de tricô, usa essa limitação como aspecto de inovação, desenhando formas folgadas com pontos mínimos de ajuste em determinados lugares onde as dimensões do corpo variam menos. O resultando é um conceito de design construído com peças que tornam o compartilhamento mais provável e mais prático.

Michael Swaine conserta roupas em seu carrinho, nas ruas de São Francisco.

A lógica do aluguel

A lógica por trás dos sistemas de aluguel apoia-se fortemente em um conjunto de ideias aperfeiçoadas sobre economia do consumidor e, sobretudo, na noção de eficiência. No sistema de aluguel, o produtor continua dono da peça, em vez de vendê-la. E, como representam um investimento, o produtor continuamente procura formas de lucrar com as roupas, aumentando a eficiência com que são usadas. O incentivo é trabalhar as peças com mais afinco; ganhar mais dinheiro, no caso de um serviço de roupas, significa ter poucas vestimentas duráveis e alugá-las ao maior número de indivíduos, pelo maior tempo possível.

    A empresa de acessórios *on-line* Avelle (Bag, Borrow or Steal) oferece um serviço de aluguel para bolsas de mão, joias e óculos escuros de alta qualidade. Um cliente membro do serviço de aluguel (a uma taxa mensal de cerca de US$ 5) pode alugar um item por uma semana, por um mês ou pelo tempo desejado, com valores que variam de US$ 15 por semana para bolsas do dia a dia a US$ 150 por semana para bolsas *vintage*. Todos os produtos já foram usados, e os clientes são encorajados a cuidar das peças: "Pense no acessório que você aluga como algo que você tomou emprestado de uma grande amiga". A Avelle promove seu serviço como um sofisticado "nirvana" para o consumidor; para viciadas em "bolsas de mão, é a fantasia definitiva: uma torrente infindável de autênticas bolsas de designer entregues diretamente na sua porta".[1] Por trás dessa fachada vantajosa para o consumidor, há um modelo de negócio que lucra com o aluguel de cada bolsa tantas vezes quanto possível. Para que isso aconteça, a Avelle usa, por exemplo, um sistema de filas de espera em seu website para que os consumidores possam ver quanto tempo terão de aguardar para alugar determinada peça.

Serviços de design

Outra variação dos sistemas de aluguel é a criação de oportunidades de serviços relacionados com o design de roupas. Em vez de oferecer serviços para consertar ou reformar peças existentes, ou de disponibilizar o aluguel de peças ou outros produtos têxteis, é possível vender os próprios serviços de design. Ao acompanhar a cadeia de fornecimento desde o início e isolar funções essenciais e mercados em potencial, pode-se desenvolver um serviço que prometa trazer benefícios em termos de sustentabilidade.

Bolsa da Avelle, empresa *on-line* de aluguel de acessórios.

Jaqueta curta da SANS, cujo molde está disponível *on-line*.

A influência da internet

A internet oferece novas oportunidades de contato direto entre um cortador de moldes e uma costureira doméstica, possibilitando a produção de desenhos sob medida. Assim, os serviços de design trabalham com a nova tecnologia e as correntes de expressão da moda, ao mesmo tempo que imprimem novas direções aos modelos dominantes de produção de roupas. Por exemplo, é possível desenhar, cortar e costurar peças de indumentária independentemente da oportunidade de moda comercial ou totalmente de acordo com ela: a roupa é montada pelo próprio usuário, que se inspira em uma foto de revista e é auxiliado por um kit de molde que está disponível comercialmente. Outros aspectos das atividades que se apoiam na web, como as iniciativas de design cooperativo *open source*, também oferecem oportunidades para serviços de design inspirados na sustentabilidade. Publicar desenhos e moldes de peças sob licenças "copyleft" – isto é, permitindo que sejam livremente duplicados, adaptados e compartilhados, em vez de protegidos por "copyright", conforme a norma – é uma atitude que começa a subverter a atual dinâmica da moda, hierárquica, comercial e de poder. Os resultados são peças com um conceito de design de uma comunidade inteira (global), feitas com a destreza de um indivíduo, muito provavelmente com os materiais que tem à mão, em que opções adicionais inevitavelmente se revelam com o uso de máquinas de tricô *whole garment* (computadorizadas) e a rápida criação de protótipos.

Trench coat retrabalhado por intervenção no guarda-roupa da Junky Styling.

Além de suas linhas de produtos acabados, a marca norte-americana SANS oferece moldes que podem ser baixados da internet. É possível imprimir os moldes em casa; suas partes, impressas em folhas de papel A4, devem ser montadas para que se possa cortar uma peça de roupa. A iniciativa Home Made da SANS começou com três desenhos básicos de camisetas, mas hoje já inclui peças da coleção atual, eliminando, assim, as fronteiras entre as grifes produtoras de peças acabadas e as prestadoras de serviços, e criando maneiras de relacionamento entre as pessoas e suas roupas. O *slogan* da coleção Home Made é: "Moldes fabricados em Nova York. Peças fabricadas onde quer que você esteja".

Outros modelos de serviços de design

A Junky Styling cria novas indumentárias a partir de peças descartadas – notadamente, ternos masculinos – há bem mais de uma década. Mas, há pouco, inaugurou uma "cirurgia de guarda-roupa" nos fundos de sua loja em Londres, para consertar, customizar ou simplesmente reformar roupas velhas, mal ajustadas ou gastas. Os consumidores são convidados a participar do design, discutir preferências e problemas recorrentes encontrados no corte e no caimento da peça antiga. Então, a roupa é redesenhada e retrabalhada, e o cliente é convidado a prová-la para os ajustes finais. Assim, o negócio central da marca expande-se e gera receita com a remodelagem de peças existentes.

Capítulo 10: Local

Uma boa economia local é a que é definida de dentro para fora.
Wendell Berry

A maioria dos produtos comerciais modernos é obtida internacionalmente, com base na rota de produção mais econômica para cada componente material e cada etapa de processamento. Embora os custos diretos sejam certamente contrabalançados com o serviço, a confiabilidade, a qualidade e os calendários do varejo, a economia é a lógica da produção e da distribuição. Essa lógica torna os resultados financeiros o fator mais importante, motivando a escolha do local onde produzir as peças – um fator que não leva em consideração os efeitos indiretos sobre o meio ambiente, as comunidades e a cultura; a economia convencional contabiliza esses efeitos como meros custos "externos" às atividades corporativas.

Para muitos críticos, a lógica da produção e da distribuição globalizadas dirigidas pela economia está no cerne da insustentabilidade, pois a grande escala e o anonimato inerentes ao sistema de moda globalizado perpetuam nossa incapacidade de entender seus impactos ecológicos e sociais. Passar a uma escala menor de atividade muda as relações entre materiais, pessoas, lugares, comunidades e meio ambiente. Quando uma fábrica é instalada numa região, conhecemos as pessoas que trabalham ali – nossos vizinhos – e podemos detectar a mudança no estado de ânimo da comunidade quando os negócios começam a florescer. Também podemos detectar mais prontamente os efeitos sobre a qualidade da água e do ar e usar o monitoramento comunitário para elevar os padrões. E, se trabalhamos diretamente com comunidades de artesãos e de produtores nos países em desenvolvimento em uma aliança duradoura, podemos testemunhar, em primeira mão, os efeitos (positivos e negativos) que nosso comércio tem sobre ela e adequar nosso trabalho.

Revisando a escala e a localização da produção de moda

Mas revisar a escala das atividades na indústria da moda e aproximar a produção dos mercados (sobretudo no Norte desenvolvido) tem profundas implicações. Embora passar a produzir roupas localmente reduzisse o transporte de produtos, criasse empregos perto dos mercados e permitisse controle mais estrito dos padrões ambientais, inevitavelmente minaria oportunidades de trabalho em outros lugares. De fato, estudos indicam que mudar a produção têxtil da Ásia para a Inglaterra deixaria muitas pessoas naquela região sem emprego, sendo a agricultura de subsistência, muitas vezes, a única opção restante.[1] Mas um trabalho remunerado não é o único indicador de melhor qualidade de vida para os trabalhadores em outros continentes. Ao contrário: as oportunidades proporcionadas pelo emprego promovem outras mudanças. Os grupos lobistas veem a produção em países com mão de obra barata como uma forma de proporcionar melhores condições laborais e sociais. Quando conhecem melhor seus direitos no sistema industrial, os trabalhadores são mais capazes de participar dos processos políticos e, com o tempo, ganham autonomia, o que muda fundamentalmente os valores na cultura da cadeia de fornecimento e na sociedade como um todo.

Além de atuar na cadeia de fornecimento existente para garantir proteção aos trabalhadores, os ativistas também influenciam as alternativas de interação com os fabricantes. A cooperativa de trabalhadores estabelecida em Honduras pela "ecomarca" Maggie's Organics, por exemplo, foi construída há mais de uma década com a colaboração e a participação do grupo produtor; e as parcerias lideradas pela Alabama Chanin em Florence, no estado de Alabama, surgiram de necessidades e recursos localmente disponíveis. Tais modelos são criados em colaboração com as comunidades locais, em vez de serem impostos de fora, e por isso diferem quanto ao tipo e à estrutura e apresentam muitas alternativas de fabricação e distribuição.

Materiais locais

Os materiais exercem papel de suma importância na agenda local: vinculam tangivelmente um produto a uma região, a uma espécie de planta ou criação de animais, e começam, pouco a pouco, a contrariar o "fluxo de produtos" abstrato que domina os sistemas de produção globalizados. Assim como no setor de alimentos, os agricultores familiares que cultivam as fibras têm dificuldade para competir com o preço da agricultura em grande escala. Nos EUA, o número de fazendas de algodão diminuiu de 43 mil, em 1987, para 25 mil, em 2002, e a plantação média de algodão dobrou de tamanho durante o mesmo período.[2] Para frear essa tendência geral, alguns agricultores criaram nichos de cultivo que impõem valor mais alto nos mercados locais: fibras tradicionais, regionais, orgânicas e que não agridem os predadores encorajam a diversificação na agricultura ou na criação de animais e respeitam os ecossistemas naturais, ao passo que a Fairtrade e colaborações na cadeia de fornecimento ajudam a trazer as fibras ao mercado e visam garantir um preço justo para os produtores.

Os desafios do trabalho local

Para disponibizar uma variedade de fibras locais para a indústria da moda, antes é preciso superar certas questões práticas e filosóficas. Para que as fibras sejam transformadas em vestimentas, é necessário haver uma indústria adequada (e, de preferência, local), que inclua processadores capazes de trabalhar com pequenos volumes (pois o volume das fibras locais raramente é de grande escala), empresas de logística que possam garantir a procedência do material e instalações capazes de converter as fibras em fios, tecidos e peças acabadas. Isso apresenta desafios significativos, já que, nos países industrializados, a infraestrutura têxtil local foi desmantelada quando a economia afastou a produção dos países com mão de obra cara; e mesmo processadores especializados hoje precisam se esforçar para se manter no negócio. Além disso, para que exista produção local de fibras, é preciso haver consumidores cujas demandas justifiquem tal produção e que estejam dispostos a adequar seu consumo de moda aos produtos localmente disponíveis. No norte da Europa, isso significaria roupas de lã, fibras de líber e material reciclado processado por uma rede cada vez menor de empresas especializadas, com instalações de produção suficientemente flexíveis para lidar com pequenos volumes; no norte da Califórnia, significaria uma combinação de lã, alpaca e um pouco de algodão fiado à mão, uma vez que lá já não existem máquinas de fiação industriais de algodão. Por necessidade, a confecção de peças de vestuário em ambas as regiões seria simples, já que os custos de mão de obra são altos em comparação com a média global. O trabalho de design local demanda pensamento criativo em muitos níveis para que funcione na prática.

A bolsa de cânhamo da Maca é tingida com cúrcuma local e impermeabilizada com óleo de linhaça da região.

No sudoeste da Inglaterra, onde há cultivo de cânhamo e processamento de fibra em pequena escala, o duo de design Maca captou a energia local e criou uma bolsa feita de cânhamo britânico, tingida com cúrcuma britânica e impermeabilizada com óleo de linhaça cultivado localmente.[3] O produto apoia os agricultores locais e é prova de que a fibra cultivada na área tem futuro.

O design a favor da cultura local

Fazer com que as prioridades locais sejam relevantes para o setor da moda, para promover a sustentabilidade, é um processo potencialmente transformador, que visa fomentar a solidez econômica e, ao mesmo tempo, a diversidade cultural e estética. Mas o encanto da globalização corrói, em vez de construir, a variedade cultural da moda, e o desenho de roupas tende a refletir a mesma estética ocidental, independentemente da estética do lugar em que são fabricadas ou vendidas. Os designers de moda são cúmplices nisso, pois muitas vezes nos inspiramos em uma região e copiamos para outra onde se pode produzir a menor custo. Isso reduz o elemento cultural a mero ornamento superficial, diminui a viabilidade e as tradições locais e acelera a padronização de mercados e produtos.

Em vez de obter o "menor preço possível a todo custo" e aplicar à peça ornamentos exóticos na forma de estampa ou adorno, desenhar com sensibilidade para com o local em que os produtos são fabricados ou consumidos demanda que os designers naveguem em uma zona intermediária entre o comércio e a cultura. Requer construir um conhecimento das tradições, mitologias e simbolismos locais e entender o significado de cores e ornamentos na perspectiva local e histórica. Essa abordagem apoia-se em materiais

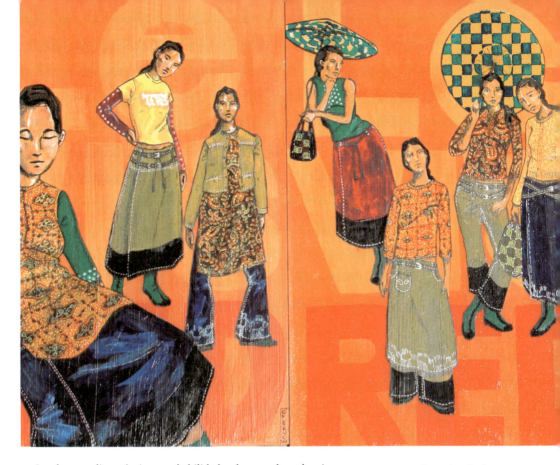

regionalmente disponíveis e em habilidades de moradores locais, que contribuem para o produto com um conhecimento cultural que lhes é inerente.

    Cheryl Andrews explorou as possibilidades de desenhar respeitando a cultura do local em que as peças são produzidas. Selecionando a Levi Strauss como a empresa global e as Filipinas como região, Andrews trabalhou dentro dos limites das fibras disponíveis, obtendo vantagem de habilidades manuais tradicionais e pesquisando o significado regional de cores, estampas e silhuetas. A coleção resultante reflete tanto o lugar de fabricação como o estilo da empresa. Até mesmo os padrões do clima local inspiraram o detalhe da bainha de borracha que resiste aos respingos nas chuvas de monções. O trabalho de Andrew começa a dar forma visual ao modo como uma empresa global pode manter uma imagem consistente e, ao mesmo tempo, produzir estilos cultural e regionalmente relevantes. Quando ampliado para outras regiões, o conceito tem o potencial de celebrar a diversidade e a diferença e de valorizar, além do comércio, as pessoas e os lugares.

Peças desenhadas por Cheryl Andrews, concebidas para uma marca global (Levi's Red Label) e para um mercado local (as Filipinas), com materiais regionais.

Criando com os artesãos locais

Uma mente simplista é cheia de respostas. É, também, uma mente que raramente percebe o simples fato de que as respostas devem ser precedidas de perguntas pertinentes.
Manfred Max-Neef

Pise com cuidado e não quebre nenhum graveto.
Wallace Stegner

Revisar a escala da atividade da moda com base na localização é, sem dúvida, uma direção diferente daquela da norma industrial. Rejeita as transações anônimas e impessoais associadas com as negociações comerciais de grande escala e favorece o contato humano, em que conhecer o efeito do negócio sobre o produtor, a região e a comunidade é parte integral das decisões tomadas no desenvolvimento dos produtos. Por sua natureza, o design local é rico e diverso, pois surge dos talentos e recursos de determinada região e suas histórias, e das atitudes de seu povo, suas tradições, estruturas sociais e mercados que podem ou não estar disponíveis.

Trabalhar com artesãos em países menos industrializados faz que todos esses elementos se relacionem com os processos de design de forma imediata e vital. À primeira vista, como muitos desses artesãos desconhecem as preferências dos consumidores das cidades e dos países industrializados, o olho treinado do designer pode unir estilos culturais para desenvolver produtos que expressem as tradições dos artesãos e, ao mesmo tempo, se ajustem aos estilos de vida do mercado-alvo. Mas isso requer negociação cuidadosa entre as tradições e a estética do artesanato e as exigências usuais do mercado. Por exemplo, um tricoteiro pode não acatar a sugestão de fazer meias em cores (mais comerciais) diferentes das tradicionais porque estas têm significância cultural.[4] Para um artesão, arte e economia ocupam mundos diferentes e, portanto, têm objetivos diferentes – um espiritual e o outro mundano.[5] E é preciso certa entrega por parte dos designers para ficar tão sintonizados com essas sensibilidades quanto estão com os atrativos mercadológicos dos ornamentos visuais e dos resultados desejados.

Estética e modalidades de emprego adequadas ao lugar
Além disso, embora as cooperativas sejam percebidas pelos países ricos como garantia inequívoca de salários justos, os grupos locais podem, naturalmente, adotar várias formas que não seguem os modos convencionais de emprego, de oficinas familiares a microempreendimentos e empresas privadas; as iniciativas mais bem-sucedidas sempre tendem a surgir de padrões, comportamentos e estruturas sociais já estabelecidos na região.[6] Os designers que trabalham diretamente com artesãos no campo devem, portanto, tornar-se "biculturais", capazes de alcançar um equilíbrio entre as considerações acerca de ornamentos e as expectativas, realidades e potenciais de pessoas e organizações envolvidas no projeto.

Inevitavelmente, os produtos locais desenvolvidos com essa sensibilidade bicultural exibem uma estética que, por si só, reflete a autonomia social do grupo de artesãos, em que ornamentos, materiais, técnicas e habilidades locais são parte integrante do desenho. Já os produtos para os quais a região serve primordialmente como fornecedora de mão de obra costumam passar a sensação de que poderiam ter sido feitos em qualquer lugar. Uma estética de produto que, em vez de brotar da comunidade, é trazida de fora, cria dependência em relação ao designer como "oráculo" de ideias ocidentais e necessidades de mercado, ao passo que a preocupação do designer bicultural é sempre saber o que acontece quando vai embora e o produto perde aceitação em meio aos cambiantes caprichos de um mercado com o qual os artesãos não têm nenhuma familiaridade e ao qual não têm acesso.[7]

Ainda assim, o sentimento racional de um artesão talvez seja: "Deus abençoe os EUA, pois este pedido significa a diferença entre mera sobrevivência e remuneração digna".[8] Tal era o sentimento expresso quando a economia havia implodido na Armênia, assim como em muitas outras das antigas repúblicas soviéticas; na época, sem um mercado de exportação não havia mercado algum.

Desafiando ideias preconcebidas

Levar esses pontos em consideração desafia alguns dos mantras mais consagrados no movimento da moda e sustentabilidade, como "consumo é ruim", "produção em outros continentes é ruim" e "trabalhar com artesãos é bom". Nenhuma dessas afirmações é verdadeira em si mesma. Todas devem ser avaliadas segundo as situações particulares de local, momento, circunstâncias econômicas, políticas e culturais, e potencial e capacidades locais e regionais. É fundamental fazer perguntas, escutar e observar com cuidado, e encontrar maneiras de reagir e tomar medidas apropriadas em um contexto local, regional e global. Os projetos de artesãos, que respondem a necessidades econômicas em comunidades marginais, abrangem uma forma essencialmente distinta de criar. Quando executado em sua melhor forma, esse trabalho desestabiliza poderes e relações da cadeia de fornecimento e enriquece a vida dos artesãos e do designer, bem como daqueles que compram suas peças;[9] é, de fato, um catalisador de mudanças sociais e econômicas.

A Associação Cojolya é uma organização sem fins lucrativos fundada em 1983 para ajudar a preservar a tradição maia do tear de cintura na Guatemala. Nos últimos anos, a sobrevivência desse tipo de tecelagem foi ameaçada, devido à migração de jovens maias para centros urbanos, em busca de trabalho. Espera-se que a geração de renda por meio da tecelagem ajude a criar alternativas econômicas viáveis e a preservar esse artesanato tradicional. Uma das funções da entidade é orientar o desenvolvimento de produtos para garantir seu apelo mercadológico e, ao mesmo tempo, trabalhar com as habilidades dos artesãos locais. Para manter um alto padrão, o centro fornece às mulheres o urdimento já no tear, que elas levam para casa para terminar a trama. Trabalhar em casa minimiza a interrupção da rotina diária das mulheres e lhes permite cumprir suas obrigações familiares. E, uma vez que essa região guatemalteca ainda se recupera de décadas de tumultos e traumas causados pela guerra civil, a Associação Cojolya não exige que os artesãos divulguem seu nome ou assinem documento algum. As mulheres podem ir e vir quando querem, trabalhar quando preferem, sem se comprometer. Embora sejam estranhas ao modelo conceitual de responsabilidade social e "comércio justo" do mundo desenvolvido, essas disposições funcionam muito bem para essa pequena comunidade. O projeto atualmente emprega trinta mulheres e tem um núcleo de treze que fizeram da tecelagem sua profissão.

O designer de moda Nimish Shah trabalhou com a ONG Khamir para desenvolver uma linha de têxteis de algodão orgânico tecidos à mão na região de Kutch, no estado de Gujarat, na Índia. Essa ONG, em particular, apoia jovens empreendedores como meio de ajudar a garantir que a indústria de artesanato do povoado não desapareça. A Khamir orienta tecelões (que trabalham em casa), coordena amostras iniciais e garante que a produção, a tecelagem e a distribuição ocorram sem problemas. Os desenhos de Shah usaram um motivo tradicional e o tornaram mais adequado para o mercado ocidental ou indiano ocidentalizado, combinando cores vivas para revelar algo da densa estampa – unindo, assim, as habilidades dos artesãos a sensibilidades contemporâneas.

Acima: Artesãos da Associação Cojolya, na Guatemala, fazem tecidos contemporâneos em teares de cintura tradicionais.

Ao lado: saia de Nimish Shah, produzida com a colaboração de grupos de artesãos indianos.

Essa experiência direta mudou profundamente o processo criativo de Shah; contar com fontes alternativas disponíveis durante a amostragem inicial e estipular reservas para garantir as entregas da produção foram tão essenciais para o sucesso do projeto quanto bons desenhos. Trazer a roupa ao mercado também expôs Shah à diferença entre os negócios dedicados a apoiar uma indústria de artesanatos e aqueles que usam os artesãos só como mão de obra. Embora o interesse recente por materiais e produtos obtidos de forma ecológica e socialmente responsável tenha levado ao aumento da demanda por produtos artesanais, ainda prevalece a lógica dominante do abastecimento rápido do mercado; Shah observou a grande quantidade de empresas e compradores que pediam documentação e papelada, em vez de despender tempo para se envolver verdadeiramente com a realidade de fazer as coisas acontecerem no âmbito dos artesãos. Ciente da diferença entre esse tipo de trabalho e a produção industrializada, ele observa: "Não se pode ignorar algo só porque é difícil".

Capítulo 11: Biomimética

O propósito não é impor um padrão criado por nós e perturbar os padrões naturais, mas sim estar sempre ciente de que o engenho humano é subordinado à sabedoria da natureza.
Wendell Berry

Nos últimos anos, passamos a entender que proteger os sistemas naturais é mais que um ato de altruísmo, pois esses sistemas "sustentam e nutrem"[1] nossas sociedades e nossa economia, proporcionando-nos materialidade e espiritualidade. Janine Benyus, fundadora do Instituto de Biomimética, apresenta mais razões para proteger o meio ambiente: em uma época de crise ecológica e recursos cada vez mais escassos, a natureza nos oferece ideias valiosas para ser aplicadas ao nosso modo de vida. A biomimética é a prática de imitar os padrões e as estratégias da natureza para guiar o design de produtos, os processos e as políticas e, como tal, obtém inspiração dos seres vivos.[2] Benyus compara o mundo natural, rico e diverso, com a sistemática domesticação e simplificação da natureza pela atividade humana e a subsequente destruição das espécies. Entendemos que "a única forma de continuar aprendendo com a natureza [...] e com sua fonte de ideias [...] é defender sua naturalidade".[3] É, por si só, de suma importância que o estudo da biomimética desperte nos designers esse nível de compreensão. Isso nos leva muito além dos limites do hábitat restrito e intelectual do design industrializado e nos remete à natureza dual de nossas circunstâncias atuais como designers: quão ínfimo é o papel que exercemos no "todo" e, ao mesmo tempo, quão grande é nossa responsabilidade para com esse "todo".

Aplicação prática da biomimética

Se a natureza é maravilhosa e inspiradora, a aplicação prática de suas lições é um enorme desafio. Stewart Brand, ecologista e fundador do *Whole Earth Catalog* e seus derivados, critica as limitações da biomimética, observando que a natureza é extremamente difícil de imitar minuciosamente, porque os processos naturais são o "produto irracional de uma evolução contínua, e não de um projeto".[4] Brand defende complementar o projeto da natureza com "tanta intervenção humana quanto necessária", a fim de possibilitar a rápida implementação de ideias, e apresenta como exemplo o avião, em que o bater de asas dos pássaros se imobilizou e a invenção humana da hélice levou enfim o homem a voar.

Os processos da natureza são irracionais e espontâneos e podem levar milênios para evoluir: esse é um conceito que os designers talvez achem difícil entender, pois trabalhamos com prazos curtos e damos nossas criações por acabadas antes da produção. Mas uma metáfora visual eficaz é fornecida pela referência de Donella Meadows à geometria fractal. A partir de um triângulo equilátero, ela explica que, se outro desses triângulos for adicionado no centro de cada lado e o padrão se repetir, o resultado é uma forma elaborada – chamada "floco de neve de Koch" (fig. 6). Meadows observa que, com regras simples de auto-organização, podem surgir tecnologias, estruturas físicas, organizações e culturas variadas e sofisticadas – inclusive a nossa.

Mais que uma ferramenta para copiar a natureza

O "floco de neve de Koch" nos ajuda a entender por que é difícil mimetizar a complexidade da natureza evoluída. Mas também ilustra que a biomimética não é só uma ferramenta para copiar. Ao contrário: o mais importante é entender e aplicar os princípios da natureza – os quais, em seu cerne, são surpreendentemente simples. Essa distinção de propósito é essencial, pois, em nossa cultura, em que o mercado, a alta velocidade e o baixo custo determinam a "inovação" em design, é muito fácil que os designers resolvam usar a biomimética para servir ao *status quo*, fabricando e vendendo novidades e degradando o meio ambiente no processo. As principais diretrizes de Benyus podem ajudar os designers a estimar e avaliar suas ideias e ações, e a manter o foco em ganhos ecológicos – não só para inspirar a qualidade das *coisas* como

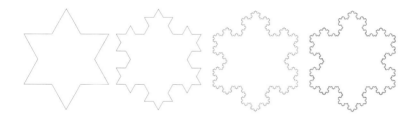

FIG. 6 O "floco de neve de Koch" ilustra os delicados e complexos padrões que podem surgir de um conjunto simples de princípios organizacionais ou regras de decisão.[5]

também para estimar a "adequação" dessas ideias ao *contexto* em que estão situadas e orientar a natureza de *sistemas* inteiros.

A natureza como modelo – a natureza é imitada ou usada como fonte de inspiração para designs e processos, a fim de resolver problemas humanos; por exemplo, uma fotocélula inspirada em uma folha.

A natureza como medida – a natureza serve como padrão ecológico para determinar a "adequação" de nossa inovação; por exemplo, considerando quanta energia (e de que tipo) o painel solar usa em sua produção e se a energia economizada durante o uso justifica o investimento.

A natureza como mentora – a natureza é vista e valorizada de uma nova maneira. Introduz uma era baseada não naquilo que podemos extrair do mundo natural, mas no que podemos aprender com ele; por exemplo, desenvolvendo tecnologia solar que possa ser instalada perto do local de uso, em vez de transformar áreas virgens desérticas em estações de painel solar.

É tomando a natureza não só como *modelo*, mas também como *medida* e como *mentora*, que o potencial verdadeiramente transformador da biomimética pode ser plenamente realizado, como ilustram os exemplos acima.

Como produziremos tecidos?

As ideias inspiradas na biomimética para promover a sustentabilidade na moda começam tipicamente como a maioria das iniciativas – concentradas na materialidade física: o beneficiamento de tecidos, ou o processamento de fibras, superfícies e acabamentos. Mas, como em geral esses avanços requerem engenharia física ou molecular altamente especializada, as inovações ficam muitas vezes recolhidas aos laboratórios de universidades técnicas ou aos centros de pesquisa de fornecedores de tecidos. Os designers de moda, portanto, podem ficar muito frustrados com a falta de acesso e a carência de meios para implementar e concretizar inovações biomiméticas.

Essas frustrações são indicadores de velhos hábitos de trabalho – com os designers escondidos em ateliês, satisfazendo as expectativas do setor como estilistas e fornecedores de novidade. Nesse tipo de prática, os designers raramente, se tanto, interagem com cientistas e tecnólogos; os territórios entre as disciplinas, férteis e desconhecidos, continuam inexplorados, e as estratégias de colaboração interdisciplinar não são postas em prática. Romper com essas velhas formas de trabalho é difícil e custoso. Nosso setor tornou-se tão fragmentado e estamos tão isolados em nossas especialidades que os caminhos entre elas simplesmente não existem. Mas a biomimética trata tanto de abrir esses caminhos quanto de criar produtos inovadores. Pois também os designers são "seres vivos complexos que evoluíram e funcionam melhor em um ambiente dinâmico e diverso".[6]

Rompendo modelos de prática fechados

O inventor e empreendedor Nick Brown conseguiu romper modelos de prática fechados por pura necessidade. Inspirado na transpiração das árvores, desenvolveu e patenteou uma tecnologia, construiu um protótipo e testou uma gama de artigos têxteis tecnológicos, e procurou empresas que poderiam se interessar em fabricá-los. Não encontrando parceiro disposto, fundou a própria empresa, a Páramo, que hoje se especializa em "tecidos inteligentes" (ver p. 77). Uma das patentes, o elastômero TX.10i, envolvia alteração e fortalecimento da estrutura molecular da cera mineral, despojando-a de seu típico caráter quebradiço e tornando-a elástica e resiliente. Batizado de Nikwax, o elastômero une-se com qualquer coisa que não seja impermeável, mas deixa espaços entre as fibras para a passagem de ar. Além de impermeável, mantém o ar próximo da pele, elimina a umidade do corpo e impede a entrada da umidade externa, isolando de maneira muito similar ao pelo impermeável das focas, lontras e ursos. O mais notável, neste caso, é que os tecidos resultantes nunca teriam chegado ao mercado não fosse pela capacidade do inovador de angariar aliados, trabalhar com pessoas de diferentes áreas de formação, aperfeiçoar habilidades organizacionais e cultivar incansável espírito empreendedor. Todas essas são qualidades cruciais, aprimoradas quando se trabalha com vários setores, como fazem os sistemas naturais. Aqui, testemunhamos a natureza como mentora.

Colaboração entre setores

Também se constroem pontes entre setores diferentes quando o mercado busca pesquisadores para um desenvolvimento específico. Tal foi o caso das inovações biomiméticas desenvolvidas nas universidades de Bath e Reading, na Inglaterra.[7] O desafio do design, acionado por um contrato com o Ministério de Defesa e um *briefing* sobre a eliminação da necessidade de carregar roupas extras em ambientes desérticos, era desenvolver um tecido que proporcionasse conforto ao usuário na ampla variação de temperaturas do deserto, do calor do meio-dia ao frio da noite. Inspirando-se na forma como as pinhas abrem e fecham, os pesquisadores criaram materiais tecnológicos que se adaptam e se flexibilizam em resposta à atividade do usuário e ao nível de umidade no ar. O tecido resultante é construído com duas camadas unidas. A camada superior tem minúsculos espinhos de lã, com apenas dois centésimos de milímetro de largura cada um, que, quando o usuário transpira, reagem à umidade e automaticamente se abrem; isso permite que o ar do exterior entre e atravesse o material para refrescar o corpo. Quando o usuário para de transpirar, os espinhos fecham-se, para evitar que o ar frio continue entrando. A camada impermeável inferior impede a entrada de chuva e de umidade, independentemente de os espinhos estarem abertos ou fechados.

A jaqueta da Páramo tem tratamento Nikwax e tecido com tecnologia inspirada na atividade de transpiração das árvores.

Além de usar a *natureza como modelo* e se basear no projeto funcional de certas espécies para inovar no design de roupas, a biomimética nos leva a aprender com os sistemas operacionais mais amplos da própria natureza e a explorar oportunidades em sistemas de produção e modelos de negócio. Uma peça de indumentária inspirada na biomimética, por exemplo, pode apresentar múltiplas funções (impermeabilidade, isolamento térmico e ventilação), satisfazendo as necessidades de soldados em um ambiente desértico, ao mesmo tempo que reduz o número de camadas em uma vestimenta. Mas um usuário comum, que raramente encontra variações de temperatura tão extremas, pode muito bem sobrepor a peça para criar um visual moderno, tratando as características técnicas como mera novidade, e tornando desnecessária a funcionalidade que a peça oferece. A lógica da natureza jamais permitiria isso, pois é um desperdício de recursos e energia. Além do mais, quando o provável modelo de negócios da empresa que vende o produto depende das vendas, não há incentivo para que a empresa informe o usuário sobre os aspectos inovadores da biomimética. O desenvolvimento de tecidos e produtos, a ecologia, as motivações de negócio e o comportamento do consumidor devem evoluir juntos para alcançar os benefícios ideais de sustentabilidade. O verdadeiro poder e potencial da biomimética podem ser diminuídos se as ideias de design que inspira (*a natureza como modelo*) forem desenvolvidas em um vácuo cultural em que se ignoram os papéis da *natureza como medida* e da *natureza como mentora*.

Como fabricaremos?

A indústria atual transforma recursos naturais em produtos sem maiores considerações quanto às repercussões sociais e ambientais: o importante é que o produto seja fabricado e comercializado da forma mais rápida e barata possível. A diretriz econômica que sustenta esse modelo de negócio é expandir e crescer: aumentar a produtividade da mão de obra, abastecer o mercado cada vez mais rápido, influenciar os consumidores a comprar mais para manter e aumentar o fluxo de produtos. Estima-se que, com isso, apenas 6% do fluxo de materiais que entra na economia norte-americana é de fato transformado em produto.[8]

Criando sistemas de negócio e produção que mimetizam a natureza

Para Janine Benyus, as fases de negócio, em termos evolutivos, funcionam como ecossistemas. A metáfora é útil para entender operações empresariais que normalmente são invisíveis. Na natureza, o cenário industrial acima poderia ser descrito como "fase I" – um ecossistema imaturo. Aqui, tipicamente, predominam espécies colonizadoras e oportunistas. Uma vez que a luz solar e os nutrientes estão prontamente disponíveis, as espécies do tipo I são lineares, consomem recursos avidamente, geram resíduos e logo vão explorar novas áreas. Reproduzem-se com rapidez e não perdem tempo em processar com eficiência ou reciclar recursos. Seus resíduos, porém, fertilizam o solo e oferecem oportunidades para as espécies "sucessoras" da fase II. Estas, na maioria, são plantas perenes e arbustos de frutas silvestres, que produzem menos sementes e desenvolvem raízes e caules robustos para um crescimento mais rigoroso. Por fim, surgem as espécies da fase III, como as árvores. Mestres de eficiência, obtêm do ecossistema não mais do que lhe proporcionam. Geram menos descendentes e vivem, por mais tempo, uma vida mais complexa, em elaborada sinergia com as espécies à sua volta; dedicam-se a criar e otimizar relações simbióticas, em vez de crescer desenfreadamente, e reutilizam os materiais indefinidamente, quase sem desperdício.[9] Em um mundo em que os recursos estão se esgotando e o espaço para abastecimento da população humana – em contínua expansão – é limitado, o objetivo final da produção inspirada na biomimética é construir economias, negócios e sistemas de fabricação que operem em equilíbrio dinâmico como um ecossistema complexo na fase III.

Ciclos, circuitos e negócios agrupados de novas maneiras

Na produção, a mimetização das estruturas de um ecossistema complexo permite imaginar um sistema sem aterros sanitários, chaminés ou canos de esgoto. Em vez disso, as indústrias estariam agrupadas de modo que os resíduos de uma (materiais, calor, água, etc.) pudessem facilmente se tornar os recursos de outra, e a produção seria continuamente reciclada, sem emissão de resíduos ao meio ambiente.

As tentativas de levar uma empresa a uma fase III são, entretanto, muitas vezes inoportunas, porque é demorado dar nova direção e propósito aos "estoques" de informação e aos modos de trabalhar estabelecidos.[10] Fazer alianças e parcerias com outras empresas é crucial, mas vai contra a cultura usual da indústria da moda, e naturalmente leva tempo granjear confiança e redefinir fronteiras de negócio. Para permitir essa mudança, o primeiro passo lógico talvez seja estabelecer sistemas cíclicos e circuitos internamente, para que benefícios e obstáculos possam ser testados e observados e os mecanismos de ação reajustados conforme necessário. Portanto, estabelecer uma rede ou parceria externa e trabalhar com outras empresas e indústrias passam a ser, respectivamente, metas de médio e longo prazo, formando um *continuum* de mudanças. Assim que uma nova infraestrutura e novos padrões de trabalho tenham sido instaurados, os benefícios podem ser significativos; os sistemas de desenvolvimento de produtos são aperfeiçoados, tornando-se cada vez mais eficientes e tendo a inovação como parte integral do novo modelo de negócio.

A fabricante Pratibha Syntex, por exemplo, está no processo de adaptar seu negócio, em suas instalações em Madhya Pradesh, na Índia, para uma série de iniciativas de reciclagem de têxteis, que incluiu desenhar novos produtos e construir uma fábrica de fiação para transformar suas sobras de fios e roupas reciclados. Essas iniciativas foram tão bem-sucedidas que a empresa já não gera resíduos suficientes para operar o processamento de fios reciclados. Em resposta a esse "hiato" no fluxo de materiais reciclados, a Pratibha recentemente se associou a uma fonte externa de resíduos de produção industrial, a fim de complementar o próprio fluxo de materiais e não interromper as vendas de fios reciclados.

Mudando formas de pensar para impulsionar a inovação

Ainda mais notável é que o sucesso do programa de reciclagem da Pratibha ajudou a promover uma mudança na mentalidade da empresa: o foco já não é *maximizar* a oferta de produtos, mas *minimizar* os insumos materiais e *otimizar* a produtividade dos recursos consumidos. A criatividade, hoje, gira em torno de formas diferentes de reduzir o desperdício e abrir mercados para acomodar o que ainda resta. Isso incentiva inovações inesperadas, como planejar a eliminação de resíduos desde o início. Conforme as operações mudam e incluem reciclagem e desenvolvimento de novos produtos, a empresa tende a se tornar condicionada e mais adaptável à oscilação da demanda por produtos reciclados de uma temporada para outra. Por enquanto, testar uma oferta mais extensa de produtos e mercados beneficia a empresa como um todo, permite maior flexibilidade nos setores da indústria e torna o negócio mais sólido no longo prazo. Os produtos reciclados representam 2% da produção atual da empresa; espera-se que cheguem a 20% nos próximos três ou quatro anos.[11]

Uma inovação que pode surgir da nova abordagem da Pratibha Syntex à manufatura é uma peça com poucas sobras de corte do molde. A blusa de malha concebida para não gerar resíduos (foto ao lado) é feita de um tubo de jérsei de tricô. Cortes verticais paralelos às laterais são costurados para formar as mangas e o corpo. Aberturas paralelas que se repetem horizontalmente na parte superior da blusa e ao longo da manga são "reunidas" e entrelaçadas à mão, formando uma robusta textura tricotada. O entrelaçamento empurra o tecido de jérsei para dentro, compondo a pala e a linha dos ombros da peça, e a carreira de arremate final forma o decote.

Blusa de tricô da Pratibha Syntex, feita de um único tubo de tecido. Empresa na fase I.

FLUXOS LINEARES DE MATERIAL, DA EXTRAÇÃO À VENDA, COM 30% DE DESPERDÍCIO (PRATIBHA SYNTEX 2009)

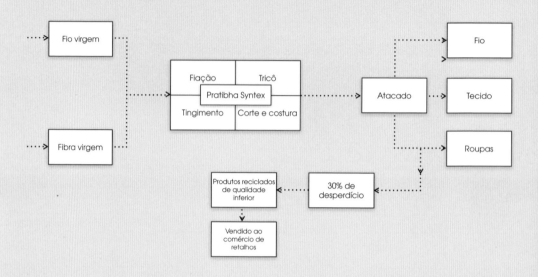

A RECICLAGEM DE RESÍDUOS DESACELERA O FLUXO DE MATÉRIAS-PRIMAS E ABRE NOVOS MERCADOS

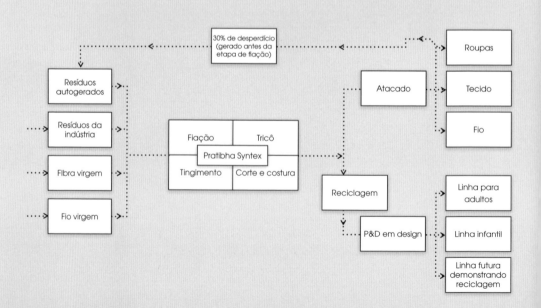

Como faremos negócio?

A mentalidade do design pode redefinir os processos de produção – e até mesmo toda a estrutura e a lógica do negócio.
P. Hawken et al.

Como dissemos, o princípio fundamental da empresa, na economia do crescimento, é maximizar os ganhos. Essa motivação primordial dirige o comportamento da organização e de todos os que lá trabalham, incluindo os designers. Das operações de obtenção de matéria-prima e produção ao pagamento de funcionários e às práticas gerais, o foco é reduzir custos e aumentar as vendas. Sempre que possível, o custo da realização de um negócio é efetivamente repassado para o resto da sociedade. Enquanto os acionistas da empresa acumulam lucros, é o governo, mediante taxas e impostos, que custeia a recuperação de áreas degradadas e o seguro-desemprego; em consequência, é a sociedade que subsidia o verdadeiro custo das atividades de negócio.[12]

Diante da importância que o setor privado dá aos valores monetários, torna-se difícil inserir valores sociais e ambientais no processo de design. Se não há distinção entre o dinheiro adquirido por vias que enriquecem o meio ambiente e a sociedade e aquele gerado por meios que os empobrecem,[13] então o caminho mais barato é sempre a escolha imediata. Desse modo, aquelas que parecem ser as iniciativas mais "sustentáveis" no desenvolvimento de um produto são desconsideradas, mesmo que, no longo prazo, resultem em economia. Por mais difícil que isso seja para os designers, são muito maiores os desafios enfrentados por toda empresa "responsável" ao internalizar custos, quando compete no mercado com outras que não o fazem, pois seus concorrentes determinam os preços do mercado.

Um conjunto mais amplo de valores

Entretanto, conforme a economia caminha para a sustentabilidade, um conjunto mais amplo de valores, normalmente não considerados no setor privado, vai sendo demonstrado de maneiras cada vez mais diversas. Empresas tradicionalmente competitivas vêm formando parcerias para estabelecer os padrões da indústria em diversos quesitos, dos termos de compromisso da cadeia de fornecimento à gestão de recursos no processamento têxtil. Hoje, várias empresas destinam parte de suas receitas de vendas a ONGs; assim, redirecionam a riqueza para financiar atividades que beneficiem a todos. Em empresas mais progressistas, metas ecológicas e sociais se integram às descrições de cargos e aos critérios de desempenho dos funcionários, o que leva a mudanças fundamentais na cultura corporativa. Acionistas e organizações socialmente responsáveis, como a As You Sow, influenciam investidores a orientar as ações da empresa para além do objetivo único de lucro. As linhas de produtos "sustentáveis" começam a internalizar alguns dos custos ambientais das práticas de negócio e, quando identificadas no varejo, expressam valores ao consumidor que vão além de uma transação monetária e, assim, começam a influenciar o pensamento cultural dominante.

Influenciar o sistema dominante na moda é um dos maiores desafios para a sustentabilidade, e também um de seus maiores potenciais. A moda afeta a vida de quase todos, todos os dias, e pode ser um veículo eficaz para mudar intenções, atitudes e comportamentos. Com esse objetivo, a já mencionada Patagonia trabalha com a rede varejista Walmart para orientar ações e estratégias de sustentabilidade. Essa parceria improvável tem benefícios mútuos. Obviamente, a experiência e a expertise da Patagonia em implementar programas de sustentabilidade nos últimos vinte anos contribui para acelerar o aprendizado da Walmart. E a escala e o poder de compra da Walmart podem transformar a indústria de forma mais rápida e abrangente do que poderia uma empresa menor. A Patagonia vê suas ações de sustentabilidade amplificadas por meio da Walmart, e talvez perceba benefícios indiretos, como maior disponibilidade de tecidos e processos de baixo impacto em todo o setor industrial.

Outra lógica de negócio

Enquanto esses exemplos começam a mover a economia e os modelos atuais rumo à sustentabilidade, novos modelos, baseados em outra lógica, levam a comportamentos de negócio bem distintos. Em vez de enfatizar o crescimento em si mesmo e acumular ganhos para alguns poucos acionistas, os lucros são reinvestidos para gerar receita com o propósito explícito de aumentar os benefícios de um número cada vez maior de pessoas. Já há vários casos de negócios que constroem riqueza ou "aumentam os resultados benéficos para as comunidades locais a que servem",[14] evidenciados em bancos comunitários, cooperativas de fazendeiros intermediários, negócios pertencentes a empregados, iniciativas agrícolas comunitárias, e assim por diante. São modelos que podem ser implementados em todas as indústrias, até mesmo a da moda.

Assim como valores sociais e ambientais começam a permear o setor privado, também a cultura da eficiência e do empreendimento normalmente atribuída aos negócios influencia as ONGs. A Goodwill Industries, por exemplo, cujo principal objetivo é a promoção social, não deixa de aproveitar as oportunidades de novos nichos de mercado. Tendo começado como bazar de roupas beneficente, a organização hoje recicla ampla gama de itens, de livros usados a sapatos e joias, computadores e eletrônicos descartados. As análises do que vende melhor em suas lojas A, B e C são notadamente similares aos sistemas de monitoramento de qualquer negócio convencional de moda. Mas, além de fornecer um serviço eficaz de coleta e reciclagem à comunidade, a dupla competência da Goodwill reside em fornecer capacitação profissional e orientação vocacional para pessoas na área da baía de São Francisco, as quais, não fosse por isso, enfrentariam muitas dificuldades, de deficiências físicas e falta de moradia a histórias de ex-presidiários e longos períodos de dependência do auxílio-desemprego. Mais de 85% da renda da Goodwill é destinada a serviços e programas de treinamento, de empregos temporários e cursos de computação a aulas de inglês e de condução de caminhões. A organização também trabalha com usuários de drogas não violentos e sem antecedentes, oferecendo aulas de alfabetização, estágios e aconselhamento legal, familiar e de saúde.

Trabalhador em programa de capacitação da Goodwill, em São Francisco.

Riqueza real

Nesse modelo de negócio, não há relação de amor e ódio ou conflito de valores entre objetivos financeiros e de negócios e objetivos ambientais; quanto mais o negócio cresce, mais as pessoas e o meio ambiente ganham. Além disso, conforme a organização cresce, também aumenta sua capacidade de mitigar os custos públicos do desemprego e da limpeza ambiental (isto é, os custos associados a aterros sanitários). Essa dinâmica cria o que David Korten chama de "economia de riqueza real"[15] e ilustra a *natureza como mentora* em sua melhor forma. A síntese de negócio com benefícios sociais e ambientais é, possivelmente, mais bem evidenciada pelas medições do sucesso da Goodwill. Além de listar os itens indicados nos balanços patrimoniais e relatórios de lucros e perdas, elas controlam e aferem os números de pessoas beneficiadas e alocadas em empregos úteis, o salário médio e as toneladas de produtos desviados dos aterros sanitários.[16]

Capítulo 12: Velocidade

Todas as atividades têm o próprio ritmo ou velocidade. Algumas são rápidas e outras lentas. O modelo de negócio predominante na indústria da moda, voltado para o mercado de massa e a produção e venda de roupas baratas e homogeneizadas, em quantidade cada vez maior, baseia-se na rapidez. Mas fazer tudo depressa – ampliar o estoque que abastece as lojas a cada temporada, reduzir o tempo de suprimento de matérias-primas para os fornecedores, fazer com que um novo desenho chegue mais rápido ao mercado, transportar as mercadorias por via terrestre ou aérea em vez de marítima – não é característica inevitável da produção e do consumo de moda. Ao contrário: é o sistema econômico e de mercado dominante, cujo objetivo é crescer continuamente. Aumentar a velocidade das operações é apenas um mecanismo pelo qual se alcança o crescimento. Essa força motriz exerce pressão sobre todas as partes da cadeia de fornecimento têxtil, levando cada uma dessas partes a uma espiral esmagadora de preços cada vez mais baixos e criando uma dinâmica negativa, lançando uns contra os outros para competir pelo negócio: agricultor contra agricultor, tecelagem contra tecelagem, varejista contra varejista. Essa "economia competitiva", nos termos de Wendell Berry,[1] também alimenta a adoção de tecnologias e práticas que empurram pessoas e recursos naturais para além de limites toleráveis.

Aumentar o ritmo das atividades da moda faz crescer o volume de roupas produzidas e consumidas, pois, ao colocar mais rapidamente um desenho no mercado, uma empresa sai à frente das concorrentes e tem mais oportunidades de vender. De modo similar, aumentar a frequência de renovação dos estoques nas lojas (por exemplo, introduzindo várias minicoleções em cada temporada) explora o desejo do consumidor por novidades e leva ao aumento nas vendas. Embora o efeito econômico desejado de tal velocidade seja promover o crescimento do negócio, a consequência inevitável é aumento na demanda por recursos materiais e mão de obra, ditado por uma produção de mercadorias cada vez maior. O impacto dessa dinâmica sobre os ecossistemas e os trabalhadores está no cerne do desafio da sustentabilidade para a moda.

Até agora, as empresas de moda que escolheram lidar com os impactos da produção sobre a sustentabilidade concentraram-se em aumentar a eficiência no uso de recursos (produzir mais com menos) e implementar boas práticas laborais como forma de mitigar os efeitos nocivos de atividades de negócio cada vez mais aceleradas. Por mais positivas que sejam, essas estratégias são limitadas pela escala dos ganhos em eficiência que de fato são possíveis, e pela eficácia com que as boas práticas laborais podem ser implementadas em massa. Em um contexto de crescimento econômico contínuo, os mecanismos que garantem ganhos em sustentabilidade também devem ser cada vez mais potentes.

Questionar a velocidade significa questionar a economia

No entanto, o ritmo do setor da moda não é estável. Existem atividades de moda cuja velocidade tem um perfil "melhor" quanto ao uso de recursos, mas invocá-las significa que os modelos que sustentam a indústria da moda precisam mudar; ao questionar a velocidade, devemos questionar também a economia, pois são dois lados da mesma moeda. Há, é claro, grande resistência a mudar as formas existentes de fazer as coisas, em grande parte porque as práticas atuais muitas vezes limitam o que imaginamos que pode ser possível amanhã. Assim como a bitola dos trilhos limita as ideias sobre os tipos de trens que podem percorrê-los, os modelos econômicos existentes nos atam a certas ideias sobre o modo como o negócio da moda pode operar. É a própria infraestrutura que precisa ser repensada.

Economia estacionária

Há mais de trinta anos, o economista e autor Herman Daly propôs um modelo econômico não baseado em crescimento material, que chamou de "economia estacionária".[2] Aqui, a prioridade da economia é manter o estoque de recursos em nível estável, determinado pela capacidade do ecossistema de regenerar materiais e processar resíduos, em vez de expandi-lo sem considerar tal capacidade (ver figs. 7 e 8). Inevitavelmente, esse modelo representa atividades que abordam a velocidade de maneira muito distinta daquela que hoje vemos no setor da moda; mas o crucial é observar que essa mudança não ocorre à custa de desenvolvimento, pois a economia continuará livre para crescer – não em termos físicos e quantitativos, mas qualitativos. Essa mudança de objetivos pode transformar radicalmente o perfil de sustentabilidade do setor da moda, além de abrir outras possibilidades. Nesse novo modelo econômico, a velocidade da máxima utilização dos recursos nem sempre é rápida (nem lenta, por sinal), mas tem flexibilidade para se adaptar às necessidades em diferentes contextos. Isso apresenta um ponto de partida fundamentalmente distinto para a mudança.

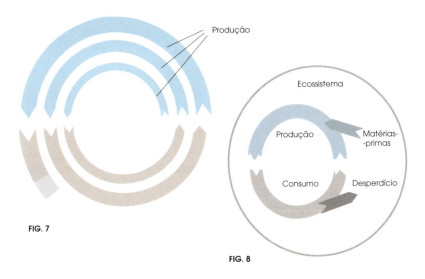

FIG. 7

FIG. 8

Fig. 7 - Ciclos de produção e consumo sempre crescentes (Daly, *Stead-State Economics*, cit.). Tal visão encoraja uma economia que pode prejudicar o meio ambiente.

Fig. 8 – A economia estacionária contempla ciclos de produção e consumo que levam em conta o meio ambiente e tentam alcançar um equilíbrio com este (Daly, *Stead-State Economics*, cit.).

Rápido

Na moda, rapidez virou sinônimo de um tipo específico de produto e ambiente de vendas. Isso se tornou possível graças ao apetite aparentemente insaciável dos consumidores e a avanços tecnológicos que eliminaram demoras na cadeia de fornecimento de roupas que um dia foram vistas inevitáveis. Controlando eletronicamente as vendas e vinculando os dados assim obtidos a fornecedores com cronogramas de produção flexíveis, hoje é possível reabastecer as prateleiras com um item popular sempre que necessário; e o desenho assistido por computador (CAD), associado a métodos de fabricação *just-in-time*, permite que uma criação se transforme em produto acabado em apenas três semanas. Fazer depressa significa que podemos fazer mais e também gera mais impacto. Na moda, assim como em outros setores, os custos do modelo de crescimento são sentidos sobretudo fora da corporação que goza dos benefícios: pela sociedade como um todo, pelos trabalhadores e pelo meio ambiente. Tais custos se traduzem em mais poluição, esgotamento de recursos e mudança climática. Refletem-se nos salários "de fome" dos trabalhadores do setor têxtil, nos contratos de emprego temporário e nas horas extras não remuneradas, visto que os empregadores são pressionados – pelos grandes varejistas e marcas globais, que exercem seu poder econômico, e pelas economias de escala – a praticar preços mais baixos e prazos de entrega menores (reduzidos em 30% nos últimos cinco anos).[3] São percebidos como falta de escolha e variedade de peças nas principais lojas, pois os grandes varejistas de roupas baratas criam uma dinâmica que prioriza, acima de tudo, o preço baixo, a disponibilidade maciça e a compra em quantidade, forçando os produtores menores – que, sozinhos, não podem competir em preço – a sair do negócio. E são sentidos nos campos e fazendas de produtores de fibras, onde a terra se degrada – salinizada pelo uso abusivo de fertilizantes sintéticos ou compactada devido à pastagem excessiva – e onde as famílias de agricultores (que, sozinhas, não conseguem ter preços competitivos) são forçadas a deixar suas terras.

A rapidez na moda analisada em mais profundidade

Nos últimos anos, os jornais têm dedicado muito espaço à *fast fashion*. Mas seus impactos quase nunca são abordados de forma abrangente e profunda. Certamente, a imprensa retrata os efeitos da moda rápida como indesejáveis, mas tende a formular soluções como extensões e/ou modificações do *status quo*, e insinua, por exemplo, que, se uma fibra for substituída por outra de menor impacto, os volumes podem continuar aumentando e as preferências econômicas atuais podem permanecer inabaladas. Embora a adoção de fibras orgânicas possa trazer benefícios imediatos, por exemplo, aos agricultores, ajudando, assim, a aliviar efeitos negativos da moda rápida em uma parte da cadeia de fornecimento, essa medida é incapaz de lidar com suas consequências cumulativas ou de longo prazo nos sistemas sociais e ecológicos como um todo, pois esses efeitos negativos são endêmicos ao sistema econômico que sustenta o setor. Quanto melhor o desempenho da indústria da moda, piores os efeitos – que são sintomas não de seu fracasso, mas de seu sucesso. Assim, falar dos efeitos da moda rápida para a sustentabilidade, sem criticar as práticas de negócio, é tratar do assunto de maneira superficial ou absolutamente ineficaz. Da mesma forma, discutir o suposto antídoto da moda rápida, a moda lenta, sem considerá-la dentro de outro conjunto de prioridades econômicas e práticas de negócio (que contribuam para a sustentabilidade), tampouco ajuda a compreender a natureza da lentidão em seu nível cultural mais profundo.

Rápido e lento são complementares

Uma das fontes de inspiração mais construtivas para essa reestruturação é o mundo natural, com seus sistemas e processos. As velocidades, inclusive a rápida, são característica essencial dos sistemas naturais. O corpo humano pode concluir seu ciclo físico aos 86 anos de idade, por exemplo, mas o ciclo da respiração dura apenas alguns segundos. Entender o contexto da velocidade, seus mecanismos e sua adequação oferece um prisma alternativo por meio da qual podemos explorar práticas alternativas na moda. Na natureza, a ênfase em equilíbrio e em velocidade rápida nas fases iniciais de desenvolvimento está em nítido contraste com a realidade do modelo de crescimento para a moda, que vê a rapidez como opção permanente de modelo de negócios. Talvez a qualidade mais importante da velocidade rápida na natureza seja o seu uso para facilitar o objetivo de todo o sistema, não como fim ou objetivo em si mesmo. Aqui, o rápido e o lento combinam-se para promover vitalidade no curto prazo e estabilidade no longo prazo. Os sistemas de regulação lentos contêm partes rápidas. Refletindo as sutilezas de desenhar visando a um equilíbrio de ritmos e velocidades de uso inspirados na natureza, a One Night Stands fabrica sapatos totalmente reciclados para usar uma única vez. Feitos de uma peça inteiriça de polipropileno reciclável fixada por um parafuso reutilizável e seis rebites de alumínio, vêm embalados em partes e são facilmente montados pelo usuário, o que minimiza os impactos de embalagem e transporte e garante preço competitivo. São desenhados para ser reciclados por instalações normais e, embora "rápidos" no que concerne ao uso, dependem totalmente de um sistema "lento" de descarte.

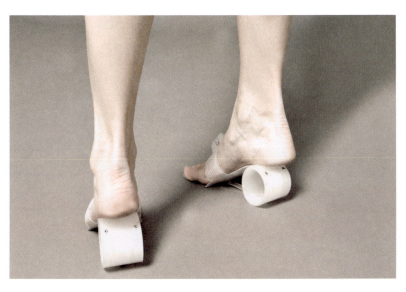

Os sapatos de polipropileno One Night Stands, de Stephanie Sandstrom, são desenhados para montagem rápida e reciclagem total.

Lento

No setor alimentício, a comida homogênea e "em quantidade" – simbolizada pela rede McDonald's de *fast-food* – passou a ser vista como indicador de que certas prioridades econômicas empobrecem a sociedade, em vez de enriquecê-la.
Da mesma maneira, na indústria da moda, roupas baratas, homogêneas, "em quantidade", que, na Inglaterra, registraram crescimento de 45% em cinco anos (duas vezes o índice do restante do mercado de vestuário),[4] suscitam questões sobre a "riqueza" social e ambiental.[5] Os preços baixos levaram a uma mudança nos hábitos de comprar e de vestir. Muitas vezes, as peças são compradas em quantidade e logo descartadas, já que são percebidas como de pouco valor. A qualidade do tecido é ruim e não raro a confecção da peça não sobrevive à lavagem, encorajando a compra de uma nova. Desejos ilimitados, amparados por tendências que mudam rapidamente, são atendidos com produção ilimitada. Nesse contexto de atividade obcecada com o crescimento, surgiu um movimento que promove a cultura e os valores do lento na moda, fortemente inspirado no movimento Slow Food.
Fundado por Carlo Petrini na Itália, em 1986, o Slow Food vincula o prazer da comida à consciência e à natureza responsável de sua produção; busca preservar as tradições culinárias e a diversidade agrícola de uma cultura e região, opondo-se à padronização de variedades e gostos e defendendo a necessidade de informar o consumidor. Embora tenha surgido como reação à cultura do *fast-food*, logo se tornou algo muito maior do que apenas o seu oposto. Do mesmo modo, o movimento da moda lenta, ou *slow fashion*, é mais do que simplesmente eliminar da moda as partes ruins. "Lento" não é mero descritor de velocidade. Representa uma visão de mundo diferente, que especifica um conjunto distinto de atividades de moda para promover o prazer da variedade, a multiplicidade e a importância cultural da moda dentro de limites biofísicos. A moda lenta requer uma infraestrutura modificada e uma produção reduzida de produtos. Definitivamente, moda lenta não significa fazer negócios como de costume e simplesmente desenhar clássicos e planejar prazos mais longos para o fornecimento de matérias-primas.
A cultura lenta não trata de "mandar uma cadeia de lojas melhorar os preços" ou "estipular coleções anuais". Representa uma flagrante ruptura com as práticas atuais do setor e com os valores e objetivos da moda rápida (baseada no crescimento).
É uma visão da indústria da moda construída a partir de premissas fundamentalmente distintas.

Os valores e as relações da moda lenta

O vocabulário da moda lenta, de produção em pequena escala, técnicas tradicionais de confecção, materiais disponíveis na região e mercados locais, oferece respostas a essas questões (ver fig. 9). Desafia a obsessão da moda rápida com a produção em massa e o estilo globalizado e se torna guardião da diversidade. Questiona a ênfase da moda rápida na imagem e no "novo" em detrimento da confecção e manutenção das peças materiais existentes.[6] Muda as relações de poder entre criadores de moda e consumidores e forja novas relações e confiança, só possíveis em escalas menores. Fomenta um estado mais elevado de percepção do processo de design e seus impactos sobre fluxos de recursos, trabalhadores, comunidades e ecossistemas. Precifica as vestimentas a fim de refletir seu custo real. Promove a democratização da moda, não por oferecer às pessoas "mais roupas baratas que basicamente parecem iguais",[7] mas por lhes proporcionar mais controle sobre as instituições e as tecnologias que impactam suas vida.

FIG. 9 RESUMO DE DIFERENTES ABORDAGENS ÀS NOÇÕES DE RÁPIDO E LENTO

MENTALIDADE RÁPIDA	MENTALIDADE LENTA
Produção em massa	Diversidade
Globalização	Global-local
Imagem	Autoconsciência
Novo	Confecção e manutenção
Dependência	Confiança mútua
Não ciente dos impactos	Profundamente ligada aos impactos
Custo baseado em mão de obra e materiais	Preço real, incorporando custos sociais e ecológicos
Grande escala	Pequena e média escala

Uma empresa que usa a velocidade de várias maneiras para construir um modelo de negócio essencialmente distinto do da indústria da moda rápida é a empresa de internet Betabrand. Materializando o modelo *long tail* de negócios —[8] isto é, passando do foco em um número relativamente pequeno de produtos e mercados dominantes para mais nichos —, a Betabrand vende apenas *on-line*, limitando seus custos fixos. Lança um novo produto por semana, um índice muito mais elevado que o de qualquer empresa de moda rápida, mas — e este é um ponto crucial — apenas um produto, não uma coleção inteira. Atendendo a pedidos de no mínimo cem peças, a empresa cobre os custos com 25 peças vendidas, e, quando todas as cem são compradas, o produto é descontinuado.

A rapidez é visível no mercado, quando um novo produto é lançado *on-line* todas as terças-feiras, ao meio-dia, e no desenvolvimento do estilo, especificado com base na chamada coletiva de colaboradores e na resposta rápida aos desejos dos consumidores. Mas o volume e o fluxo de materiais que entram no sistema da moda é desacelerado, devido ao limite que a própria marca impõe à sua produção. Como bônus, as tiragens limitadas tornam os produtos valiosos, cobiçados e emocionalmente duráveis. A Betabrand tornou-se um ícone da contracultura em São Francisco.

Outra empresa que usa a velocidade para definir seu modelo de negócio é a britânica Keep and Share. Sua filosofia de design é criar peças de qualidade que combinem o familiar e o pouco convencional; com essa premissa, a empresa convence os clientes a comprar menos peças, consideradas especiais, e a usá-las por mais tempo. Esse princípio evoca um senso de lentidão, com ênfase nas relações entre amigos que compartilham peças, e um profundo conhecimento sobre o que veste bem pessoas diferentes e por quê.

O projeto Decay, de Marie Ilse Bourlanges, é um exemplo de lentidão como processo de design. Oito peças tricotadas captam vestígios de comportamento

À esquerda: as roupas de tricô da Keep and Share são criadas para durar.

Ao lado: Roupa de tricô de Marie Ilse Bourlanges, cujo processo de design se baseia na lentidão.

passado; seu padrão de superfície comunica as descobertas de um estudo detalhado dos movimentos naturais do corpo. Um traje externo de papel carbono funciona como dispositivo de registro de movimentos corporais e uso (como pressionar, curvar, esfregar, coçar e esticar) sobre uma blusa branca interna. As marcas feitas sobre a blusa são traduzidas em uma estampa, resultando em intricados acúmulos de linhas por toda a superfície da vestimenta. As peças finais, embora novas, comunicam as expressões de um corpo ao longo do tempo através de alterações na superfície, revelando alguns dos movimentos mais íntimos e efêmeros da vida cotidiana.

Capítulo 13: Necessidades

O pensamento econômico dominante, baseado no crescimento, promove o desejo humano por novidade e por bens materiais como algo natural e desejável. Tal desejo por variedade cíclica é facilmente manipulado pelo comércio. A mensagem cultural do crescimento invade nossa vida cotidiana, obscurecendo nossas percepções, de modo que, em meio a tanto ruído comercial, distinguir entre necessidades reais e desejos fabricados está longe de ser uma tarefa fácil. Mas Manfred Max-Neef fornece uma visão das necessidades e motivações humanas que nos ajuda a refletir profundamente sobre a indústria, sobre as práticas de design e sobre nós mesmos.

A taxonomia das necessidades humanas de Max-Neef (fig. 10) foi desenvolvida com base em seu trabalho com pequenas comunidades na América do Sul, para ajudar a identificar suas "riquezas" e "pobrezas" e analisar como estas podem ser, respectivamente, maximizadas e minimizadas da melhor maneira. Ele identificou nove necessidades humanas fundamentais e uma série de "promotores de satisfação" (que caem em quatro categorias existenciais: ser, ter, fazer e interagir). Max-Neef observa que um promotor de satisfação pode abordar várias necessidades de uma vez e beneficiar o todo, ao passo que os "destruidores" podem parecer satisfazer uma necessidade mas, de fato, inibem várias outras e trazem pobreza ao todo.

NECESSIDADES HUMANAS FUNDAMENTAIS	PROMOTORES DE SATISFAÇÃO			
	Ser (qualidades)	Ter (coisas)	Fazer (ações)	Interagir (contextos)
Subsistência	Saúde física e mental	Comida, abrigo, trabalho	Comer, vestir, descansar, trabalhar	Entorno, contexto social
Proteção	Cuidado, adaptabilidade, autonomia	Segurança social, sistemas de saúde, trabalho	Cooperar, planejar, cuidar, ajudar	Ambiente social, moradia
Afeição	Respeito, senso de humor, sensualidade	Amizades, família, relações com a natureza	Compartilhar, cuidar, fazer amor, expressar emoções	Privacidade, espaços íntimos de convivência
Compreensão	Capacidade crítica, curiosidade, intuição	Literatura, professores, políticas, educação	Analisar, estudar, meditar, investigar	Escolas, famílias, universidades, comunidades
Participação	Receptividade, dedicação, senso de humor	Responsabilidades, deveres, trabalho, direitos	Cooperar, divergir, expressar opiniões	Associações, partidos, igrejas, vizinhanças
Lazer	Imaginação, tranquilidade, espontaneidade	Jogos, festas, paz de espírito	Sonhar acordado, lembrar, relaxar, divertir-se	Paisagens, espaços íntimos, lugares para estar sozinho
Criação	Imaginação, ousadia, inventividade, curiosidade	Habilidades, talentos, trabalho, técnicas	Inventar, construir, desenhar, trabalhar, compor, interpretar	Espaços para expressão, oficinas, público
Identidade	Senso de pertencimento, autoestima, consistência	Linguagem, religiões, trabalho, costumes, valores, normas	Conhecer a si mesmo, crescer, comprometer-se	Lugares a que se pertence, ambientes cotidianos
Liberdade	Autonomia, paixão, autoestima, mente aberta	Igualdade de direitos	Discordar, escolher, correr riscos, conscientizar-se	Qualquer lugar

FIG. 10 A taxonomia de Manfred Max-Neef identifica necessidades humanas fundamentais e promotores de satisfação para captar necessidades reais específicas ao lugar e à comunidade.

O mais notável no estudo de Max-Neef é sua aplicabilidade universal: claramente, tais necessidades estão presentes tanto nos países pobres quanto nos países ricos, e em qualquer etapa de seu desenvolvimento. O que difere de país para país não são as necessidades em si mesmas, mas como essas necessidades são atendidas pela sociedade e pela cultura.

Vestuário de moda e necessidades humanas fundamentais

O vestuário pode satisfazer uma série de necessidades. Pode satisfazer necessidades físicas elementares de abrigo e proteção e, associado à moda, nossos desejos de expressão pessoal e pertencimento, como no caso de um adolescente que retrabalha uma roupa de maneira exclusiva ou espontaneamente sobrepõe uma regata sobre uma camiseta. Mas seu poder como promotora de satisfação pessoal e social faz da moda um chamariz para a manipulação. Quando a participação é dirigida por uma tendência imposta comercialmente para explorar desejos e aumentar vendas, a moda torna-se um objetivo externo a ser perseguido e pode levar à insegurança, à vergonha e a dúvidas sobre si mesmo. O verdadeiro objetivo, ao desenhar pensando nas necessidades humanas, é não deixar tais deficiências em nenhuma parte do sistema. Os três exemplos de moda a seguir, observados na perspectiva da taxonomia de Max-Neef, ajudam a demonstrar sua relevância para nossa disciplina.

Exemplo 1

Uma roupa feita com materiais reciclados satisfaz a necessidade básica de um meio ambiente saudável, porque reduz o consumo de matérias-primas e o volume de resíduos em aterros sanitários. Mas, ao ser entregue ao usuário como peça acabada e estática, sua relação com o usuário só se manifesta em um ato de consumo. Por outro lado, um item concebido para ser desenhado em conjunto com o usuário oferece vários benefícios imateriais, incluindo a oportunidade de *participação*, *inventividade*, *expressão* criativa e *interpretação* única, bem como de desenvolvimento de novas *habilidades* – e tudo isso contribui muitíssimo para profundo crescimento pessoal do usuário.

Exemplo 2

O algodão orgânico satisfaz a necessidade de um meio ambiente saudável em regiões em que são usados produtos químicos na cotonicultura, e a toxicidade reduzida certamente melhora as condições *físicas* do agricultor e sua família. O cultivo orgânico também desenvolve habilidades criativas no campo, pois os agricultores são treinados para trabalhar com controles biológicos específicos e relevantes para sua microrregião. Mas "orgânico", por si só, não satisfaz a necessidade de viver acima do nível de subsistência, a não ser que se garanta um preço justo para o algodão, acima do índice do mercado; e os sistemas de apoio educacional ao agricultor são afetados, podendo ser incapazes de se manter por falta de financiamento. Combinar princípios de comércio justo com agricultura orgânica ajuda a garantir maior capacidade de fornecer *comida* e *abrigo* no longo prazo.

Exemplo 3

De maneira similar, o algodão geneticamente modificado é visto como "sustentável", porque reduz o uso de produtos químicos e aumenta a renda dos agricultores, o que proporciona melhorias *físicas*. Mas o faz promovendo relações verticais: o conhecimento da tecnologia dos transgênicos continua isolado em laboratórios comerciais privados, e as patentes proíbem os agricultores de manter e propagar a semente. Portanto, a criatividade pessoal, a *inventividade* e o conhecimento específico da ecologia do lugar a que o agricultor pertence são inibidos. Os agricultores ficam dependentes de uma tecnologia externa e, portanto, vulneráveis às oscilações de preço ou disponibilidade. De fato, a taxonomia de Max-Neef revela os transgênicos como "destruidores", pois hoje as empresas de transgênicos também são donas dos fornecedores de sementes convencionais, restringindo ainda mais o desenvolvimento de formas alternativas de *conhecimento* agrícola, e marginalizando o *debate*, o *dissenso* e a *autonomia*.

Aplicada dessa forma, a taxonomia de Max-Neefs pode ser uma ferramenta eficaz para que os designers identifiquem e esclareçam a "lógica" social fundamental em um produto existente ou ideia emergente. Isso é particularmente útil para o design, já que a área de "responsabilidade social" continua confusa para muitos, e, diferentemente dos processos e materiais, que podem ser medidos e analisados por meio de avaliações do ciclo de vida (ACL), os atributos sociais parecem pertencer à geografia e à cultura, e é difícil apreendê-los de forma significativa. Nas empresas mais progressistas, de fato existem "termos de compromisso", mas estes são definidos apenas pelos sistemas de produção existentes e, portanto, não têm a capacidade da metodologia de Max-Neef, concentrada nas pessoas, de captar as necessidades humanas, culturais, emocionais e fundamentais. Essa metodologia começa a remodelar nossa mente para um conjunto de valores mais abrangente e elementar, como ilustram os exemplos anteriores.

Desenhando para satisfazer necessidades específicas

Em moda e sustentabilidade, são poucos os exemplos de produtos desenhados especificamente para satisfazer necessidades humanas elementares. Isso talvez se deva ao fato de que os valores estão tão ausentes do que o design comercial hoje demanda que é difícil imaginar que forma poderiam assumir, pelo menos no início. No entanto, alguns itens começaram a surgir. Por exemplo: os "superpromotores de satisfação", conceito desenvolvido por Fletcher e Earley no projeto 5 Ways,[1] usaram a taxonomia de Max-Neef sobre as necessidades para promover designs de roupa inovadores. Baseado nesse conceito, o vestido Touch Me surgiu da necessidade de afeto de uma participante, e foi desenhado com fendas abertas por onde os amigos e a família eram convidados a tocá-la na região lombar e nos ombros para demonstrar seu afeto. Mais recentemente, a capa de Elisheva Cohen-Fried surgiu de um estudo sobre bem-estar e noções simples de felicidade. Com base no padrão de respostas de suas entrevistadas, Fried criou uma peça imbuída de forte senso de conexão com a família; convida à criação conjunta e à invenção compartilhada, ao fornecer um meio para que mãe e filho manipulem juntos o design, recortando formas na camada superior da capa para revelar a cor viva abaixo, usando a mais simples de todas as ferramentas de trabalho manual – uma tesourinha escolar.[2]

Capa de Elisheva Cohen-Fried, desenhada para permitir que mãe e filho criem juntos.

Produtos como esses são profundamente comoventes. Têm o que Alastair Fuad-Luke chama de "estranha beleza"[3] e começam a expandir nossas noções acerca do que a sustentabilidade na moda pode ser. A taxonomia das necessidades humanas de Max-Neef ajuda a dar voz às carências que sentimos por instinto em uma camiseta industrializada vendida em um supermercado por US$ 5. O mais importante é que, quando os designers se apoiam em tais metodologias rigorosas para agir com integridade, criam pontes para as disciplinas sociais que constroem e detêm "domínios de conhecimento e compreensão",[4] e criam formas de agir com base nesses princípios de "conhecimento lento", dando, assim, uma importante contribuição para uma mudança social profunda. Mas talvez o mais gratificante de todos os benefícios que a taxonomia de Max-Neef proporciona ao design de moda é um "lugar" pacífico onde somos capazes de aquietar a ruidosa cacofonia do mercado, libertar-nos de sua influência sobre nossa mente e focar nossa atenção em desenhar o que realmente importa.

Ter (quanto é suficiente?)

Você nunca sabe o que é suficiente, a não ser que saiba o que é mais do que suficiente.
Wendell Berry[5]

Em nossa cultura, o paradigma dominante indica que "mais é melhor" e que tudo que não seja crescimento material significa ter "menos" que antes. Mas não fazemos ideia de quão grandes nossos negócios podem ser, nem de quanto as pessoas podem consumir com relação à capacidade do meio ambiente para sustentar essas atividades. O crescimento econômico ilimitado, em países onde os problemas básicos de sobrevivência estão resolvidos, é cada vez mais visto como contraproducente, não só porque torna os recursos naturais indisponíveis para uma população cada vez mais numerosa e debilita a saúde geral do ecossistema do qual todos dependemos, como também porque (e talvez de forma ainda mais alarmante) diminui a resiliência da sociedade, algo considerado *crucial* para lidar com desastres naturais iminentes.

Há cada vez mais evidências de que, embora nos "países desenvolvidos" estejam se tornando mais ricas, as pessoas, em geral, não estão se tornando mais felizes. Por exemplo, as pessoas têm cada vez menos tempo para si mesmas, já que são arrastadas à monotonia da rotina de trabalho para sustentar estilos de vida de consumidores. Em consequência, as relações familiares e comunitárias são abaladas. Assim, 53% dos norte-americanos hoje afirmam que menos estresse e mais tempo com a família e com os amigos os tornariam muito mais satisfeitos com sua vida.[6] Maior riqueza econômica também está associada com problemas de saúde, como diabetes, obesidade e doença coronária; de fato, em 2006, a obesidade clínica, nos EUA, atingia 64% da população.[7] A mentalidade "mais é melhor" tem efeito social perverso até mesmo em crianças de classe média em idade escolar. Estudos demonstram que os alunos que vivem nas comunidades mais abastadas dos EUA estão sob constante pressão para ter um desempenho "cada vez melhor" e sucumbem a vários transtornos; registra-se até mesmo um alarmante surto de suicídio entre adolescentes.[8] Assim como os nutrientes no solo são exauridos pela agricultura industrial, cujo único foco são os altos rendimentos, também as reservas emocionais e psicológicas dos seres humanos são esgotadas pela tendência cultural dominante a buscar o crescimento como fim em si mesmo. Há um limite para a pressão que as pessoas (e o planeta) são capazes de suportar. Conforme observa Herman Daly, hoje estamos "acumulando mal-estar em vez de bem-estar".[9]

A indústria da moda depende do consumo

O design de moda, tal como praticado atualmente, não está estruturado para melhorar essas deficiências sociais, já que se insere no mercado e mede seu próprio sucesso com base no crescimento. A noção de sempre precisar de mais pressupõe um público que sempre quer mais, e requer que os negócios mantenham o nível necessário de "desejo" ou consumo para sustentar suas atividades comerciais. Na moda, as mulheres são vistas como os principais motores para essa necessidade de crescimento econômico; as roupas femininas representam 65% da indústria da moda em todo o mundo, e, assombrosamente, 75% do dinheiro gasto em propaganda de moda é destinado especificamente ao público feminino.[10]

A ofensiva das mulheres

Enquanto a indústria da moda começa a se debater internamente com a questão de sua dependência dos modelos de negócio baseados no consumo material, muitos, do lado de fora, estão começando a questionar a proposta cultural dominante de que as mulheres sejam, acima de tudo, consumidoras. Um exemplo é o Great American Apparel Diet, que tem uma postura contrária ao consumo e é inspirado em programas de apoio como os Alcoólicos Anônimos. O projeto proporciona um lugar para que as mulheres compartilhem histórias, após concordar em se abster de comprar roupas por um ano inteiro. Suas ideias também estão publicadas no website do projeto e oferecem contribuições valiosas sobre o espírito do público considerando uma gama de dados demográficos tradicionais. A artista Alex Martin, por sua vez, desafiou o que chama de "promessas que nos foram vendidas [...] sobre o que torna [as mulheres] virtuosas, atraentes e interessantes". Observando a enorme quantidade de tempo, esforços e recursos financeiros investidos em vestuário, e perturbada com a exploração de mão de obra e outros impactos ocultos da produção de roupas, Martin criou sua "manifestação de uma mulher contra a moda", como uma contramensagem. Sua resposta foi o Little Brown Dress, o vestidinho marrom que vestiu todos os dias por um ano. Além de declarar sua postura sobre o consumo, limitando-se a vestir uma única peça de roupa por um ano inteiro, Martin foi obrigada a criar interesse visual como uma forma de satisfazer as próprias necessidades de variedade. Por meio da documentação fotográfica e de um blog regular, ela apresenta como idealizou as combinações e observa a autoconfiança que essa restrição voluntária gerou. "Estou ainda mais engajada e interessada em toda essa linha de pensamento do que estava quando

"Manifestação de uma mulher contra a moda", de Alex Martin: um vestidinho marrom que ela vestiu todos os dias durante um ano.

comecei o projeto [...] não estou sequer considerando voltar a um guarda-roupa normal neste momento".[11]

O projeto Little Brown Dress foi concluído há muito tempo, mas Alex Martin continua a explorar as noções de expressão pessoal, moda e estilo, vestindo apenas roupas, sapatos, bolsas, bijuterias e acessórios que ela mesma confecciona, feitos apenas com materiais reciclados. Hoje, ela se orgulha de estar "completamente fora da corrente de produtos de consumo" e propaganda, e se descreve como "artista, coreógrafa, performer, mãe, vizinha, jardineira, eleitora, planejadora de eventos e operadora de máquina de costura".

Fazer (possibilitando a ação)

> *Os humanos são seres complexos, com valores, atitudes, identidades e emoções, e, embora nem sempre sejamos coerentes internamente, nós tendemos a agir quando todas essas facetas são atraídas para isso.*
> World Wildlife Found, Escócia

Os objetos são uma manifestação física de como nós, humanos, interpretamos e moldamos nosso mundo para refletir quem somos como indivíduos. Embora reflitam as peculiaridades de cada indivíduo, nossas posses também refletem os valores mais amplos da sociedade – um padrão ou modo de vida aceito – e, portanto, nutrem nossa necessidade de pertencimento. Os objetos, e os itens de moda em particular, também nos proporcionam uma linguagem visual – por meio de signos e códigos – que usamos para comunicar *status* social, identidade, aspirações e o modo como nos sentimos uns com relação aos outros. De maneira geral, roupas e objetos fornecem um serviço crucial de "mensagens", ajudando a construir as relações entre nós mesmos e os outros e a sociedade como um todo. Nesse contexto, é essencial que as coisas continuem tendo relevância por meio da mudança e da novidade, pois todas essas relações estão em fluxo constante, conforme nossas perspectivas e os valores da sociedade evoluem em conjunto.

A moda, em seu ápice criativo, é uma das expressões mais influentes e diretas de aspirações pessoais, individualidade e pertencimento. Mas a indústria da moda também contribui para a degradação social e ambiental quando a propaganda invasiva e as tendências de curto prazo manipulam e exploram as necessidades inatas das pessoas por integração e diferenciação, para levar a ciclos de varejo mais rápidos e ao crescimento contínuo da produção comercial. A percepção de que a mudança climática está associada ao estilo de vida do consumidor dos países (super) desenvolvidos levou a uma análise crítica da vida industrial moderna e do próprio consumo. Nas últimas décadas, inúmeras campanhas ambientais forneceram dados irrefutáveis; revistas como a *Adbuster* e filmes como *A história das coisas*, de Annie Leonard, "ligaram os pontos" entre o consumo e as consequências ambientais, para apresentar uma dura crítica ao capitalismo e à economia de crescimento industrial. A moda, em particular, é muitas vezes colocada em primeiro plano para ilustrar como são frívolos e banais nossos desejos por variedade, em uma era em que 20% da população mundial consome 80% dos recursos naturais da Terra.

Bens materiais e mudanças no comportamento do consumidor

Tornar essas conexões conhecidas é, sem dúvida, necessário –, pois primeiro as pessoas precisam entender quais são os problemas, para que então possam mitigá-los, mas há cada vez mais indícios de que, embora tenham conseguido despertar a consciência do público sobre questões ecológicas, as estratégias e campanhas ambientais foram incapazes de promover mudanças de comportamento.[12] Os consumidores são, na maioria, intelectualmente informados, mas não têm envolvimento emocional com o discurso sobre a economia do consumidor tampouco traduzem essas mensagens em mudanças no estilo de vida. Talvez um dos motivos para essa indisposição é que um foco em repensar o consumo material não só desafia as corporações e a premissa sobre a qual o "progresso ocidental" é fundado, como também questiona a relevância cultural e social que os objetos têm para as pessoas – a própria base de significado e consciência de nós mesmos que criamos através dos produtos; assim, falha em reconhecer a troca dinâmica de significado entre os indivíduos, as coisas compradas e a cultura de consumo em geral, desconsidera essas motivações profundas e, portanto, não as aborda. E, o que é pior, as banaliza.

A pesquisa de Marchand e Walker (2008) sobre o que motiva as pessoas a adotar estilos de vida mais simples e não consumistas ajuda a compreender o comportamento de algumas com relação à sustentabilidade. Os autores observam que apresentar "os problemas no mundo como mero conjunto de conceitos abstratos que estão 'lá fora' e 'em algum outro lugar' – [significa] que os entendemos intelectualmente e não intuitivamente; factualmente e não visceralmente; e é por isso que podemos deixá-los de lado sem dificuldade".[13] Isso talvez indique que as mensagens de sustentabilidade deveriam ser mais adequadas e relevantes para as atividades cotidianas, pois apenas amplificar uma mensagem abstrata com um senso de urgência só faz as pessoas se sentirem coagidas e leva a uma resistência ainda maior à mudança.

À luz dessas descobertas, está claro que a maioria das abordagens à sustentabilidade na moda não é capaz de motivar mudanças de comportamento. Em geral, as peças "ecológicas" são confeccionadas da mesma maneira que as convencionais (de fato, a maioria das empresas se esforça para garantir que as ações de sustentabilidade sejam invisíveis), tornando distante e obtusa toda comunicação subsequente de mensagens "ecológicas". Mas os designers têm uma capacidade inata de explorar as emoções humanas; esse dom pode ser aproveitado para criar maneiras de o grande público "adequar-se" à sustentabilidade e "relacionar-se" com ela em sua vida cotidiana, sem que se sinta coagido ou levado a isso, e, de modo similar, a sustentabilidade "adequar-se" à mentalidade dominante e "relacionar-se"com ela, levando-nos a prestar atenção não no que as pessoas compram, mas em como elas se comportam, e redirecionando o foco do consumidor para fazer em vez de ter.[14]

O exemplo do ciclismo como meio de transporte

Por mais que ir ao trabalho de bicicleta pareça algo fácil, muitas pessoas continuam se locomovendo de carro. Entre os obstáculos à mudança, estão as preocupações com a segurança do trânsito em ruas urbanas congestionadas, as condições meteorológicas imprevisíveis ou simplesmente o incômodo de precisar trocar de roupa no escritório. Aqui, a falta de conveniência impede uma mudança comportamental – em detrimento da sustentabilidade. Mas qualquer um desses obstáculos poderia ser usado como incentivo para a intervenção criativa, e esse é um terreno conhecido para os designers.

Com o intuito de permitir que os ciclistas passem facilmente da bicicleta a um ambiente de negócios, a Alite desenvolveu jeans com características ergonômicas. Uma costura lateral força a articulação na rótula e é combinada com uma costura na parte de trás do joelho para eliminar o excesso de tecido quando a perna está dobrada na posição de pedalar. Outros detalhes que proporcionam conforto são um gancho frontal de corte baixo, que evita que o cós se enfie na barriga, e um gancho traseiro inclinado para a frente, que evita o "cofrinho"! A perna ajustada está a salvo da correia, e a escolha de um tecido à prova de graxa proporciona proteção adicional contra manchas de óleo. A Betabrand, por sua vez, desenhou uma calça com funções extras de segurança para pedalar pelas ruas congestionadas das cidades. As barras da calça, viradas para fora, e os bolsos de trás, virados do avesso, recebem o Illuminite Teflon, tecido que reflete luz, tornando o ciclista mais visível na via. A rigidez do tecido minimiza rugas nas pernas e mantém as barras viradas para cima, ao passo que outros detalhes que contêm a fita refletiva Scotchlite™, da 3M, aumentam ainda mais a visibilidade. As calças têm corte folgado para acomodar a pedalada, com os bolsos frontais e o forro do cós feitos de um tecido macio que cede quando o corpo se curva sobre o guidão.

Ambas as estratégias de design rejeitam o típico visual de ciclista das roupas de Lycra®, tornando mais atraente o ciclismo como meio de transporte, e cada peça é visualmente bem diferente da outra. O mais notável em ambas é a completa ausência de atributos de sustentabilidade "tradicionais" – nenhuma menção a tecido orgânico ou reciclado –, pois é o produto em si, não o tecido, que dá autonomia aos indivíduos e possibilita a mudança comportamental. Quando a ênfase passa de ter a fazer, cria-se espaço para que o próprio sistema de valores do usuário proporcione a motivação para a ação. Isso prenuncia uma abordagem radicalmente distinta à comunicação sobre moda e sustentabilidade.

Calça para ciclismo da Betabrand, com bolsos e barras refletivos.

Ser (roupas que alimentam a alma)

O artista recorre àquela parte de nosso ser [...] que é um dom e não uma aquisição – e, portanto, é mais duradoura.
Joseph Conrad

As sutilezas das necessidades do consumidor e o modo como se relacionam com os padrões de consumo e sustentabilidade são praticamente invisíveis para os designers profissionais. As informações que vão além do simples registro de uma compra e dos dados sobre o desempenho de um produto no varejo não são geradas ou acompanhadas pelas empresas. Nem podem necessariamente ser acompanhadas, pois, ao contrário dos impactos na cadeia de fornecimento, que podem ser medidos, analisados e avaliados, as razões para comprar, manter e usar roupas são imprecisas e extremamente pessoais. Uma peça pode representar um símbolo de status social para uma pessoa, e para outra um período de crescimento pessoal. Não há duas pessoas que percebam ou reajam a determinada peça da mesma maneira.[15] Além disso, devido à natureza global de nossa indústria, é muito difícil coletar informações pessoais e é praticamente impossível transformá-las em estratégias de design adequadas para os negócios convencionais – os desejos fundamentais dos indivíduos são informações irrelevantes para uma indústria cujo único propósito é fornecer roupas em massa.

Mas cada um de nós tem pelo menos uma peça de roupa que nos pertence há vários anos. E, de alguma forma, essa peça nos desperta reações emotivas que voltamos a desfrutar sempre que a olhamos, tocamos, cheiramos ou vestimos. Desenhar a fim de possibilitar que essas conexões emotivas estejam presentes ou surjam em uma roupa começa a revelar para o design habilidades novas e ao mesmo tempo familiares; novas porque parecem tão alheias a nossa prática comercial costumeira e familiares porque tocam em sensibilidades humanas elementares. Os produtos criados dessa maneira adquirem existência por caminhos completamente diferentes e envolvem o designer em uma multiplicidade de níveis que vão além da engenhosidade física e intelectual do design convencional.

Lynda Grose possui um vestido *vintage* amarelo há muitos anos, usado em diversas ocasiões especiais. Quando o manchou com suco de morango no casamento de uma amiga, em vez de se desfazer do vestido "danificado", pediu à colega designer Nathalie Chanin para bordar sobre as manchas os nomes dos noivos recém-casados e a data do casamento. Como resultado, uma série de qualidades duradouras ganhou vida. O bordado criou um vínculo afetivo entre a usuária e os recém-casados, evocando a memória do evento cada vez que o vestido era usado. E, simultaneamente, fortaleceu o vínculo com a amiga que executou o bordado com tanta dedicação. Essas qualidades, nas palavras de Lewis Hyde, "tocam o coração, reanimam a alma, e deleitam os sentidos".[16]

Mas esse pequeno ato de sustentabilidade dá vida a outra qualidade adorável: com o bordado, o vestido é não só "reparado", como transformado de objeto estático em algo vivo, que capta uma narrativa do passado, torna-a visível no presente, e possibilita que novas manchas sejam tratadas da mesma maneira: nem preceituadas nem intencionadas, simplesmente evocadas.

Capítulo 14: Engajamento

Nenhum ser humano ou outro ser vivo pode sobreviver sem múltiplas interconexões com outros organismos.
Ernest Callenbach[1]

No cerne da sustentabilidade, está a experiência de conexidade das coisas, a compreensão vivenciada das incontáveis inter-relações que vinculam os sistemas econômicos, materiais e socioculturais à natureza. Essas conexões operam em diferentes escalas e com diferentes esferas de influência, algumas em nível local e direto, outras globalmente. A abertura para essas relações é um precursor essencial para a mudança, já que demonstra o efeito dinâmico de cada parte sobre todas as outras. Dito de forma simples, quando trabalhamos com ideias e práticas de sustentabilidade, nada existe isoladamente.

Tal abordagem contrasta nitidamente com a maioria dos produtos de moda que hoje está à venda, que sintetiza uma forma de expressão destituída de valores e nos veste para aparecer em um mundo que tem pouco ou nada a ver com a Terra, a saúde de seu solo ou de sua gente. Tal mundo é abstrato e remoto, e tem uma relação tênue com a realidade de produção, uso e descarte da moda. Robert Farrell o descreveu como um "mundo de ideias",[2] um lugar imaginário onde as consequências das ações não precisam ser sentidas, onde quase tudo é possível, onde há poucos limites. Mas nossa realidade é diferente: nosso planeta simplesmente tem limites. Muitos dos sistemas ecológicos da Terra são fechados com capacidade finita, e a moda lhes está sujeita, assim como tudo o mais. Reconstruir as relações entre a moda e os sistemas ecológicos e sociais que a sustentam requer transformar o "mundo" remoto e abstrato, que até agora definiu a indústria convencional, em algo mais direto e conectado.

A sustentabilidade se baseia na ação

Grande parte das mudanças rumo à interconectividade requeridas pela sustentabilidade depende de sermos ativos, tanto como indivíduos (no papel de designers e também de consumidores) quanto como sociedade. Isso significa engajar-se e indagar sobre fluxos de materiais, processos de design, modelos de negócio, questões sociais, ecossistemas e assim por diante, como parte intrínseca da vida e, por extensão, da experiência de moda. No entanto, para muitos consumidores de moda, é a passividade – e não a atividade – que caracteriza sua experiência de comprar e vestir roupas. Os produtos à venda nas grandes lojas são quase sempre homogêneos, e essa impossibilidade de escolha destrói a expressão individual, embotando a imaginação dos consumidores e limitando suas certezas quanto ao que uma roupa pode ser. Essa falta de autoconfiança resulta em hesitação para fabricar, modificar e personalizar peças de indumentária. Os consumidores têm poucas opções além de ser os receptores finais do "produto" da indústria da moda. Aqui, eles escolhem entre estilos criados por designers, confeccionados por trabalhadores distantes, selecionados por compradores e apresentados a eles por comerciantes. Então, usam essas peças em combinações sugeridas por estilistas e editores de revistas de moda e as substituem regularmente conforme mudam as tendências fabricadas pelos prognosticadores. As informações selecionadas sobre cada peça de indumentária fluem pela cadeia de fornecimento em uma única

O vestido *vintage* amarelo de Lynda Grose, com bordado de Nathalie Chanin, torna visíveis narrativas do uso e das relações de amizade.

direção, do produtor ao consumidor, com pouca ou nenhuma chance de interromper esse fluxo e fazer perguntas. O efeito é a criação de um vácuo físico e emocional entre os que vestem as peças e os indivíduos e ambientes que as produzem. Isso leva a uma falta de conexão em escala global, agravada pelas práticas corporativas cada vez mais recorrentes de criação de lealdade à marca e produção no exterior, legitimada por regras de negócio de instituições globais, como o FMI e a OMC, e reforçada pelas hierarquias consolidadas da elite da indústria da moda, que se beneficia do *status quo* e da passividade da maioria dos consumidores.

Inovar para trazer mudanças na forma de novo compromisso com a moda tem grandes conotações políticas. Desafia a predominância do modelo de crescimento – produção globalizada em grande escala, cadeias de fornecimento não transparentes, fluxo de grandes volumes de roupas similares, além da mística do processo de criação da moda. Mas os benefícios que promete estão associados à possibilidade de recriar fluxos contrários que os consumidores não só sigam, como talvez liderem – e, portanto, participem da moda em uma relação com o todo mais ativa, saudável e cooperativa.

Design colaborativo

O design colaborativo, a prática de desenhar com outros, implica a criação de produtos em conjunto com as pessoas que os usarão. Em um nível fundamental, o design colaborativo contesta a lógica econômica liderada pelo crescimento presente na maioria das atuais atividades de design e oferece uma alternativa com base em imperativos diferentes – mais democracia, mais autonomia e menos dominação –, por meio de práticas como inclusão, processos cooperativos e ação participativa. Sua premissa é a de que aqueles que usam um produto têm o direito de opinar sobre sua criação e de que, quando as partes interessadas e seus interesses modelam o processo de design e contribuem para este, o design ganha em qualidade.

Desenhando com os usuários

Durante a última década, esteve em alta a prática de desenhar *com* os usuários, em vez de desenhar *para* eles, sem dúvida influenciada pelo crescente interesse nas dimensões sociais e políticas do design e também, por exemplo, pelo papel da internet, que oferece novas oportunidades de design. O potencial político e social do design colaborativo deriva de sua influência sobre quem tem poder na sociedade, quem controla o conhecimento e quem toma decisões. Algumas iniciativas de design colaborativo apoiadas na internet, como o software Linux e a enciclopédia *on-line* Wikipedia, exemplificam esse conjunto de relações modificadas. Essas iniciativas, criadas por uma rede amplamente distribuída de criadores-usuários voluntários, disponibilizam para todos o conhecimento contido no produto. As pessoas envolvidas compartilham o trabalho e também os benefícios.

O objetivo do design colaborativo, "reduzir ao máximo os mecanismos hierárquicos e [...] compartilhar práticas entre uma multiplicidade de participantes em termos tão igualitários quanto possível",[3] perturba muitíssimo as hierarquias tradicionais da moda, em que se confere mais poder àqueles que estão no topo. Os designers de elite, os grandes varejistas e as marcas globais consolidam e até fortalecem suas posições, ao proteger seus conceitos e produtos. "Autores" seletos detêm o conhecimento em um sistema secreto, fechado para os de fora. A informação flui unicamente de cima para baixo na hierarquia, conforme as decisões sobre o propósito do design, o acabamento, o tecido e o custo são comunicadas aos produtores, às cadeias de fornecimento e aos consumidores. Ao manter a segurança e a exclusividade do sistema de conhecimento, a elite dominante da moda retém poder e dinheiro. Pois, sem acesso ao conhecimento e às habilidades requeridas, tanto nos aspectos materiais quanto simbólicos da moda, os usuários não são incapazes de fazer moda por si mesmos.

O codesigner Otto von Busch evoca a metáfora de "catedral e bazar", usada pela primeira vez pelo pioneiro em código aberto *on-line* Eric S. Raymond, para comparar as diferentes organizações sociais da moda tradicional e da colaborativa. O modelo hierárquico, estratificado e fechado da moda é a catedral, "onde cadeias estritas de comando constituem a própria estrutura".[4] O bazar, ao contrário, é a moda do design colaborativo, "uma feira movimentada em que todos falam ao mesmo tempo. É caótica e ao mesmo tempo organizada, como um mercado de rua ou um formigueiro".[5] A organização do tipo bazar (ou design colaborativo) é horizontal, ou heterárquica, e todos os elementos estão associados ou em rede.

Compreensão coletiva

No design colaborativo, o próprio processo de design é transformado. Aqui, a preocupação é não tanto produzir objetos refinados, mas sim desenvolver habilidades na população de usuários. Enfatizam-se a compreensão, o projeto e a ação *coletivos* – e esse conhecimento e essa experiência em expansão não são reservados apenas ao designer amador, mas influencia também o designer profissional. Para a socióloga Elizabeth Shove e colegas, "em vez de um processo liderado pelo design(er), em que os produtos são imbuídos de valores que os consumidores devem descobrir e aos quais devem reagir, os proponentes [do design colaborativo] [...] afirmam que o tráfego flui em ambas as direções".[6] É nesse "tráfego" de mão dupla que habita o codesigner, trabalhando em papéis múltiplos como facilitador, catalisador e incentivador, ao mesmo tempo aprendendo e ensinando.

Diferentes abordagens ao design colaborativo

O design colaborativo muitas vezes surge da sociedade civil e se apoia em processos e apetites que já existem. Em *Design Activism*, Alastair Fuad-Luke explora uma gama de atividades de design e confecção (fig. 11).[7] As práticas consolidadas da indústria tendem a cair no quadrante inferior esquerdo do gráfico, entre os eixos de produção industrializada e design profissional; enquanto isso, novas atividades e interesses começam a ocupar outras áreas. A alfaiataria doméstica, por exemplo, cresceu consideravelmente nos últimos anos, à medida que as pessoas começaram a desenhar e confeccionar as próprias roupas, em geral como alternativa de baixo custo à compra de roupas em tempos de recessão. E o desenvolvimento de produtos modulares (ver p. 80), em que pedaços de pano podem ser transformados em várias peças de indumentária, permitindo que o usuário remodele a roupa, também assinala um papel diferente para o design e a confecção.

A Antiform Industries trabalha com a comunidade de Hyde Park em Leeds, Inglaterra, para criar moda cooperativamente.[8] Aproveitando talentos já existentes em costura, reparo, trabalhos manuais e ornamentação, e oferecendo treinamento se as habilidades são insuficientes, a Antiform facilitou a criação, com 64 pessoas da região (artesãos, tricoteiros, artistas, costureiros e voluntários), de uma coleção de oito peças vendidas nos distritos de Hyde Park, Woodhouse e Chapeltown, em Leeds. Todos os materiais usados são roupas descartadas, coletadas na região em eventos de troca abertos, que ocorrem mensalmente e trazem um influxo de materiais e pessoas para o projeto. A relação simbiótica entre a coleção e as trocas de materiais, fundamental para o desenvolvimento do projeto, permite que os moradores da região participem em muitos níveis diferentes, criando novos sistemas para a moda local.

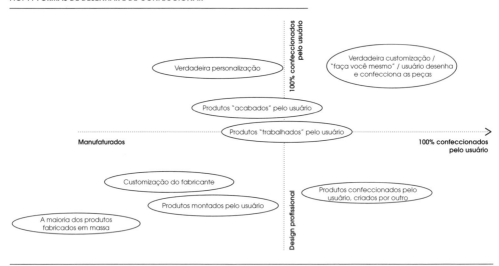

FIG. 11 FORMAS DE DESENHAR E DE CONFECCIONAR[9]

Já na peça multiuso Self-Couture, de Diane Steverlynck, explora-se uma forma diferente de desenhar e confeccionar.[10] Ao mesmo tempo vestimenta e roupa de cama, a peça é composta de duas a cinco camadas de tecidos de diferentes materiais, escolhidos por características específicas que os tornam aptos para ambas as funções. Cada camada é perfurada a intervalos regulares com casas e botões duplos – que podem transformar a peça em saco de dormir, lençol de solteiro ou de casal, cobertor de inverno ou de verão, vestido, blusa, jaqueta ou camisa. O projeto é criado em conjunto com o usuário, oferecendo a possibilidade de muitas formas e usos modificados a partir de um simples pedaço de tecido.

Artesanato ativo

O artesanato é útil, prático e concreto. Tem conexão visceral com os materiais e com a forma em que são moldados para exibição ou utilização. Implica *fazer* algo de fato, em vez de apenas perceber que algo é *feito para nós* – isto é, a prática (no caso da moda) de alinhavar, tricotar, cortar, drapear, dobrar e juntar para transformar um tecido em peça de indumentária.

Também essencial ao artesanato é a experiência: muitas horas trabalhando e retrabalhando a mesma técnica. O artesanato é uma atividade lenta, com habilidades que amadurecem com o tempo, conforme o artesão pensa, reflete profundamente e testa os limites de sua atividade. Em *O artífice*, Richard Sennett descreve o artesanato como "o desejo de fazer bem um trabalho como um fim em si mesmo".[11] Essa motivação traz a promessa de recompensas emocionais, vincula as pessoas à realidade material e permite que sintam orgulho de seu trabalho.[12] Por todas essas razões – por sua conexão com os recursos, por sua qualidade ativa e concreta, pelo valor que deposita na experiência vivida e consolidada e na satisfação emocional –, o artesanato abriga muitos valores de sustentabilidade.

A Antiform Industries, com sede em Leeds, desenha e produz roupas em um processo colaborativo e comunitário com as pessoas que vão usá-las.

A Self-Couture, de Diane Steverlynck, pode ser roupa de cama ou vestuário.

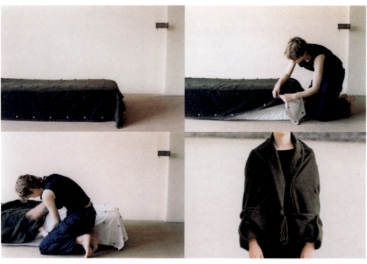

O artesanato é político e democrático

Há outras razões por que a relação entre artesanato e confecção de roupas é um campo fértil quanto à sustentabilidade. Pode-se entender que habilidades artesanais bem desenvolvidas apoiam ideais democráticos, pois seu potencial é amplamente distribuído entre nós, não atribuído apenas àqueles que têm posses ou privilégios. As roupas artesanais empregam o trabalho manual em combinação com materiais e técnicas. Aqui o que exerce papel decisivo é *o que* você faz – isto é, a técnica, aprimorada por anos de experiência –, não *quem* você é ou a *quanta* tecnologia você pode ter acesso. Além disso, pode-se entender que a produção artesanal confere um senso de moderação ao consumo, um limite de quantidade e velocidade, pois afinal só é possível consumir na quantidade e na velocidade com que o artesão é capaz de produzir. O artesanato pode, talvez abertamente, até mesmo acarretar outras restrições. Pode sugerir que produzamos o suficiente para nosso consumo pessoal (e, ao fazê-lo, optemos por descartar o modelo corporativo industrial) ou que produzamos como protesto contra, por exemplo, as péssimas condições de trabalho dos operários nas fábricas de roupas e a degradação da qualidade ambiental, porque o artesanato permite controlar mais de perto as condições de produção e a procedência do material.

Em todos esses contextos, o artesanato é claramente político. É uma expressão de valores de produção, relações de poder, tomadas de decisão e pragmatismo. Seu viés político talvez seja percebido com mais nitidez no novo lugar que o trabalho com agulhas vem conquistando na vida das mulheres nos últimos cinquenta anos. Há apenas duas gerações, o tricô, o bordado e a costura eram parte das tarefas e obrigações domésticas, mantendo "ocupadas as mãos ociosas" das mulheres. Em contrapartida, na última década, em condições materiais, laborais e socioculturais muito diferentes, o trabalho com agulhas passou a ser reivindicado por mulheres como ato feminista de libertação, não como trabalho opressor. Foi recuperado como ato prático, prazeroso, expressivo e criativo em si mesmo. E, hoje, é por vezes considerado parte da "nova domesticidade", em que se traz significado a uma sociedade dominada por produção em massa e produtos acabados, cada vez com menos espaço e tempo para os *hobbies*.

O artesanato como ativismo

Richard Sennett descreve o significado e a contribuição do artesanato para a sociedade como "a condição humana especial de estar engajado", e algo que reflete um processo prazeroso em vez da ação de simplesmente fazer que as coisas funcionem.[13] Ele continua: "Em seu ápice, a técnica já não é uma atividade mecânica; as pessoas podem ter uma sensação de plenitude e refletir profundamente sobre o que estão fazendo, quando o fazem bem". Assim, o artesanato combina mãos e mente, dando vida aos pensamentos mediante a ação. No nível da especialidade, quando sentimentos e pensamentos estão abertos ao máximo, revelam-se questões éticas, políticas e ambientais. É nesse contexto que surge o termo *craftivism*, um neologismo que designa o artesanato (*craft*, em inglês) como agente de mudança na cultura material, política e social, descreve o papel do trabalho prático participante e o modelo de negociações sobre consumo, produção industrial, igualdade, condições ambientais, individualismo e materialismo, entre outras questões, e combina questões políticas e ação prática.

O interesse por esse artesanato politicamente engajado tem crescido depressa, conforme demonstra o Craft Lab, novo centro criativo com ênfase em promover o fazer crítico, no California College of Arts,[14] e a exposição extremamente popular Craftwerk 2.0: New Household Tactics for Popular Crafts, na Suécia.[15] Independentemente do interesse acadêmico pelo artesanato como ativismo, seu poder como agente de mudanças emana do grande envolvimento do público, em que, por exemplo, os usuários participam do habilidoso processo de construir peças que são mais do que a soma de suas partes. Para trabalhar assim, os usuários devem ter autoconfiança, consciência reflexiva, conhecimento prático e capacidade de operar em modos de organização social diferentes do *status quo*. A técnica prática surgida da experiência serve para influenciar uma agenda econômica e social que prefira a qualidade à quantidade, a confecção ativa ao consumo passivo, a autonomia à dominação, e a rebelião à aceitação. Tais práticas podem ajudar os usuários a participar da moda em nível mais profundo do que como consumidores e a se conectar com os materiais, as habilidades e a linguagem necessários para a criação de objetos físicos e um admirável mundo novo de ideias sustentáveis.

A jaqueta curta de Elisheva Cohen-Fried é desenhada com extensões tricotadas sem agulhas, que a usuária agrega depois de comprar a peça. Tem passadores estratégicos para receber as partes tricotadas, e a criatividade é despertada por meio da mais simples das técnicas de artesanato: o tricô feito com os dedos. A peça convida a usuária a ser mais que consumidora de produtos comerciais, levando-a a participar como codesigner, conferindo arte e personalidade à peça e adquirindo habilidades manuais durante o processo. Além disso, em um mundo de usuários com poucos talentos, esse conceito permite que a contribuição criativa seja facilmente alcançada sem ferramentas especializadas e até mesmo em nosso estilo de vida moderno acelerado: no ônibus, no trem ou no táxi, durante um voo...

A jaqueta curta de Elisheva Cohen-Fried, com extensões tricotadas com os dedos, começa a reintroduzir o trabalho manual em um estilo de vida moderno e acelerado.

Intervenção

Alinhadas com a natureza fortemente política das ações de design participativo, a intervenção e a produção de moda podem aumentar a promessa de envolvimento com uma roupa, ao desafiar o controle e o poder do sistema da moda. A manipulação de uma peça pode proporcionar solução rápida ou engenhosa para uma questão específica, como o caimento; a intervenção pode envolver a modificação de um artigo, de seu processo de produção ou de sua publicidade e semiótica, para subvertê-la com fins políticos, ou, em termos mais práticos, para dar aos usuários acesso a funções que do contrário estariam indisponíveis.

Ação direta

A intervenção, na moda, apropria-se da linguagem e da prática dos *hackers* de computação, que decodificam produtos eletrônicos comuns, modificam softwares e parodiam e sabotam websites, entre muitas outras atividades. Em sua forma mais positiva, os *hackers* investigam como a ação direta eletrônica poderia atuar para a mudança (tecnológica), combinando habilidades de programação com pensamento crítico. Embora esteja associado a atos mais destrutivos em uma ampla gama de questões e ideais políticos, até mesmo em tentativas maliciosas de minar a segurança de indivíduos, estados e corporações, o *hacking* eletrônico é visto principalmente como uma atividade produtiva, não destrutiva. O sistema *hackeado* deve continuar funcionando, para que a intervenção seja um sucesso. Seu objetivo não é danificar um sistema e desativá-lo, mas construir algo a mais no sistema ao qual se acopla: "O *hacking* é o domínio sobre um sistema, mas normalmente não tem má intenção. Embora de fato toda intervenção pressuponha uma invasão, um aspecto central do *hacking* (diferentemente das atividades de *cracking* e *breaking*, ou quebra e invasão de um sistema de segurança) é a construção e a modificação construtiva".[16]

Mantendo a energia ativa

Em sustentabilidade, o modelo para entender e organizar a sociedade é ecológico e baseado em redes. Da mesma maneira, quase todas as atividades participativas e de design colaborativo podem ser entendidas como estruturas horizontais em rede. As redes propõem estruturas alternativas para a prática, e é alterando e ajustando as redes e redirecionando as energias do sistema que os *hackers* encontram seu lugar. Otto von Busch, o principal instigador de trabalhos sobre intervenção na moda, descreve uma das funções desses *hackers*: "As tendências ditadas por Paris, Londres, Tóquio, Milão ou Nova York podem ser interceptadas, ajustadas e ganhar novo propósito [...] Não contra a magia inerente à moda, mas redesenhando seus fluxos e canais. Mantendo a energia ativa".[17] Isso exige ação de indivíduos, mudando o modo como se vestem, modificando e agrupando peças, e mais que isso: pode levar a mudanças nas comunidades e nas formas como a moda é comunicada. Pois, quando é manipulado, um sistema deve "fazer novas coisas, valendo-se explicitamente das forças e da infraestrutura existentes no sistema para promover a mudança".[18] Os tênis da Black Spot, por exemplo, convidam cada comprador a contribuir com ideias para a estratégia de marketing do produto, no qual se reserva um espaço em branco específico para receber um logotipo criado pelo usuário, o que aciona mecanismos existentes e aceitos para inverter o fluxo usual de poder. Aqui, as implicações vão além das mudanças em produtos físicos e incluem pessoas e comportamentos.

A intervenção é focada tanto no processo quanto nos resultados; a atividade, em si mesma, tem uma elegância assim descrita pelo jornalista Steven Levy: "O feito deve estar imbuído de inovação, estilo e virtuosidade técnica".[19] Isso situa a intervenção definitivamente no território do design e das ações de design colaborativo em particular, que têm uma preocupação similar com a técnica ou o processo. As próprias atividades de intervenção são potencialmente abrangentes e, de acordo com a cientista social Anne Galloway, podem envolver:[20]

- acesso à tecnologia e conhecimento a respeito (transparência);
- promoção de autonomia dos usuários;
- descentralização do controle;
- criação de beleza e superação de limitações.

O processo e o resultado da "intervenção" no processo de fabricação de sapatos artesanais na fábrica Dale Sko, na Noruega.

Intervenção em um contexto de moda

Como na maioria das formas de prática engajada, o desafio na intervenção é criar algo que supere as intenções originais do design as quais podem ser focadas no produto, no processo ou abranger todo o sistema. Isso ajuda a diferenciar a intervenção da customização, por exemplo, que geralmente trabalha dentro do marco do design original. Em sua tese de doutorado, Otto von Busch dá forma ao que algumas dessas coisas podem significar na moda:

> *Poderiam ser qualquer coisa, das relações entre produtos e serviços na forma de butiques de reciclagem iguais a barbearias, à oferta de ajuda com remodelagem e de infraestrutura para a rápida renovação de roupas. Poderiam ser oficinas vinculadas aos currículos de educação artística no ensino médio. Poderiam ser livros gratuitos do tipo "faça você mesmo", criados com a colaboração dos melhores designers da alta-costura. Poderiam ser projetos explorando a plena extensão da participação do usuário, desde uma variedade de kits do tipo Lego até oficinas compartilhadas para a coprodução dentro de lojas de roupas. Poderiam ser novas formas de Swap-O-Rama-Rama [bazares de troca e customização de roupas, nos quais são criados e compartilhados cenários completamente novos, e se interseccionam ampla gama de estilos e produção de alta qualidade.[21]*

O projeto de intervenção na fábrica de calçados Dale Sko, na Noruega, foi um experimento de três dias, em 2006, que explorou as forças em jogo entre a moda globalizada e a produção local de calçados em pequena escala, usando modelos de design colaborativo. O projeto levou designers de moda noruegueses para uma pequena fábrica de calçados com cem anos de história, que, devido às pressões do mercado globalizado, fora reduzida a uma pequena unidade produtora de uma linha de calçados artesanais. O objetivo era reformular e manipular (*hackear*) fluxos e funções do design e da produção, permitindo que os designers compreendessem melhor os limites e a capacidade da produção e dos produtores de calçados. Isso facilitou o acesso à capacidade criativa e de negócio despertada pela criação de calçados e pela combinação de modelos existentes com novos materiais e processos. O resultado foi uma coleção de calçados e um modelo de negócio revigorado para a empresa, em que há uma contínua colaboração entre a fábrica e os designers que participaram da intervenção. Aqui, tanto o sistema da moda quanto a produção de calçados ganham novo rumo, ao mesmo tempo como tradição e como criação em pequena escala.

TRANSFORMANDO A PRÁTICA DO DESIGN DE MODA

Sozinhos, os designers não são capazes de promover uma economia estacionária, mas podemos começar a usar a economia para fins sustentáveis, em vez de deixar que a economia nos use para o crescimento econômico.

Ann Thorpe

Os designers influenciam e modelam nosso mundo material. A maior parte dos trabalhos de design está intimamente relacionada com a agenda comercial de transformar matéria e energia em produtos e produtos em resíduos, em quantidades cada vez maiores, para garantir aumento das vendas e crescimento do negócio. Mas essas atividades, consideradas "lógicas" dentro dos grandes modelos econômicos, são, ao mesmo tempo, vistas por crescente número de pessoas como o principal fator que inibe profunda e abrangente mudança rumo à sustentabilidade. As próprias atividades e os padrões de pensamento associados estão na raiz de muitos problemas ambientais e sociais. Entendendo essas influências sociais e culturais, podemos compreender melhor os desafios que a sustentabilidade impõe aos negócios em geral e aos designers em particular. De fato, o design está hoje em um ponto de "inflexão": forças econômicas, ecológicas e socioculturais maiores obrigam à reanálise dos sistemas de valor predominantes no design e dos lugares em que as habilidades de design são tradicionalmente aplicadas.[1] Como resultado dessa reflexão, os designers começam a explorar seu potencial para transformar as coisas de maneira talvez imprevista.

Colocadas a serviço de objetivos que vão além do comércio, as ideias e habilidades dos designers deram novo impulso à prática de design na era da sustentabilidade. Mas, quando passam a questionar seu papel tradicional nas empresas e na sociedade como um todo, os designers descobrem que não é tão fácil se afastar da cultura dominante de consumo. Buckminster Fuller anotou que, "conforme se fica mais e mais superespecializado, gesta-se especialização [e] gerar especialização também extingue adaptabilidade".[2] Um abandono radical do design consumista é, portanto, difícil de alcançar. Ao encontrar uma forma de influenciar as empresas para as quais trabalhamos rumo à sustentabilidade, nós, designers, muitas vezes enfrentamos um muro de sistemática resistência. Mas, se os esforços de um designer comercial forem capazes de influenciar minimamente o modelo de negócios dominante, a escala abrupta de mudança pode ter um efeito muito positivo. Em contrapartida, um pequeno negócio de design também pode ser eficaz agente de mudança, já que essas estruturas menores são ágeis e adaptáveis e podem apresentar modelos de negócio inéditos que, com o tempo e em conjunto com outros, influenciam a cultura dominante. De fato, há muitos exemplos, como a revolução digital, em que a inovação começa pequena e leva a uma megatendência nos negócios, até enfim reestruturar a paisagem competitiva. Dan Esty, professor de Direito Ambiental na Faculdade de Direito de Yale, vê a sustentabilidade como uma de tais megatendências de negócio – "um valor social que não vai desaparecer".[3]

Conforme se edifica o desejo dos designers de apoiar esse "valor social", também surge a percepção de que esse nível de mudança é maior do que qualquer empresa ou sistema de negócio, pois as questões de sustentabilidade vão além das fronteiras de corporações ou disciplinas individuais. Para descobrir como relacionar a sustentabilidade com a prática do design, é preciso desvelar potenciais em contextos não convencionais (ver figs. 12 e 13). Pisar em outros setores da economia – e até revisitar setores existentes com uma nova perspectiva – cria mais oportunidades para que os designers apliquem suas habilidades profissionais em benefício da sociedade e da ecologia.

FIGS. 12 E 13

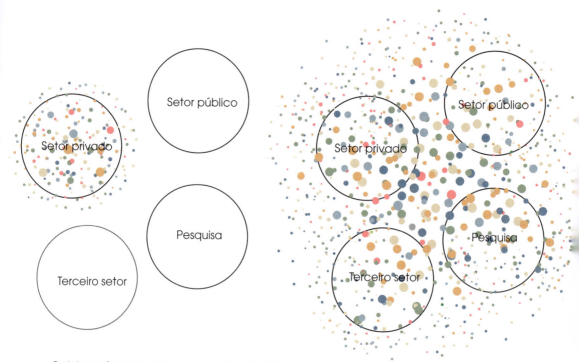

Os designers não precisam limitar-se a uma só área de atividade. Podem usar suas habilidades em todos os setores econômicos e em áreas intermediárias, para promover mudanças mais eficazes rumo à sustentabilidade.

Quando mais designers começam a povoar outros setores da economia, tendem a surgir padrões totalmente novos de design, consumo e comportamento,[4] pois a gama de questões e informações às quais os designers se expõem é muito mais ampla do que a proporcionada pelo foco estrito no negócio e no mercado, e isso inevitavelmente permeia a prática. Essa nova maneira de trabalhar torna os designers muito mais envolvidos com a cultura e a sociedade e suas instituições, e, no longo prazo, pode criar oportunidades para que eles liderem mudanças sistêmicas. As páginas a seguir, portanto, apresentam exemplos iniciais de novas funções, padrões de comportamento e oportunidades que os designers já exploram, ao se engajar no processo de sustentabilidade. Esses exemplos demonstram que os especialistas em criar e produzir objetos estão descobrindo novas formas de atuar – como comunicadores, educadores, facilitadores, ativistas e empreendedores. Ilustram a integração de novos valores à cultura dominante do design e prometem ampliar a esfera de influência do designer,[5] criando oportunidades para um trabalho significativo e o bem-estar pessoal, profissional, social e ecológico.

Capítulo 15: O designer como educador-comunicador

Uma sociedade que fala de produtividade, mas raramente usa a palavra "resiliência", vai se tornar produtiva, não resiliente. Uma sociedade que não entende ou usa a expressão "capacidade de carga" excederá sua capacidade de carga. Uma sociedade que fala de criar empregos, como se isso fosse algo que só as empresas fazem, não inspirará a maioria das pessoas a criar empregos para si mesmas ou para qualquer outra.

Donella Meadows

No ciclo de produção e consumo de moda, as iniciativas de sustentabilidade foram, até agora, lideradas pela indústria – os produtores de roupas de moda. As pessoas que trabalham em empresas e, em especial, exercem funções técnicas e de responsabilidade social corporativa detêm consideravelmente mais conhecimento sobre os impactos ecológicos e sociais das peças de indumentária que o consumidor. Mas esse conhecimento raras vezes ultrapassa os limites das funções técnicas da cadeia de fornecimento e chega à sociedade. O escopo do que é comunicado por uma empresa de moda é definido pela imagem da organização, por sua cultura corporativa, sua base de consumidores e, de maneira crucial, sua obrigação de vender produtos. Para uma empresa de roupas para esportes ao ar livre, por exemplo, divulgar informações sobre questões ecológicas pode ser natural.

É mais fácil imaginar as conexões com um ecossistema quando você caminha por uma floresta ou escala um penhasco. Para uma marca de moda, porém, a ecologia está muito distante da interface normal de uma empresa com seus consumidores, pois se entende que a moda liga as pessoas a sistemas culturais, não naturais. Para esses produtos, a eventual inovação em sustentabilidade é apresentada como ferramenta para diferenciação da marca, com a intenção de levar a aumento de vendas. A comunicação em torno da sustentabilidade é, portanto, reduzida a meros *slogans* sobre produtos existentes, com qualidades ambientais ou sociais limitadas. Trata-se de comunicar em uma etiqueta ou *outdoor* os atributos "sustentáveis" de um produto "mais verde" a um consumidor "pré-ecológico",[1] carente de conhecimento ou consciência sobre a sustentabilidade. Isso perpetua a compreensão insuficiente sobre a possibilidade de reinvenção da indústria da moda, para que ela se adapte aos sistemas naturais da Terra no longo prazo.[2]

Consumidores ou cidadãos?

Hoje, todas as empresas falam com seus clientes como consumidores; dificilmente alguma também se dirige a eles como cidadãos ativos. Poucas dão a seus clientes ferramentas ou chances para fazer perguntas e construir conhecimento sobre a capacidade de carga ou os ciclos de recursos de um ecossistema. Um número ainda menor se vê no papel de ajudar os consumidores a interrogar as estruturas subjacentes que definem nossa sociedade. Para que as ideias e práticas de sustentabilidade transformem por completo o setor da moda, é preciso que se desenvolva um movimento mais profundo e abrangente de comunicação e educação, para que a população geral seja "alfabetizada" acerca dos sistemas ecológicos e naturais e suas interconexões com os sistemas humanos. É aqui que surge a oportunidade para que os designers comuniquem de novas maneiras uma visão de moda e sustentabilidade e forneçam instrumentos, exemplos, habilidades e linguagens para amplificar uma voz coletiva, a fim de que uma mudança profunda chegue mais depressa ao setor.

A comunicação mais efetiva nem sempre se manifesta em um visual tradicional ou em formas bidimensionais, e a educação muitas vezes funciona melhor quando não está confinada a uma sala de aula. Pode assumir a forma de novos protótipos de negócios, com uma perspectiva diferente sobre a moda, ou de produtos e serviços que interrompem as formas de pensar atuais e ao mesmo tempo criam novas formas; oficinas práticas, competições na internet e chamados à ação. Quando os designers começam a trabalhar fora dos moldes usuais da cultura corporativa, há poucos limites.

Modos alternativos de conhecer

A construção de conhecimento por meio da experiência – confeccionando peças de indumentária, vendo imagens ou filmes ou participando de excursões, por exemplo – é reconhecida no campo da investigação cooperativa como uma das "quatro formas de conhecimento" usadas para explicar como discernimos algo que está além do alcance tradicional dos estudos científicos e acadêmicos. Essas quatro formas são: experiencial, testemunhal, proposicional e prática. Afirma-se que têm mais valor quando se apoiam umas nas outras, isto é, quando "nosso conhecimento é fundamentado em nossa experiência, manifestado por nossas histórias ou imagens, compreendido por meio de teorias que fazem sentido para nós, e expressado em ações válidas em nossas vidas".[3] Aqui, o papel do designer como comunicador é obter informações abstratas, muitas vezes ineficazes para promover a ação, e torná-las reais e adequadas, para desencadear novos comportamentos.

O Permacouture Institute, fundado pela artista e designer Sasha Duerr, por exemplo, organiza oficinas de tingimento em que os participantes saem à procura de plantas e preparam banhos de tintura para colorir seus tecidos e fios. Essas trocas criativas culminam em um jantar organizado com base nas mesmas plantas, que são usadas como ingredientes na refeição, associando assim alimentos, fibras e artigos têxteis. Ao pegar carona em algo que já é compreendido e aceito – comer alimentos localmente produzidos e planejar cardápios com base na disponibilidade sazonal dos ingredientes –, Duerr sugere que fibras, cores e vestuário também poderiam ser direcionados conforme se tornam localmente disponíveis, a cada estação. Os eventos são uma combinação de atividade e criatividade, e o conhecimento adquirido fica com o indivíduo, abrindo-lhe a mente para a possibilidade de que roupas voltem a se conectar com ciclos e sistemas naturais.

As visitas a áreas agrícolas do Sustainable Cotton Project (SCP) (ver p. 160) conectam os participantes da indústria da moda com os sistemas naturais de uma maneira totalmente diferente. O SCP é uma ONG que trabalha com agricultores californianos, ajudando-os na transição para sistemas de cultivo de algodão à base de técnicas biológicas. Todo mês de outubro, as visitas do SCP chegam no pico de atividade da época de colheita no vale de San Joaquin, na Califórnia. Os participantes vivenciam temas frequentes de sustentabilidade: questões de escala, a presença humana sobre a terra, a influência da economia e dos sistemas comerciais, o uso de recursos naturais, comunidades rurais em dificuldades e agricultores de pequena escala, entre outros. Os visitantes provêm de toda a cadeia de fornecimento da indústria da moda e também do setor agrícola – agricultores e especialistas, corretores, designers, pessoal de produção e vendas, compradores, repórteres e ativistas. Agrupados em um novo ambiente, onde podem se interrogar mutuamente, descobrem que as percepções que alimentam posições polarizadas e simplistas muitas vezes se dissipam. As pessoas reconhecem sua posição coletiva dentro de sistemas ecológicos e econômicos mais amplos, e as conversas passam dos dólares e centavos do marketing e do negócio a mecanismos e ideias que facilitem mudanças na cadeia de fornecimento e nas práticas de cultivo.

O designer gráfico Roberto Cara, o escritor Dan Imhoff e a designer de moda Lynda Grose desenvolveram as ferramentas de comunicação usadas pelo SCP. Esses materiais extremamente valiosos atraem o setor da moda, além de incorporar dados científicos e aplicá-los ao contexto da moda para que seja possível compreendê-los e utilizá-los. Uma dessas ferramentas é uma "calculadora de algodão" (ver fig. 14), que traduz quilos de fibra (na linguagem dos agricultores) em unidades de peças de indumentária (na linguagem do setor da moda) e cria uma ponte entre os mundos da agricultura e da confecção.

FIG. 14 CALCULADORA DA CLEANER COTTON PARA CONVERTER PESO EM PRODUTOS

Peso de tecido dividido por 36 polegadas = peso por polegada quadrada

Peso por polegada quadrada × largura de tecido = peso por jarda quadrada

Peso por jarda quadrada × rendimento para o produto = peso do produto

Acréscimo de 10% de resíduos = peso total do produto

Em seu vídeo interativo "Mirror/Africa", de 2008, a artista Nicole Mackinlay Hahn promove a conscientização para melhorar o comércio, a conservação e o desenvolvimento restaurador na cadeia de fornecimento da moda africana. O vídeo, primeiramente exibido na loja de departamentos norte-americana Barneys New York, usa imagens de agricultores, artesãos e operários – e seu continente e cultura – para comunicar onde os itens se originaram ou foram produzidos. Usando etiquetas RFID colocadas em itens selecionados pelos designers, um consumidor pode escanear uma peça de roupa, e um espelho na instalação em vídeo "reflete" um videoclipe de algum lugar na cadeia de fornecimento – Madagáscar, Quênia, Lesoto, Mali, Uganda, Suazilândia, Tunísia, Gana ou África do Sul. O objetivo do "Mirror/Africa" é tentar conectar emocionalmente o consumidor com "o coração e a alma" por trás de grande parte da cadeia de valor do design de moda, e assim personalizá-la novamente.

Acima: O evento Sheep and Weeds, na August Shop em Oakland, Califórnia, foi uma colaboração entre Sasha Duerr, que se dedica a tingir tecidos, Ashley Helvey, que faz trabalhos com feltro, e o *chef* Jerome Waag, inspirada no Dinners to Dye For, do Permacouture Institute.

Acima, à direita: Arte na parede de Sasha Duerr. A erva-doce, um dos ingredientes do jantar, forneceu o corante.

Abaixo: Algodão, plantado com cerca viva de milho e girassol, cultivado como parte de um sistema biológico de gestão integrada de pragas, observado em visita a áreas agrícolas organizada pelo Sustainable Cotton Project.

Ao lado: A videoinstalação Mirror/Africa, de Nicole Mackinlay Hahn, informa os consumidores sobre a cadeia de fornecimento da moda na África.

Capítulo 16:
O designer como facilitador

Design não é uma profissão, e sim uma atitude.
László Moholy-Nagy

As habilidades requeridas dos designers profissionais – como se sentir confortáveis com o desconhecido, sintetizar informações complexas, trabalhar de forma transdisciplinar e fazer abstrações intuitivas – são similares, em escopo e natureza, a muitos dos desafios apresentados pela sustentabilidade. Todos tendem a estar fortemente interligados, não conhecem fronteiras disciplinares ou industriais e, muitas vezes, querem que observemos e compreendamos as questões de diferentes maneiras. Esses vários pontos em comum indicam que o pensamento e as habilidades do design estão em excelente posição para responder aos desafios de sustentabilidade e, ao fazê-lo, oferecer muitas novas oportunidades para os designers. Certamente, as práticas de design "tradicionais", como fazer croquis, construir protótipos e confeccionar peças, continuarão a existir; mas haverá muito mais ênfase em "desenhar" atividades, ideias e plataformas dos sistemas, e comportamentos que definem nossa indústria como um todo. Os designers de moda passarão do trabalho na cadeia de fornecimento para o trabalho no "centro" de mudança, usando suas habilidades de forma diferente,[1] vislumbrando mudanças, organizando-as e permitindo que algo diferente aconteça. Os designers atuarão como facilitadores.

Possibilitando ação e mudança

Esse novo papel dos designers como facilitadores pode assumir várias formas, desde desenvolver estratégias para transformar a indústria e o negócio da moda, até ser um "facilitador prático e um provocador criativo nas ruas",[2] com a função de orquestrar a mudança, criando oportunidades para que as pessoas trabalhem de maneira completamente nova. Em muitos contextos, esse papel é mais complexo que as atividades de design tradicionais e requer negociação intensa e manobras perante os interesses dos investidores, além de ações práticas. É, também, imprevisível, e produz resultados que podem não se adequar às normas de design tradicionais. Pois o papel de facilitador tende a enfatizar o processo, em detrimento do resultado, e redesenha as fronteiras do ego dos designers, por entender o "sucesso" como consequência de esforço coletivo, não de talento isolado.

Design colaborativo

Uma das imersões mais completas na prática do designer como facilitador é o design colaborativo (discutido na p. 144). Aqui, o usuário desenha e confecciona roupas para o próprio consumo, em um processo facilitado por alguém experiente nos detalhes práticos e técnicos de transformar ideias em produtos. O designer "profissional" apoia os "codesigners", tanto na elaboração de conceitos quanto na confecção prática e também na promoção de uma mudança completa em seu pensamento e comportamento, visto que passam de consumidores a cidadãos ativos. Essa passagem implica um senso cada vez maior de responsabilidade e interação, à medida que os "direitos" do consumidor dão lugar a uma combinação dos "direitos" e "deveres" do cidadão; é uma jornada que, de maneira positiva, envolve os indivíduos com suas roupas em termos práticos, políticos e emocionais, e isso se faz notar em cada peça que é vestida.

Intercâmbio de roupas

Também promovendo um senso de responsabilidade estendida do consumidor, "os intercâmbios de roupas" facilitam o acesso a roupas novas (isto é, novas para o usuário) por meio da troca de peças. Nesse caso, a função do designer é configurar um processo viável para o intercâmbio e preparar um evento que crie uma "experiência" de moda que, ao menos em alguns aspectos, venha a satisfazer necessidades de identidade, comunicação e criatividade, sem perpetuar o ciclo de produção e consumo de recursos virgens.

Os intercâmbios de roupas realizados profissionalmente são hoje uma prática comum, e na maioria das vezes giram em torno de um evento divertido e sociável. As regras do intercâmbio variam de um evento para outro. Na Austrália, a Clothing Exchange, iniciada por Kate Luckins em 2004, estipula um limite de seis trocas por pessoa. As roupas devem estar limpas, passadas e em boas condições, passíveis de ser valorizadas por outros, preservando assim a qualidade das peças para todos. Para cada peça que trazem, os participantes recebem uma ficha que pode ser trocada por outra peça.

Já na Swap-O-Rama-Rama (criada por Wendy Tremayne nos EUA, em 2005), não se estipula limite para o que pode ser trazido ou levado, e o evento é complementado por oficinas do tipo "faça você mesmo", nas quais os participantes podem explorar a reutilização criativa das roupas. Em estações de costura, designers capacitados ajudam os participantes a modificar seus "achados"

Evento de intercâmbio de roupas da Clothing Exchange, em Melbourne, na Austrália.

e também a aprender habilidades como bordado, tricô e crochê. A noite termina com um desfile participativo na passarela, dando aos participantes uma chance de mostrar suas descobertas, exibindo o trabalho dos designers locais que trabalharam no evento e oferecendo uma oportunidade de contar e ouvir histórias sobre os itens trocados para construir mais vínculos emocionais. A Swap-O-Rama-Rama também proporciona aos participantes a oportunidade de cobrir a marca da peça original com uma nova etiqueta. As etiquetas "100% Reciclado" ou "Modificado por Mim" celebram a criatividade coletiva da comunidade do "faça você mesmo" e subvertem o poder político e o *status* social de produtos que antes tinham uma marca industrial. Outra variação no formato dos intercâmbios de roupa são as trocas organizadas por empresas de comércio eletrônico ou por autoridades locais, como parte de uma estratégia de redução de resíduos (como no caso do Islington Council, em Londres); o conceito popularizou-se graças a uma série de televisão da BBC apresentada pela modelo Twiggy, dos anos 1960.

Pronto para usar versus prontidão para fazer

Atuando como facilitador em outra frente, o designer Otto von Busch produz "coleções" de moldes, instruções e dicas de costura para promover a confecção de roupas e o desenvolvimento de habilidades.[3] Fazendo uso do poder cultural e da influência da linguagem e das imagens da moda, os "livros de receitas" e a "reciclopédia" de Von Busch conectam as roupas feitas em casa com o poder simbólico da criação de moda, e subvertem o sistema de um modo estilístico que este compreende. Os "livros de receitas" tentam mudar a atitude com relação à moda, que deixa de ser vista como algo "pronto para usar" e passa a ser encarada como "prontidão para fazer", acarretando um processo que promove crescimento pessoal, desenvolvimento de habilidades e autonomia dos indivíduos por meio da confecção de roupas. O papel aqui exercido pelo designer é virar do avesso as estruturas estabelecidas do poder consumista, e colocar em ação um programa de treinamento específico para habilidades de costura, capaz de semear uma atitude positiva e construtiva para com a moda – expressada de maneira mais diversificada do que aquilo que pode ser comprado e consumido nas grandes lojas. As comunidades *on-line* que surgem desse tipo de projeto empírico rompem as estruturas tradicionais de produção e consumo de moda. A "reciclopédia" de Von Busch, disponível gratuitamente para *download* na internet, logo inspirou oficinas em outros países – um conceito impensável há apenas alguns anos.

O designer como intensificador

As oportunidades para que os designers atuem como facilitadores podem assumir uma variedade de formas. Uma é simplesmente reconhecer e intensificar a possibilidade de um "bom" trabalho. A Local Wisdom, projeto de moda em andamento na Inglaterra, busca celebrar a "arte" do uso – isto é, as práticas de usar peças de indumentária de maneira engenhosa e gratificante. O resultado são várias histórias e imagens que descrevem como os indivíduos usaram a criatividade para melhorar a própria experiência de moda com as roupas que eles já possuem. A Local Wisdom registra, em "sessões" fotográficas na comunidade, histórias de membros voluntários do público. As práticas que surgiram até agora incluem: modo

CAPÍTULO 16: O DESIGNER COMO FACILITADOR   165

como as pessoas mantêm as peças em uso por mais tempo; comodidades e intensidade emocional associadas com o ato de compartilhar uma peça; razões múltiplas e sutis que nos dissuadem até mesmo de lavar nossas roupas. A arte do uso normalmente fica de fora das ideias industriais ou comerciais sobre o que é – ou deveria ser – sustentabilidade; surge, ao contrário, dos "saberes" culturalmente incorporados de economizar, prover o lar e cuidar dos seres queridos. Essas práticas normalmente requerem pouco dinheiro ou materiais, mas se valem de uma abundância de experiências, criatividade e livre pensamento, para abranger atividades que raramente são reconhecidas e nunca chegam às passarelas ou às pautas políticas ou de negócios.

O projeto Local Wisdom entende essas atividades como parte de uma nova prosperidade na moda, fora do modelo de crescimento predominante na economia e nos negócios. Nesse espaço, a sustentabilidade na moda está associada à ação na vida cotidiana. Mas o projeto também pode ter aplicação comercial, pois a arte do uso alimenta a indústria com vários pontos de partida, ideias e exemplos pragmáticos de maneiras mais gratificantes de usar os recursos de moda, dissociando a produção material do sucesso comercial.

Oficina de recondicionamento de roupas na Kernel Gallery em Atenas, na Grécia, usa a "reciclopédia" de Otto von Busch.

FEITO EM CASA: Fácil de consertar – "Este vestido eu comprei em um brechó e alguém o costurou em casa. Tinha um monte de rasgos e defeitos, e então eu levei para casa e coloquei um zíper novo e [...] como é feito em casa [...] se rasgar, se descosturar, é muito mais fácil de consertar, porque não é costurado com máquina overlock. Cai perfeito em mim, e eu adoro."

As técnicas de corte e costura industrial produzem uma peça de roupa tão acabada que parece completa em si mesma, fechada à improvisação que vem "de fora". Mas o desenho e a confecção de peças em casa são mais como um trabalho em andamento, aberto a adaptações e consertos, que permite a construção de conhecimento sobre como as coisas são feitas.

Sustentabilidade social e cultural

Compreender a relação que os usuários têm com as roupas é uma forma eficaz de levar as teorias e ideias de pesquisa sobre uso mais gratificante da moda para fora das universidades, bem como de levar os protótipos (construídos com base nessas teorias e em investigações empíricas) para fora dos ateliês, trazendo-os à comunidade, onde podem estimular o debate. Essa atividade vê os artefatos como ferramentas complementares de pesquisa que ajudam a revelar atitudes e costumes sociais, ao mesmo tempo que testam e ressignificam os próprios artefatos. Também permite que os designers nos ajudem a encontrar maneiras de romper a associação entre o lucro e a venda de mais produtos. Esse tipo de pesquisa é uma extensão natural do pensamento baseado em ciclos de vida, expandindo as atividades e o foco do design para incluir não só a sustentabilidade do produto, como também a sustentabilidade social e cultural, e envolvendo, além dos especialistas da indústria e do design de moda, os usuários-cidadãos.

Em muitos aspectos, então, ao assumir o papel de facilitador, um designer atua para influenciar cursos de ação dentro do sistema de moda existente e a própria estrutura do sistema. Desse modo, sua ação afeta não só os produtos, processos e práticas, como também a economia, as relações de poder, as preferências de negócios comerciais, as estruturas de produção estabelecidas, e assim por diante. Isso une visão e habilidades práticas para, com a colaboração de outros, mudar o setor da moda em sua raiz.

Ao lado: A história e a imagem de um vestido feito em casa que, por não ser costurado com máquina *overlock*, é muito mais fácil de consertar; parte do projeto Local Wisdom.

Capítulo 17:
O designer como ativista

Precisamos não só nos tornar peixes mais fortes nadando contra a corrente,
precisamos mudar a corrente.
James Gustave Speth

Os ativistas defendem – e praticam – ações vigorosas, muitas vezes diretas, para alcançar fins sociais ou políticos. Para os designers engajados ativamente no processo de sustentabilidade, a prática costuma estar atenta aos objetivos econômicos, ecológicos e sociais, às vezes atuando para reconciliá-los, outras vezes tentando transformar um com o conhecimento de outro, e outras ainda contendo a tensão entre esses objetivos, para fomentar a mudança.

Os ativistas da moda podem atuar em muitos contextos, dentro e fora das instituições tradicionais do setor. Trabalhando na grande indústria, ser um ativista da sustentabilidade pode ser gratificante quando a empresa é "responsável" e aberta à integração de valores ecológicos em suas práticas. Nos últimos anos, muitos bons trabalhos foram desenvolvidos em grandes empresas, comercialmente focadas na moda, em que as diretrizes e o comprometimento da alta gestão possibilitam que se unam os defensores da sustentabilidade nas áreas de Responsabilidade Social Corporativa, as funções técnicas de produção e o design, para impulsionar a inovação. Aqui, o desenvolvimento tecnológico e a criatividade gerencial tendem a guiar a mudança, levando ao mercado materiais e produtos mais engenhosos, o que constrói e aprimora o perfil sustentável de uma empresa nos limites existentes de fazer as coisas.

Papéis dos designers ativistas

Mas a natureza intrinsecamente política do ativismo em prol da sustentabilidade, que critica a promoção dos objetivos de negócio por parte da indústria estabelecida, encontra pouca representatividade nas instituições dominantes, pois não importa o quão "responsável" uma empresa seja, sua direção no longo prazo é limitada pela ética dos negócios e das práticas econômicas convencionais. No fim das contas, os designers "responsáveis" podem se sentir coagidos e pressionados a fazer uma escolha entre expressar os próprios valores por meio de seu trabalho e garantir uma renda (seu emprego), o que nunca é uma decisão fácil.

Há uma série de papéis que os designers ativistas inventaram para si mesmos, a fim de contornar esse conflito de valores. Trabalhar de maneira independente é um meio de libertar-se da cultura corporativa estabelecida, e possibilita que os designers direcionem sua prática com base em sua ética e seus objetivos. Muitos consideram libertadora essa maneira autônoma, "*free*"-*lance*, de trabalhar. Em um contexto convencional, permite assumir uma variada gama de projetos em todos os setores da economia, o que proporciona diversidade e interesse à prática criativa. No contexto da sustentabilidade, permite que os designers "decidam se os produtos que eles são solicitados a desenvolver merecem sua atenção. Em outras palavras, se sua criação trará benefícios à sociedade ou não".[1]

Esferas pública e privada

Talvez a melhor maneira de fazer com que o design atue em benefício da sociedade seja combinar a contribuição dos setores público e privado, buscando ativamente oportunidades de design que abarquem a sociedade civil, o governo e as instituições comerciais. As qualidades e a capacidade de cada um desses atores para promover a transformação social são mais eficazes quando atuam em conjunto. As ONGs têm a confiança do público e podem fornecer pesquisas detalhadas para justificar os planos de ação propostos. O governo pode implementar mudanças e incentivos políticos que dirijam o comportamento dos negócios e ajudem a definir o mercado no longo prazo. As empresas privadas trazem inovação e têm a capacidade e a infraestrutura necessárias para fornecer produtos ou serviços e fazê-los chegar ao usuário final. Juntas, essas colaborações podem reunir os cidadãos, os negócios e os interesses públicos e ecológicos em um único esforço holístico.

Mas, na economia do livre mercado, os interesses corporativos são vistos como mais bem protegidos quando há mínima ou nenhuma interferência do governo. As corporações protegem veementemente sua capacidade de maximizar os lucros, contratam lobistas e advogados para influenciar as políticas em favor de sua visão e restringir o papel do governo como promotor de crescimento econômico. Na ausência de uma política intervencionista, a maior parte da responsabilidade pelo controle dos impactos sociais e ambientais de negócios mal regulados muitas vezes recai sobre as ONGs, que mal conseguem acompanhar a velocidade do crescimento corporativo e seus impactos. É grande, pois, a necessidade do trabalho de designers (que, portanto, têm muitas oportunidades) nesse setor da economia. Isso ficou evidente em recente estudo da Fundação Rockfeller, que incumbiu a empresa de design IDEO de pesquisar como a indústria do design poderia contribuir de forma mais efetiva para resolver problemas sociais. Os resultados indicaram que há dez possíveis projetos (ONGs) para cada pensador criativo.[2]

Apesar da costumeira polarização entre setor privado e terceiro setor, na última década algumas ONGs deixaram de incriminar as empresas e passaram a fornecer-lhes orientação e liderança sobre o tipo de mudança necessário. Hoje, algumas ONGs podem monitorar a cadeia de fornecimento, realizar pesquisas sobre os impactos ecológicos do negócio e facilitar a maior transparência no processo de produção, em parceria com o setor privado, não em oposição a ele. Ainda existe certa tensão entre o papel vigilante das ONGs parceiras e os objetivos fundamentais dos negócios, mas tal vigilância tem função positiva e estimula a implementação de padrões cada vez mais altos e ao mesmo tempo pragmáticos – uma dinâmica notadamente distinta da negatividade dos boicotes.

Colaboração entre grifes e ONGs

Sem dúvida, sempre haverá necessidade de que as ONGs forneçam munição contra corporações inescrupulosas. Mas os designers de moda podem ajudar a melhorar o desempenho ecológico e social da indústria de roupas, levando conhecimento prático do setor da moda para as ONGs. Entendendo os impactos do processamento de tecidos, as restrições de preço do mercado, e os limites e o potencial de uma forte cultura corporativa, e falando a mesma língua que as marcas parceiras, ajudam a construir empatia e confiança mútua, o que pode levar as grifes a ter mais franqueza e senso crítico com suas operações, em vez de estar sempre na defensiva com relação à mudança.

Foi o caso da designer Tierra Del Forte, que trabalhou para empresas como a Mudd Jeans antes de abrir o próprio negócio – a Del Forte Denim –, desenhando jeans de algodão orgânico de qualidade superior fabricado nos EUA. Tendo passado toda a sua carreira profissional no setor privado, Del Forte hoje trabalha para a ONG Fair Trade USA, onde lidera esforços para monitorar a cadeia de produção de roupas e garantir que os trabalhadores das fábricas recebam salários justos. De maneira similar, Patti Jurewicz formou-se como ilustradora/designer de moda e começou a trabalhar com artesãos na América do Sul, antes de obter um MBA e passar a gerente de produção no setor privado. Hoje, está de volta ao terceiro setor, trabalhando com a As You Sow, uma organização com sede em São Francisco que busca dialogar com os acionistas das empresas para suscitar um conjunto de valores que vai além da maximização dos lucros. Ela também lidera a campanha de boicote ao algodão do Uzbequistão nos EUA.

Os designers, na maioria, ressaltam que a experiência no terceiro setor lhes traz uma sensação mais profunda de satisfação, pois o que tentam alcançar com as próprias empresas ou em uma grande corporação pode ser levado a uma escala muito maior dentro das cadeias de fornecimento de várias marcas de uma só vez. Assim, são capazes de olhar para o contexto mais amplo, muito além de um produto e um mercado, e chegar às causas fundamentais de problemas sérios. Aqui, a prática de fazer design converte-se em "pensar" o design,[3] agregando profundidade e amplitude ao próprio processo criativo. Profundamente inserido na cadeia de fornecimento, o designer observa em primeira mão os impactos das decisões de design sobre a vida dos trabalhadores nos países produtores, e essas experiências inevitavelmente transformam a prática.

Designers que trabalham independentemente

Para alguns designers, fundar a própria ONG é a melhor opção para trabalhar de maneira independente. Desse modo, são capazes de escolher projetos segundo seus critérios e levantar fundos para financiá-los. Esse é o caminho que tomou a designer Mimi Robinson, ao fundar a Bridging Cultures Through Design (BCTD). Robinson trabalhou no setor privado e depois com a ONG Aid to Artisans, antes de criar a BCTD para fomentar o intercâmbio criativo entre artistas, designers e comunidades de artesãos. A BCTD conecta designers e artistas em países desenvolvidos a artesãos em países mais pobres, e cria pontes para os mercados como forma de gerar renda e melhorar a vida dos produtores. Atuando em conjunto com artesãos para desenvolver produtos, Robinson trabalha com projetos que têm continuidade no longo prazo – bem ao contrário das atribuições de projetos individuais que normalmente caracterizam os *briefings* de design. Com visitas frequentes às mesmas comunidades, hoje Robinson tem plena consciência dos recursos locais disponíveis, dos materiais à mão e dos talentos e habilidades de cada grupo de artesãos, e construiu uma relação com as comunidades baseada em anos de confiança mútua. O objetivo da BCTD é ligar os artesãos aos mercados locais e regionais, e, sempre que possível, estabelecer vínculos internacionais que complementem a renda gerada localmente. Robinson escolhe exportadores que compartilham o objetivo de apoiar o artesanato e as comunidades locais, e que entendem as complexidades e o ritmo do trabalho. Estabelecendo sólidas parcerias de trabalho, desenvolvendo a sensibilidade para lidar com as expectativas de produtores e consumidores em culturas totalmente diferentes, e preservando a capacidade de negociar relações complexas e construí-las no longo prazo, a designer começa a assumir verdadeiramente o papel de ativista.

    Atuar como negócio independente ou como ONG muda a natureza da prática do design. O projeto Fibershed, de Rebecca Burgess, é um exemplo. A partir do levantamento de fibras e plantas para tingimento disponíveis em um raio geográfico de 240 quilômetros de sua casa no norte da Califórnia, o projeto evoluiu para o mapeamento de fornecedores e criadores, documentando suas vidas e as comunidades locais, investigando as economias locais associadas à produção de fibras, e convocando artistas e designers da região para confeccionar, com essas fibras, roupas que vestiriam a própria Burgess durante um ano inteiro. A história pessoal de cada designer também é contada no website do projeto Fibershed, revelando-se a rede estendida de relações humanas, culturais e ambientais das peças – uma rede que continuaria totalmente desconhecida se este fosse um projeto de gestão de fornecedores com fins comerciais. O objetivo mais amplo do projeto Fibershed é que Burgess passe um ano inteiro vestindo apenas roupas feitas dessas fibras locais e confeccionadas por artistas e designers da região. Embora o projeto seja restrito ao norte da Califórnia, é planejado para criar um modelo replicável que possa ser usado como inspiração e apoio técnico por outras comunidades no mundo. O conceito ilustra aquilo que Rob Hopkins, fundador do movimento Transition Towns, chama de "nova ética" em nossa sociedade, onde a comunidade local é composta de muitas conexões internas, o

Bridging Cultures Through Design – aprendizado *in loco* na Associação Cojolya de Mulheres Tecelãs, Santiago, Atitlán, na Guatemala.

O Projeto Fibershed: cultivo de plantas de tingimento para colorir fibras obtidas no local.

que reduz a vulnerabilidade a forças externas, mas também se envolve com o mundo mais amplo, formando uma rede.

Trabalhando com o governo

Os designers ativistas, além de entrar em contato direto com fibras e plantas de tingimento, fabricantes e produtores, podem trabalhar de outras maneiras, até mesmo na esfera política, ajudando o governo a proteger os interesses da sociedade no longo prazo. Quando os governos realizam projetos de pesquisa e análise de impacto ambiental, para garantir que as políticas sejam bem fundamentadas, os designers podem logo aplicar tais estudos à prática e ajudar a acelerar sua ampla aceitação. Podem, também, instruir legisladores e fornecer importantes esclarecimentos sobre oportunidades de inovação para promover a sustentabilidade. De fato, o grupo parlamentar sobre moda ética da Câmara dos Lordes da Inglaterra estabeleceu em 2011 um fórum que reúne muitos designers e políticos para abrir tais canais de comunicação em torno de questões de sustentabilidade na indústria da moda. Os designers também participaram do desenvolvimento pelo governo de "mapas" ambientais (como os do país) para influenciar políticas de apoio a novos modelos de negócio e mercados e incluir outros valores além das considerações econômicas; e também podem ajudar a criar padrões universais para artigos têxteis e de vestuário que começam a conduzir toda a indústria, e os sistemas em que opera, rumo ao melhor equilíbrio da saúde econômica, social e ecológica.

Trabalhar com o governo, as ONGs e a sociedade civil pode parecer lento e custoso para os designers acostumados a implementar ideias no curto prazo. Mas consideremos o seguinte: o design a serviço de empresas, clientes e consumidores restringe o alcance de nosso trabalho, e também nossa influência, aos produtos e aos cronogramas do varejo, que duram algumas semanas ou, no máximo, um ou dois anos. Já o design a serviço do bem-estar dos cidadãos e do meio ambiente amplia o alcance de nosso trabalho a políticas e mecanismos que definem a própria lógica cultural da sociedade. Nesse contexto, a influência de um designer pode abarcar anos, décadas e até gerações, e ser essencial para o desenvolvimento de iniciativas que não têm a viabilidade financeira como única medida. Em vez de se tornar mais fortes, navegando em um sistema estabelecido (e defeituoso) com máxima integridade e, ainda assim, sentindo que contrariam seus princípios, os designers que trabalham na esfera política começam a confrontar e transformar o próprio sistema.[4]

Capítulo 18: O designer como empreendedor

A melhor forma de promover uma boa causa é fornecer um bom exemplo.
Arne Naess

Como designers, criamos produtos para corporações, para nossas empresas ou para clientes. Em qualquer desses casos, nossas criações alimentam um sistema econômico que depende de que as pessoas comprem nossos produtos. O modelo de negócio, sempre, é baseado no volume de produção. Como afirma Bob Adams, da empresa de design IDEO: "Os negócios precisam de mais coisas, porque esse é o modelo de negócio com que estamos trabalhando".[1]

Embora possamos fazer nossa parte para mudar materiais e processos de produção, a fim de torná-los mais ecológicos, cada um de nós sabe que produtos "verdes" (e consumo "verde") só transformam as coisas superficialmente. Pois, como todos os produtos, dependem totalmente do mercado consumidor. E, quando o mercado definha, a produção "verde" também definha. Isso ficou claro em recente relatório da Organic Exchange, organização de apoio à agricultura orgânica, que recomenda aos agricultores que só cultivem algodão orgânico quando tiverem a garantia de que alguma marca o compre.[2]

Os designers continuam a trabalhar dentro dos modelos de negócio atuais, mesmo sabendo que tais modelos inibem ideias mais progressistas em favor da sustentabilidade. A dissonância entre aquilo que nós, designers, sabemos e aquilo que fazemos cria uma tensão em nossa prática diária. Mas um crescente número de economistas começa a reconhecer as limitações do mercado como mecanismo capaz de alcançar a mudança, e os designers ganham confiança para atuar nessas questões, criando protótipos de novos produtos e estabelecendo novos modelos de prática comercial, recorrendo a nossa capacidade de usar a imaginação. Joanna Macy chama esse processo de inovação sistêmica.[3]

Mudando formas de pensar e de agir

A inovação sistêmica com relação à sustentabilidade começa com uma mudança de padrões de pensamento e de comportamento, o que leva à construção de estruturas e práticas que definem e descrevem a atividade econômica dentro de limites ecológicos. Aqui, os designers indagam como novos negócios serão construídos e em que aspectos serão diferentes do que veio antes; que novos papéis o design exercerá nesses novos modelos; e que tipo de estética surgirá quando os produtos e serviços do setor da moda forem construídos com base em um conjunto de valores fundamentalmente distinto. Eles exploram o potencial criativo do que o economista Tim Jackson chama de "capacidades limitadas", que nos ajudam a prosperar e viver bem dentro de limites claramente definidos.[4] Vários designers consagrados já conquistaram os próprios nichos e trabalham dentro de um modelo de capacidade limitada. Seus negócios apresentam uma variedade e um pluralismo que estão em nítido contraste com a função convencional do design na indústria.

Nathalie Chanin, por exemplo, vem construindo, há uma década, oportunidades de negócio em torno da ideia de prosperidade e capacidade comunitária. Sua empresa de moda, Alabama Chanin, oferece um modelo de empreendimento em que produtos de qualidade são feitos à mão por artesãos que vivem e trabalham em Florence e seus arredores, no estado do Alabama. O modelo de negócio de Chanin não é focado no crescimento, mas no comprometimento com a comunidade local e com as habilidades tradicionais normalmente usadas na confecção de acolchoados, que ela aplica a peças de indumentária tricotadas e depois cortadas e costuradas com perfeição. Esse propósito central orienta todas as decisões de negócio de Chanin, inclusive o mercado-alvo (de alto poder aquisitivo), vendendo em lojas como a Barneys New York ou por meio de apresentações especiais. Como a coleção de roupas é limitada pela velocidade da confecção manual, o volume da produção material também é limitado. Chanin complementa a venda dos produtos com a venda de seus livros (*The Alabama Stitch Book*, *Alabama Studio Style* e *Alabama Studio Design*), nos quais dá instruções sobre corte de molde e confecção para as peças campeãs de vendas. Ela também realiza oficinas de costura do tipo "faça você mesmo", com as técnicas empregadas nas peças da Alabama Chanin; e o website da empresa oferece ampla gama de tecidos, linhas e adornos, bem como noções para uso doméstico. Além de ser uma fonte de renda complementar, esses produtos secundários criam uma comunidade, conectam o usuário com o produtor e recapacitam os indivíduos. É um modelo de negócio fundamentalmente diferente do da indústria da moda convencional, no qual um foco exclusivo em crescimento econômico normalmente trasladaria a produção para a Índia, onde as técnicas da Alabama poderiam ser copiadas a um custo inferior. O modelo de Chanin apoia a economia local e transforma as relações e experiências entre os usuários, os produtores e a comunidade.

Christina Kim, da Dosa, também encontrou uma forma de financiar suas atividades criativas, bem como comunidades na Índia e na China, trabalhando com os mesmos grupos de mulheres por mais de uma década. As peças são primorosamente feitas à mão, com novas coleções oferecidas apenas duas vezes por ano e com peças que promovem habilidades tradicionais e materiais locais das

Bordado e apliques artesanais em vestido de noiva, da Alabama Chanin.

Á esquerda: A artista e designer Claudy Jongstra cria peças de feltro feitas com lã de uma raça de ovelhas nativa de sua região, na Holanda.

Ao lado: Peças da coleção da primavera 2010, da Dosa, expostas em uma galeria.

comunidades produtoras. Apresentando só duas coleções anuais de roupas, Kim encontra tempo para se dedicar a outras linhas de interesse criativo, incluindo joias, móveis (Herman Miller), cerâmica (Heath Pottery), instalações de arte e trabalhos com Alice Waters e o Edible Schoolyard em Berkeley, Califórnia.

Também trabalhando no topo de linha da indústria, a designer holandesa Claudy Jongstra cria tecidos de feltro para vários usos, e seus projetos mais importantes envolvem decoração de interiores, revestimentos de parede e tapetes. Ela mora no distante e remoto norte da Holanda, onde cria uma rara raça de ovelhas, chamada Drenthe Heath, nativa da região. Jongstra instalou seus ateliês de tingimento no local e cultiva muitas das plantas que usa para colorir peças de feltro. Uma vez que controla todo o processo, das matérias-primas ao produto final, Jongstra não está sujeita a nenhuma das restrições usuais de velocidade, resíduos e margens da indústria. Esse senso de autonomia estende-se à sua lista de clientes; Jongstra escolhe seletivamente o número de pessoas para quem cria peças.

O modelo empreendedor de Jongstra, Kim e Chanin trilha caminho oposto ao da indústria convencional, que foca estritamente na produção para maximizar desempenhos e visa abrir tantos mercados quanto possível com as mesmas peças de roupa, competindo principalmente em preço. Essas designers, ao contrário, trabalham dentro dos limites da lentidão e do trabalho manual, do processamento natural e da pequena escala, e seus mercados as procuram por sua singularidade. Mas o trabalho empreendedor não é exclusivamente sofisticado. Para Bedlam Boudoir, o modelo de produção de moda é determinado por limites ecológicos e usado para gerar renda suficiente para sustentar quatro famílias na Inglaterra. As operações de Bedlam Boudoir são alimentadas com baterias de 12 volts carregadas por geradores eólicos e painéis solares. Essa solução deliberada de baixo impacto complementa a configuração de sua fábrica (um *yurt*) e seus produtos – "costura reciclada" ousada, de inspiração burlesca, disponível para venda ou aluguel em feiras ou na internet.

Camisa da Bedlam Boudoir, criada em uma operação de baixo impacto que gera renda para o sustento de quatro famílias.

Usando novos meios

As atividades empreendedoras de design, em grande parte, encontraram um lugar na internet, em que modelos de negócio alternativos e novas redes e canais de comunicação oferecem muitas oportunidades para a inovação em sustentabilidade. A empresa *on-line* Betabrand (ver p. 129), por exemplo, é guiada pela demanda do *crowdsourcing*, em vez da tradicional oferta de grande volume ao mercado, e usa imagens de consumidores vestindo suas peças (batizados de "cidadãos modelo") como sua principal fonte de imagens na web. E a SANS (ver p. 105) complementa sua receita vendendo moldes que podem ser baixados *on-line*. Seu website inclui vídeos para auxiliar os clientes a confeccionar a peça e adaptá-la com base nas instruções recebidas. Iniciativas *on-line* como essas ganham ainda mais terreno e impulso, à medida que os "nativos digitais" se tornam adultos, e novas possibilidades são encontradas quando se combinam talentos, informações e produtos de moda de maneiras inovadoras e valiosas. Os novos designers empreendedores já não simplesmente criarão empresas para fabricar produtos inovadores para a indústria existente: em vez disso, eles se engajarão em um modo de pensar fértil e inovador, capaz de transformar a própria indústria.

CONCLUSÕES

Ao ser incapaz de entender o que impulsiona o consumo humano e o desperdício de produtos, o design sustentável resigna-se a uma atividade periférica, em vez de aproveitar seu potencial como promotor de uma transformação social positiva.
Jonathan Chapman[5]

Imaginar uma prática baseada em novos paradigmas traz enorme potencial de mudança. Abre [...] possibilidades e pontos de intervenção para implementar a sustentabilidade. Percepções desse tipo, e as ações liberadas por seu intermédio, vêm sendo vistas como um "renascimento econômico, cultural e social".
Rob Hopkins[6]

Este livro reuniu ideias e oportunidades de inovação para o setor da moda que têm suas origens em reflexões sobre sustentabilidade. Os desafios que a sustentabilidade apresenta à indústria da moda são profundos, pois em seu cerne visam fomentar atividades que criem "riqueza" social e ambiental e valor no longo prazo, um objetivo qualitativamente diferente daquele da atual indústria da moda. Exploramos algumas das "carências" e "riquezas" da moda, bem como da prática de moda que vai além de minimizar os problemas da insustentabilidade para também criar (desenhar) condições para um novo sistema de moda em que os problemas desapareçam por completo. Para alcançar esse potencial, os designers precisam pensar em plataformas que transformem paradigmas, em vez de pensar em produtos e processos.

Uma nova geração de designers já começa a pensar dessa forma. São bem informados e motivados, e estão encontrando formas pouco convencionais de superar velhas maneiras de trabalhar. Suas estratégias incluem a intervenção em produtos e sistemas, o design colaborativo e a venda só por internet, para citar algumas. Outros designers, mais consolidados, desenvolveram os próprios nichos, com relações exclusivas em rede, baseadas na confiança e na flexibilidade para acomodar diversos valores e interesses criativos. Essas diferentes práticas começam a transformar o sistema da moda como um todo, simplesmente por estar disponíveis. Para os veteranos da indústria da moda, a tarefa é abraçar essas práticas e muitas outras. Abrir caminhos, apoiar iniciativas, investir em novos negócios, financiar pesquisas e desenvolvimento, fornecer solo fértil para que novas ideias criem raízes e se multipliquem: construir o que David Korten chama de "riqueza real".[7] Com o tempo, essas ações combinadas transformarão as atividades do setor da moda e o significado de seus produtos e serviços em nossa sociedade. E o que quer que seja alcançado na moda será inevitavelmente disseminado, pois a prevalência da moda é global e, como tal, pode despertar mentes criativas, modelar atitudes culturais e sugerir novos comportamentos em todo o mundo.

A seguir, como conclusão, um resumo de possíveis atividades, inovações e oportunidades para os designers e o setor da moda em um futuro sustentável.

- O design de moda será liderado por impactos, não por tendências.[8] Conforme surjam novas ideias para reconstituir o meio ambiente e a sociedade, estas passarão a impulsionar a inovação, e surgirão de diversos locais, relações de trabalho colaborativo e culturas, não de abstratos "oráculos de tendências".

- A moda terá uma estética pluralista, que refletirá diferentes modelos de negócio e surgirá de materiais localmente disponíveis, de processos/habilidades e culturas acessíveis, e de modos de produção.

- Os aspectos imateriais da moda serão mais celebrados à medida que as matérias-primas se tornarem mais raras. Os componentes materiais da moda serão tratados com maior reverência e respeito, pela mesma razão.

- Os produtos e serviços de moda vão se adaptar, se flexibilizar e mudar de acordo com as condições ambientais, as matérias-primas, os fluxos e as capacidades dos ecossistemas regionais.

- Como é de esperar, os designers otimizarão o uso da água e da energia incorporadas nas peças, por meio da habilidade do uso, da reutilização, da extração mínima ou dos atributos imateriais da moda.

- Os designers se tornarão estrategistas e atuarão confortavelmente ao lado de economistas, legisladores, ecologistas, líderes empresariais e cientistas, trabalhando em parceria para influenciar transformações sociais e culturais positivas.

- Os designers tomarão como referência o "conhecimento lento" da sociologia, da ética, da psicologia e da ecologia, e facilitarão sua rápida aplicação à prática e à indústria para gerar modelos de negócio completamente novos.

- Surgirão diferentes tipos de negócio centrados na sustentabilidade. O comércio ainda atuará como força motriz, mas o sucesso será medido em termos sociais, culturais e ambientais.

- A escala da produção de moda estará associada à capacidade de uma comunidade para monitorar os benefícios sociais, ambientais e culturais, e se adequará conforme seja necessário.

- Os negócios serão reestruturados quanto ao tamanho. Nenhum modelo de negócio será grande demais para falhar ou grande demais para se adaptar e mudar. A escala de produção será definida pelo ecossistema em que o negócio se encontra e a capacidade da comunidade para monitorar seus verdadeiros benefícios. Ao crescer, os negócios também aumentarão sua capacidade de restabelecer a qualidade social e ambiental.

- Os estabelecimentos educacionais serão fontes de "conhecimento lento" e se tornarão incubadores de novos modelos de negócio, fornecendo um lugar seguro para colocar a sustentabilidade em prática rapidamente: "errar logo para acertar mais depressa".[9]

GLOSSÁRIO, ÍNDICE REMISSIVO E REFERÊNCIAS

Glossário

ACV Avaliação do Ciclo de Vida.

alizarina (*Rubia tinctorum*) planta de tingimento natural usada para produzir uma cor vermelha.

biocombustíveis também conhecidos como agrocombustíveis, são principalmente derivados de biomassa, cultivos agrícolas ou resíduos biológicos, e podem reduzir a emissão de gases de efeito estufa.

biomassa uma fonte de energia renovável, derivada de material biológico, como madeira, resíduos, gás hidrogênio e álcool.

CAD/CAM desenho assistido por computador/produção assistida por computador.

comércio justo denota parceria de comércio baseada no diálogo, no respeito e na transparência; almeja maior equidade no comércio internacional e, para isso, proporciona melhores condições de negociação para trabalhadores e produtores marginalizados, garantindo seus direitos.

descaroçamento método de separação de sementes e fibras de algodão.

energia incorporada usada para fabricar um produto, incluindo a produção de fibras, a manufatura, a distribuição para o mercado e o descarte final.

entretela camada de tecido de reforço adicionada a uma parte interna ou de baixo de uma peça de roupa para melhorar a forma, a rigidez e/ou a durabilidade.

fibras de celulose fibras feitas de celulose (o carboidrato das plantas) natural (proveniente de plantas como algodão, linho, urtiga, sisal, etc.) ou produzida (por exemplo, liocel, modal, viscose).

fibras de líber fibras longas, obtidas do caule de certas plantas para uso na produção têxtil, por exemplo, linho, cânhamo e juta.

fibras degradáveis fibras à base de polímeros sintéticos derivados do petróleo que se decompõem muito mais rápido que outras fibras sintéticas, embora esse processo normalmente demore vários anos.

fibras não biodegradáveis fibras à base de polímeros sintéticos derivados do petróleo e que não se decompõem dentro da escala de tempo humana e industrial.

fibras sintéticas biodegradáveis materiais têxteis sintéticos à base de plantas que satisfazem critérios mínimos de decomposição.

fio elastomérico/elastômero material que apresenta elasticidade. O elastano é misturado com outras fibras para conferir elasticidade e melhorar conforto e caimento.

fios de trama os fios transversais em um tecido, entrelaçados com os fios de teia em ângulo reto.

fios de urdume os fios mais resistentes em um tecido, que correm na direção do comprimento e paralelamente à ourela.

gestão integrada de pragas uma abordagem sistêmica ao manejo de pragas que se apoia na compreensão da ecologia da praga e usa uma série de táticas preventivas e controles biológicos para manter as populações de pragas dentro de limites aceitáveis. Pesticidas menos tóxicos só são usados como último recurso, e com cuidado para minimizar os riscos.

isatis (*Isatis tinctoria*) planta de tingimento natural usada para produzir uma cor azul.

liocel fibra biodegradável feita de celulose de polpa de madeira obtida em florestas sustentáveis.

maceração processo de fermentação que separa a fibra da matéria lenhosa e o tecido da planta de seu caule; normalmente usado para fibras de líber.

mercerização tratamento do fio ou tecido de algodão com uma solução cáustica de base alcalina que intumesce as fibras para torná-las mais firmes, dá um aspecto mais lustroso e aumenta a afinidade com o tingimento.

mordente substância usada para a fixação de tingimentos em tecidos.

ONG Organização Não Governamental: organização constituída legalmente que funciona independentemente de um governo.

ourela a extremidade vertical (paralela ao urdume) de um tecido tramado, que recebeu acabamento para não desfiar.

PES poliéster: material sintético derivado de substâncias petroquímicas.

PET tereftalato de polietileno: resina de polímero termoplástico da família do poliéster, usada na produção de fibras sintéticas.

PFC perfluoretos: compostos químicos orgânicos usados para fazer tecidos à prova de manchas, óleo e água.

PLA ácido polilático: polímero biodegradável derivado do amido de milho.

PNUMA Programa das Nações Unidas para o Meio Ambiente.

polímeros grandes compostos moleculares dos quais são produzidas as fibras sintéticas.

RFID Identificação por Radiofrequência: tecnologia de coleta de informações, desenvolvida para otimizar o fluxo das peças de indumentária pela cadeia de produção.

setor de confecção refere-se a prestadores de serviço a quem o fabricante fornece tecidos e outros materiais necessários para a confecção de peças de indumentária acabadas.

silicone quaternário acabamento antimicróbico que reduz o conteúdo bacteriano na superfície de um tecido a fim de mantê-lo "mais fresco".

tecido cru tecido que se encontra em estado bruto, antes do branqueamento ou do tingimento.

tecnologia transgênica: uso da biotecnologia para criar plantas e produtos derivados que apresentem novas características, como maior resistência a pragas e capacidade de suportar doses mais altas de herbicida.

triclosano substância química usada como tratamento antimicróbico em produtos têxteis.

Unesco Organização das Nações Unidas para a Educação, a Ciência e a Cultura.

viscose fibra de celulose regenerada; uma das primeiras fibras produzidas em grande escala.

Notas

Prefácio

1 M. Riegels Melchoir, "Doing' Danish Fashion", em *Fashion Practice*, v. 2, nº 1, 2010, p. 20.

2 D.W. ORR, palestra no Brower Center. Berkeley, Califórnia, 24 ago. 2009.

3 S. SPRATT et al., *The Great Transition* (Londres: New Economics Foundation, 2009).

Parte 1 – Introdução

1   B. Schwartz, "Wise Up", em *Sublime*, nº 16, 2009, p. 47.

Parte 1 – Capítulo 1

1 GMO Compass, *Rising Trend: Genetically Modified Crops Worldwide on 125 Million Hectares* (2009), disponível em www.gmo-compass.org/eng/agri_biotechnology/gmo_planting/257.global_gm_planting_2008.html, acesso em 15 abr. 2009.

2 K. Fletcher, *Sustainable Fashion and Textiles: Design Journeys* (Londres: Earthscan, 2008), p. 32.

3 DuPont, *Sorona* (2009), disponível em www2.dupont.com/Sorona/en_US/index.html, acesso em 14 out. 2009.

4 A. Wilson, "A question of Sport", em *Ecotextile News*, nº 22, 2009, pp. 28-30.

5 P. White et al., "Lyocell Fibres", em R. S. Blackburn (org.), *Biodegradable and Sustainable Fibres* (Cambridge: Woodhead Publishing, 2005), p. 171.

6 "GM Trees Could Boost Tencel", em *Ecotextile News*, nº 35, 2010, p. 1.

7 R. S. Blackburn, "Introduction", em R. S. Blackburn (org.), *Biodegradable and Sustainable Fibres* (Cambridge: Woodhead Publishing, 2005), p. xvi.

8 P. M. Fedorak, "Microbial Processes in the Degradation of Fibres", em R. S. Blackburn (org.), *Biodegradable and Sustainable Fibres* (Cambridge: Woodhead Publishing, 2005), p. 1.

9 K. Fletcher, *Sustainable Fashion and Textiles: Design Journeys*, cit., p. 100.

10 W. McDonough & M. Braungart, *Cradle to Cradle* (Nova York: North Point Press, 2002).

11 "Teijin to Roll out 'Biofront' in 2009", em *Ecotextile News*, nº 21, 2009, p. 7.

12 "DuPont Joins Race to Offer Biopolymers", em ENDS (Environmental Data Services), *Report*, nº 346, 2003, pp. 32 e 33.

13 "Biodegradable clothing from Japan", em *Ecotextile News*, nº 9, 2007, p. 28.

14 Disponível em www.trigema.de, acesso em 8 jun. 2010.

15 PAN UK, "Living with Poison – Pesticides in West African Cotton Growing", em *Pesticides News*, nº 74, dez. 2006, pp. 17-19.

16 Environmental Justice Foundation, *Child Labour and Cotton in Uzbekistan* [s/d.], disponível em www.ejfoundation.org/page145.html, acesso em 6 maio 2009.

17 Fairtrade Foundation, *The Fairtrade Mark* (2008), disponível em www.fairtrade.org.uk/what_is_fairtrade/fairtrade_certification_and_the_fairtrade_mark/the_fairtrade_mark.aspx, acesso em 22 abr. 2009.

18 PAN UK, *My Sustainable T-Shirt* (Londres: PAN UK, 2007), p. 20.

19 Environmental Justice Foundation & PAN UK, *The Deadly Chemicals in Cotton* (Londres: Environmental Justice Foundation & PAN UK, 2007).

20 GMO Compass, *Rising Trend: Genetically Modified Crops Worldwide on 125 Million Hectares* (2009), cit.

21 Departamento de Agricultura dos Estados Unidos, *Adoption of Genetically Engineered Crops in the U.S.* (2009), disponível em www.ers.usda.gov/Data/BiotechCrops, acesso em 3 set. 2009.

22 International Cotton Advisory Committee (ICAC), *Report of the Second Expert Panel on Biotechnology of Cotton* (Washington: ICAC, 2004), p. 5.

23 Ibid.

24 "GM Cotton under Scrutiny", em *Ecotextile News*, nº 35, 2010, p. 4.

25 International Forum for Cotton Promotion, "Prospects for Cotton Promotion", em *The Journal of the International Forum for Cotton Promotion*, v. 24, 2010, disponível em www.cottonpromotion.org/features/prospects_for_cotton_promotion, acesso em 7 jun. 2010.

26 The Organic Exchange, correspondência por e-mail, 24 mar. 2010.

27 Disponível em peakoil.com, acesso em 17 abr. 2009.

28 Patagonia, *Patagonia's Common Threads Garment Recycling Program: a Detailed Analysis* [s/d.], p. 7; "Toray Offers Recycled Nylon", em *Ecotextile News*, nº 4, 2007, p. 23.

29 S. E. Laursen & J. Hansen, *Environmental Assessment of Textiles* (Project n. 369, Copenhague: Danish Environmental Protection Agency, 1997), pp. 31-101.

30 Carbon Trust, *Working with Continental Clothing: Product Carbon Footprinting in Practise* (Case study CTS056, 2008), disponível em www.carbon-label.com/casestudies/ContinentalClothing.pdf, acesso em 22 set. 2009.

31 Disponível em www.cottonroots.co.uk, acesso em 22 set. 2009.

32 Disponível em www.birdtextile.com, acesso em 22 set. 2009.

33 I. Kiernan, *Public Information – Ian Kiernan* (Unep, 1998), disponível em www.unep.org/sasakawa/index.asp?ct=pubinfo&info=kiernan, acesso em 23 abr. 2009.

34 Unesco, *World Water Development Report 3, Water in a Changing World* (2009), disponível em http://webworld.unesco.org/water/wwap/wwdr/wwdr3/index.shtml, acesso em 23 abr. 2009; World Economic Forum Water Initiative, *Managing our Future Water Needs for Agriculture, Industry, Human Health and the Environment* (2009), disponível em http://www.weforum.org/en/initiatives/water/index.htm, acesso em 23 abr. 2009.

35 L. Grose, "Sustainable Cotton Production", em R. S. Blackburn (org.), *Biodegradable and Sustainable Fibres*, cit., p. 39.

36 M. Kininmonth, "Planting Ideas", em *Ecotextile News*, nº 7, 2007, pp. 28 e 29.

37 Patagonia.com, *Footprint Chronicles* (2009), disponível em www.patagonia.com/web/us/footprint/index.jsp?slc=en_US&sct=US, acesso em 22 set. 2009.

38 E. Callenbach, *Ecology, a Pocket Guide* (10ª ed., Califórnia: University of California Press, 2008), p. 156.

39 D. Imhoff, *Farming with the Wild* (Califórnia: Watershed Media e Sierra Club Books, 2003).

40 Disponível em www.patagonia.com, acesso em 9 jun. 2010.

41 D. Imhoff, *Farming with the Wild*, cit.

42 Ibid.

43 Ibid., p. 143.

Parte 1 – Capítulo 2

1 J. Macy & M. Young Brown, *Coming Back to Life* (Gabriola Island: New Society Publishers, 1998).

2 Informação verbal de G. Moore e K. Walsh-Lawlor, da Gap Inc., em 2007.

3 P. Waeber, fundador e diretor executivo da Bluesign, em correspondência por e-mail, 20 maio 2010.

4 "Waterless Denim Bleaching", em *Ecotextile News*, nº 24, 2009, p. 22.

5 "Defying Logic to Save Precious Resources", em *Ecotextile News*, nº 24, 2009, p. 20.

6 Disponível em www.bluesign.com, acesso em 9 jun. 2010.

7 Disponível em www.thecleanestline.com/2010/01/competitors-working-together-toward-a-common-good.html, acesso em 19 maio 2010.

8 P. Weaber, em apresentação da Bluesign no workshop "The Design of Prosperity", na Boras Textile University, em 3 set. 2009.

9 J. Clay, *World Agriculture and the Environment* (Washington: Island Press, 2004), p. 288.

10 Ibid., p. 295.

11 L. Grose & E. Williams, *Environmental Impact Assessment of Dye Methods on Cotton, Wool, Polyester and Nylon* (documento interno de pesquisa para a Patagonia, arquivos do autor, Muir Beach, 1996), p. 22.

12 S. Milmo, "Developments in Textile Colorants", em *Textile Outlook International*, jan.-fev. 2007, pp. 26-28.

13 P. Johnson, "Huntsman Textile Effects; Basics of Dyeing", em Organic Exchange Conference, 21 out. 2009, Seattle, Washington.

14 K. Salter, *Environmental Impact of Textiles* (Cambridge: Woodhead Publishing, 2000), p. 201.

15 "From Zero to Hero", em *Ecotextile News*, nº 24, maio 2009, p. 18.

16 Disponível em www.tuscarorayarns.com, acesso em 9 jun. 2010.

17 M. Subramanian Senthil Kannan *et al.*, "Influence of Cationization of Cotton on Reactive Dyeing", em *Journal of Textile and Apparel, Technology and Management*, vol. 5, nº 2, 2006, pp. 1-16. Disponível em www.p2pays.org/ref/21/20821.pdf, acesso em 24 jun. 2010.

18 T. Rissanen, "Creating Fashion without the Creation of Fabric Waste", em J. Hethorne & C. Ulacewitz,(orgs.), *Sustainable Fashion, Why now?* (Nova York: Fairchild Publishing, 2008), pp. 184-206.

19 P. Hawken *et al.*, *Natural Capitalism*, apud J. Thakara, *In the Bubble* (Massachussets: MIT Press, 2006), p. 12.

20 T. Rissanen, "Creating Fashion without the Creation of Fabric Waste", cit.

21 Disponível em www.materialbyproduct.com, acesso em 9 jun. 2010.

22 Oxfam International, *Rigged Rules and Double Standards: Trade, Globalization, and the Fight Against Poverty* (Nova York: Oxfam International e Make Trade Fair, 2002), p. 7.

23 M. Quigley & O. Charlotte, *Fair Trade Garment Standards: Feasibility Study* (São Francisco: Trans Fair USA, 2006), p. 16.

24 P. Rivoli, *Travels of a T-shirt in the Global Economy* (Nova Jersey: John Wiley and Sons, 2005), p. 106.

25 J. M. Allwood *et al.*, *Well Dressed?* (Cambridge: University of Cambridge, Institute of Manufacturing, 2006), p. 62.

26 Oxfam International, *Rigged Rules and Double Standards: Trade, Globalization, and the Fight Against Poverty*, op. cit., p. 12.

27 M. Quigley & O. Charlotte, *Fair Trade Garment Standards: Feasibility Study*, op. cit., p. 21.

28 H&M Hennes & Mauritz AB, *2008 Sustainability Report*, 2009, p. 61. Disponível em www.hm.com/us/__csrreporting2.nhtml, acesso em 29 set. 2009.

29 Informação verbal de K. Walsh Lawlor, vice-presidente de Planejamento Estratégico e Questões Ambientais da Gap Inc., em 2009.

30 Informação verbal de T. Del Forte, gerente sênior da TransFair USA, Apparel and Home Goods, em 2009.

31 J. M. Allwood *et al.*, *Well Dressed?*, op. cit., p. 14.

32 Oxfam International, *Rigged Rules and Double Standards: trade, globalization, and the fight against poverty*, op. cit., p. 7.

33 Esprit International, Coleção Esprit, *Fall 1992 Update Sheet* (Manual do funcionário, Esprit International, arquivos do autor, Muir Beach, 1992 [como antes]).

Parte 1 – Capítulo 3

1 E. Loughman, Análise Ambiental, Patagonia, *Horizon Issue: Climate Change*, mesa-redonda na Organic Exchange, Pacific Grove, em 1 jan. 2007.

2 S. Loker, op. cit., p. 114.

3 Graedel & Allenby (1995), apud H. B. C. Tibbs, *The Technology Strategy of the Sustainable Corporation*, em D. Dunphy *et al.* (orgs.). *Sustainability: the Corporate Challenge of the 21st Century* (St. Leonards, NSW: Allen and Unwin, 2000), p. 196.

4 Informação verbal de M. S. Brown, fundador da Brown and Williams Environmental Consulting, Santa Bárbara, Califórnia, em 29 set. 2009.

5 B. Mau & J. Leonard, "Introdução", em *Massive Change* (Londres: Phaidon Press, 2007), sem paginação.

6 E. Loughman, *Horizon Issue: Climate Change*, cit.

7 H&M Hennes & Mauritz AB, *2008 Sustainability Report*, cit.

8 DONBUR.CO.UK, *M&S Cuts Carbon with Teardrop Trailers*, disponível em www.donbur.co.uk/gb/news/mands_teardrop_trailer.shtml, acesso em: 10 fev. 2009.

9 *Ibidem*.

10 L. Brown, *Plan B 4.0: Mobilizing to Save Civilization* (Nova York: W.W. Norton, 2009), p. 131.

Parte 1 – Capítulo 4

1 Disponível em www.unep.fr/scp/communications/ad/details.asp?id=6684432&cat=4, acesso em 9 jun. 2010.

2 A. Beton *et al.*, *Reducing the Environmental Impacts of Clothes Cleaning* (Londres: Defra, Projeto de pesquisa EV0419, 2009).

3 P. Patterson, "Nature's Natural Answer", em *Ecotextile News*, nº 30, 2010, pp. 20 e 21.

4 A. Beton *et al.*, *Reducing the Environmental Impacts of Clothes Cleaning*, cit.

5 Disponível em myoocreate.com/challenges/care-to-air-design-challenge, acesso em 10 jun. 2010.

6 Dados: Levi Strauss and Co Facilities Environmental Impact Assessment (Feia) e 2007 Cycle Assessment of Levi's 501 Jean, em M. Kobori, *Traceability, Cotton, and Collaboration: Levi Strauss and Co.'s Drive for More Sustainable Agriculture* (Socially and Environmentally Responsible Supply Chain Conference, Stanford GSB, 29 abr. 2010).

7 H. Jorgenson, "Spotless Laundry Leaves less Blemish on the Environment", em *Corrections Forum*, vol. 17, nº 2, 2008, pp. 39-41.

8 Disponível em www.laundrylist.org/, acesso em 21 out. 2009.

Parte 1 – Capítulo 5

1 J. M. Allwood *et al.*, *Well Dressed?*, cit., p. 16.

2 "Council agrees on WEEE", *ENDS report*, nº 317, 2001, p. 37.

3 Marks & Spencer, *M&S and Oxfam Clothes Exchange Becomes UK's Biggest Homewares Recycling Campaign*, 2009. Disponível em http://corporate.marksandspencer.com/investors/press_releases/planA/Oxfam_Clothes_Exchange, acesso em 18 mar. 2010.

4 S. E. Laursen *et al.*, "Sustainable Recovery of Products and Materials – Scenario Analysis of the UK Clothing and Textile Sector", em *International Conference on Design and Manufacture for Sustainable Development*, 4, Newcastle, 12-13 jul. 2005.

5 J. M. Allwood *et al.*, *Well Dressed?*, cit., pp. 18 e 19.

6 ALVAREZ, D., CEO da Goodwill Industries, São Francisco, condados de San Mateo e Marin, Califórnia, durante conversa, 2009.

7 "The Carbon Challenge for Textile Fibres", *Ecotextile News*, nº 16, 2008, p. 31.

8 Patagonia, *Patagonia's Common Threads Garment Recycling Program: a Detailed Analysis*, [s/d.], p. 7; "Toray Offers Recycled Nylon". *Ecotextile News*, nº 4, 2007, p. 23.

Parte 2 – Introdução

1 H. Daly, *Steady-State Economics* (2ª ed., Londres: Earthscan, 1992), p. 20.

2 K. Rawles, "Changing Direction", em *Resurgence*, nº 257, 2009, p. 38.

3 J. R. Ehrenfeld, *Sustainability by Design* (Connecticut: Yale University Press, 2008), p. 9.

Parte 2 – Capítulo 6

1 D. B. Guralnik (org.), *Webster's New World Dictionary of the American Language* (2ª ed., Nova York: William Collins, 1980).

2 E. Callenbach, *Ecology, A Pocket Guide* (10ª ed., Califórnia: University of California Press, 2008).

3 J. Chapman, *Emotionally Durable Design: Objects, Experiences and Empathy* (Londres: Earthscan, 2005).

4 D. A. Norman, *Design of Everyday Things* (Nova York: Doubleday/Currency, 1988).

Parte 2 – Capítulo 7

1 A. Dunne & F. Raby, *Design Noir: the Secret Life of Electronic Objects* (Basel: Birkhäuser, 2001; Londres: ago., 2001), p. 45, apud J. Chapman, *Emotionally Durable Design: Objects, Experiences and Empathy*, cit., p. 71.

2 J. Chapman, *Emotionally Durable Design: Objects, Experiences and Empathy*, cit., p. 71.

3 *Ibid.*, p. 51.

4 Baseado em E. Callenbach *et al.*, *Global File Report nº 5: Eco-Auditing and Ecologically Conscious Management, Simplified Metabolic Chart of a Prototypical Company* (Califórnia: Elmwood Institute, s/d.), p. 45.

Parte 2 – Capítulo 8

1 Franklin Associates, *Resource and Environmental Profile Analysis of a Manufactured Apparel Product: Woman's Knit Polyester Blouse* (Washington: American Fiber Manufacturers Association, 1993).

2 DEFRA, *Sustainable Clothing Action Plan* (Londres: HMSO, 2008).

3 "Perfluorinated Pollutants Linked to Smaller Babies", em ENDS (Environmental Data Services), *Relatório* nº 392, 2007, pp. 26-27.

4 "Green Groups Publish Chemical Blacklist", em ENDS, *Relatório* nº 405, 2008, pp. 24 e 25.

5 K. Fletcher, *Sustainable Fashion and Textiles: Design Journeys* (Londres: Earthscan, 2008), p. 86.

6 K. Fletcher, *The Local Wisdom Project*, 2009, disponível em www.localwisdom.info, acesso em 10 set. 2009.

7 Informação verbal de M. Leventon, do California College of the Arts Fashion Program de São Francisco, em 2 abr. 2010.

8 TED, *The T-shirt Interactive* (Londres: Chelsea College of Art and Design, 1997).

Parte 2 – Capítulo 9

1 Disponível em www.bagborroworsteal.com, acesso em março de 2010.

Parte 2 – Capítulo 10

1 J. M. Allwood *et al.*, *Well Dressed?* (Cambridge: University of Cambridge, Institute of Manufacturing, 2006), p. 34.

2 B. Freese, 2007, em L. Grose, *Sustainable Textiles: Life Cycle and Environmental Impact* (Londres: Woodhouse Publishing, 2009), p. 37.

3 Disponível em www.jennywelwert.com/iWeb/jennywelwert/Maca%20bag%20project%20summary.html.

4 Informação verbal de artesão anônimo que trabalhava *in loco* com a Aid to Artisans, em Tiblisi, 1997.

5 W. Morris, *op. cit.*, 1996. p. xxxii.

6 W. Morris, , *op. cit.*, 1996. p. 132.

7 D. Imhoff, "Artisans in the Global Bazar", em *Whole Earth Review,* nº 94, 1998, pp. 76-81.

8 Informação verbal de A. Sharambeyan, líder do Armenian Crafts Enterprise Council, hoje Sharan Crafts Center, que trabalhava *in loco* com a Aid to Artisans, em Yerevan, 1997.

9 W. Morris, *op. cit.*, 1996.

Parte 2 – Capítulo 11

1 J. Benyus, *Biomimicry: Innovation Inspired by Nature* (Nova York: William Morrow, 1997), p. 240.

2 Disponível em http://www.biomimicryinstitute.org, acesso em 2 mar. 2009.

3 W. Jackson, em J. Benyus, *Biomimicry: Innovation Inspired by Nature*, cit., p. 9.

4 S. Brand, *Whole Earth Discipline: an Ecopragmatist Manifesto* (Nova York: Penguin, 2009), p. 224.

5 D. Meadows, *Thinking in Systems* (Londres: Earthscan, 2010), p. 80.

6 P. Hawken *et al.*, *Natural Capitalism: Creating the Next Industrial Revolution* (Boston: Little Brown, 1999). p. 88.

7 Asknature.org. Disponível em www.asknature.org/strategy/1ebbd8 61249e5657c8c21b4fabe0d0f4, acesso em 4 maio 2010.

8 P. Hawken *et al.*, *Natural Capitalism: Creating the Next Industrial Revolution*, cit., p. 14 e 81.

9 J. Benyus, *Biomimicry: Innovation Inspired by Nature*, cit., p. 250.

10 D. H. Meadows, *Thinking in Systems: a Primer* (White River Junction: Chelsea Green Publishing, 2009).

11 Informação por e-mail de S. Chaudhary, diretor executivo da Pratibha Syntex, em 19 maio 2010.

12 P. Hawken *et al.*, *Natural Capitalism: Creating the Next Industrial Revolution*, cit., p. 87.

13 D. C. Korten, *Agenda for a New Economy: from Phantom Wealth to Real Wealth* (São Francisco: Barrett-Koehler, 2009), p. 14.

14 *Ibid.*, p. 33.

15 *Ibid.*, p.183.

16 Goodwill Industries, condados de São Francisco, San Mateo e Marin, *At a Glance Fact Sheet* (São Francisco: Goodwill Industries [s/d.]).

Parte 2 – Capítulo 12

1 W. Berry, *What Are People for?* (Berkeley, Califórnia: North Point Press, 1990).

2 H. Daly, *Steady-State Economics*, cit.

3 "Fashioning an Ethical Industry. The Fashion Industry and Poverty Reduction", *Factsheet 3a* [s/d.], p. 3. Disponível em www.fashioninganethicalindustry.org.

4 D. Shah, "View", em *Textile View Magazine,* v. 82, 2008.

5 K. Carter, "Why Fast Fashion is so Last Season", em *Guardian Online*, 23 jul. 2008. Disponível em www.guardian.co.uk/lifeandstyle/2008/jul/23/ethicalfashion.fashion, acesso em 31 mar. 2010.

6 H. Clark, "Slow + Fashion", em *Fashion Theory*, v. 12, nº 4, 2008, pp. 427-246.

7 O. von Busch, *FASHION-able: Hactivism and Engaged Fashion Design*, tese de doutorado (Gothenburg: Art Monitor, 2008), p. 56.

8 C. Anderson, *The Long Tail* (Nova York: Hyperion Books, 2006).

Parte 2 – Capítulo 13

1 K. Fletcher, *Sustainable Fashion and Textiles: Design Journeys*, cit., p. 123.

2 K. Fletcher & L. Grose, "Fashion that Helps us Flourish", em *Anais do Congresso Changing the Change*, Turim, 10-12 jul. 2008.

3 A. Fuad-Luke, *Design Activism: Beautiful Strangeness for a Sustainable World* (Londres: Earthscan, 2010).

4 B. Banerjee, "Designer as Agent of Change, a Vision for Catalyzing Rapid Change", em *Anais do Congresso Changing the Change*, Turim,10-12 jul. 2008, p. 4.

5 W. Berry, *What Are People for?*, cit., p. 7.

6 New American Dream, *New American Dream Survey Report*, set. 2004, p. 3. Disponível em www.newdream.org, acesso em 25 mar. 2009.

7 D. Imhoff, *Food Fight: the Citizen's Guide to a Food and Farm Bill* (Healdsburg: Watershed Media, 2007).

8 R. Cohen, "Schools of Lost Children", em *Pacific Sun,* 19-25 mar. 2010, pp. 13-16 (crítica do documentário *Race to Nowhere*, de 2009, dirigido por Vicki Abeles).

9 H. Daly, *Steady-State Economics*, cit., p. xii.

10 Informação por e-mail de D. R. Shah, editor e redator do *Textile View Magazine*, em 21 maio 2010.

11 A. Martin, disponível em www.littlebrowndress.com/brown%20 dress%20archive%20home.htm, acesso em 5 out. 2010.

12 World Wildlife Fund for Nature, *Natural Change: Psychology and Sustainability*, 2010. Disponível em www.naturalchange.org.uk.

13 A. Marchand & S. Walker, "Beyond Abundance, Motivations and Perceived Benefits Underlying Choices for More Sustainable Lifestyles", em *Anais do Congresso Changing the Change*, Turim, 10-12 jul. 2008.

14 C. Badke & S. Walker, "Being Here: Attitude, Place, and Design for Sustainability", em *Anais do Congresso Changing the Change*, Turim, 10-12 jul. 2008.

15 J. Chapman, *Emotionally Durable Design: Objects, Experiences and Empathy*, cit.

16 L. Hyde, *The Gift* (Nova York: Vintage Books, 1979).

Parte 2 – Capítulo 14

1 E. Callenbach, *Ecology, a Pocket Guide*, cit., p. 83.

2 R. Farrell, "Fashion and Presence", em *Nomenus Quarterly 3,* 2008.

3 O. von Busch, *FASHION-able: Hactivism and Engaged Fashion Design*, cit., p. 181.

4 *Ibid.*, p. 109.

5 *Ibidem*.

6 E. Shove *et al.*, *The Design of Everyday Life* (Oxford: Berg, 2007), p. 133.

7 A. Fuad-Luke, *Design Activism: Beautiful Strangeness for a Sustainable World*, cit., p. 99.

8 *Ibidem*.

9 Disponível em www.antiformindustries.com, acesso em 7 jun. 2010.

10 Disponível em www.dianesteverlynck.be, acesso em 7 jun. 2010.

11 R. Sennett, *The Craftsman* (Londres: Penguin Books, 2008), p. 9.

12 *Ibid.*, p. 21.

13 *Ibid.*, p. 20.

14 Disponível em www.cca.edu/academics/finar/curriculum/fall/604/16.
15 Disponível em www.we-make-money-not-art.com/ archives/2010/01/the-craftwerk-20-exhibition-th.php.
16 O. von Busch, *FASHION-able: Hactivism and Engaged Fashion Design*, cit., p. 62.
17 *Ibidem*.
18 *Ibid.*, p. 59.
19 S. Levy, 1994, *apud* O. von Busch, *FASHION-able: Hactivism and Engaged Fashion Design*, cit., p. 62.
20 A. Galloway, 2004, *apud* O. von Busch, *FASHION-able: Hactivism and Engaged Fashion Design*, cit., p. 63.
21 O. von Busch, *FASHION-able: Hactivism and Engaged Fashion Design*, cit., p. 238.

Parte 3 – Introdução
1 B. Banerjee, "Designer as Agent of Change, a Vision for Catalyzing Rapid Change", em *Anais do Congresso Changing the Change*, Turim, 10-12 jul. 2008, p. 3.
2 R. B. Fuller, *apud* V. Papanek, *Design for the Real World* (Londres: Thames and Hudson, 1984), p. 326.
3 D. Esty, "Is Going Green More than a Fad?", entrevista na National Public Radio, Marketplace from America, em 18 maio 2010, disponível em http://marketplace.publicradio.org/display/ web/2010/05/18.
4 V. Papanek, *Design for the Real World*, cit., p. 228.
5 B. Banerjee, "Designer as Agent of Change, a Vision for Catalyzing Rapid Change", cit., p. 3.

Parte 3 – Capítulo 15
1 D. W. Orr, *The Nature of Design: Ecology, Culture and Human Intention* (Nova York: Oxford University Press, 2002), p. 31.
2 *Ibid.*, p. 3.
3 Disponível em www.bath.ac.uk/carpp/publications/coop_inquiry. html, acesso em 27 jun. 2010.

Parte 3 – Capítulo 16
1 T. Brown, *Change by Design: How Design Thinking Transforms Organizations and Inspires Innovation* (Nova York: Harper Business, 2009), p. 5.
2 O. von Busch, *Re-forming Appearance: Subversive Strategies in the Fashion System – Reflections on Complementary Modes of Production*, 2005. Disponível em www.selfpassage.org, p. 10.
3 Disponível em www.kulturservern.se/wronsov/selfpassage/ disCook/disCook.htm, acesso em 11 maio 2010.

Parte 3 – Capítulo 17
1 V. Papanek, *Design for the Real World*, cit., p. 55.
2 T. Brown, *Change by Design: How Design Thinking Transforms Organizations and Inspires Innovation*, cit., p. 216.
3 B. Banerjee, "Designer as Agent of Change, a Vision for Catalyzing Rapid Change", cit., p. 2.
4 Influenciado por D. Jensen, "Forget Shorter Showers", em *Orion*, jul./ago. 2009, pp. 18-19.

Parte 3 – Capítulo 18
1 B. Adams, em Mesa-redonda "Design Green Now", California College of the Arts, São Francisco, [27 mar. 2009]. Disponível em www.designgreennow.com/2009/03/27/bob-adams-sustainability-lead-ideo/.
2 Organic Exchange, "Global Organic Cotton Market Hits $ 3.2 Billion in 2008", em *Organic Exchange Report Shows,* 2009. Disponível em www.organicexchange.org, acesso em 4 fev. 2009.
3 J. Macy & M. Young Brown, *Coming Back to Life* (Gabriola Island: New Society Publishers, 1998).
4 T. Jackson, *Prosperity Without Growth* (Londres: Sustainable Development Commission, 2009), p. 34.
5 J. Chapman, *Emotionally Durable Design: Objects, Experiences and Empathy* (Londres: Earthscan, 2005), p. 10.

6 R. Hopkins, *The Transition Handbook* (Totnes: Green Books, 2008), p. 213.
7 D. C. Korten, *Agenda for a New Economy: from Phantom Wealth to Real Wealth* (São Francisco: Berrett Koehler, 2009).
8 B. Banerjee, "Designer as Agent of Change, a Vision for Catalyzing Rapid Change", cit., p. 10.
9 Brown, T. *Change by Design: How Design Thinking Transforms Organizations and Inspires Innovation*, cit., p. 17.

Índice remissivo

Os números em itálico referem-se a legendas e diagramas

A

acabamentos
  de tecidos, 93
  impermeabilizantes, 93
acrílico, 14, 17, 26
Adams, Bob, 174
adaptabilidade, 76-84
Adbuster, 138
agentes catiônicos, 39-40
agricultura orgânica, 13-14, 22, 23-25, 30, 133, 174
água, 12, 13, 22-23, 28-29, 34, 35, 37, 38, 39, 52, 92
  uso em fibras, *29*
A história das coisas (Leonard), 138
Aid to Artisans, 170
Alabama Chanin, 107, 175, *175*
algodão, 14, 21-25, 60, 96, 98, 99, *160*
  Bt, 23, *24*
  calculadora, *159*
  camiseta biodegradável Trigema, 20
  camiseta Home Grown Cleaner Cotton™ (Prana), 25, *25*
  catiônico (fios Tuscarora), 39-40, *40*
  Cleaner Cotton™, 25, *25*
  colheita de, e questões trabalhistas, 21-22
  cultivo, 107, 134
  fiação, 107
  irrigação, 28-29
  opções para a "sustentabilidade" do, *24*
  orgânico, 23-24, *24*, 112, 133, 170, 174
  produtos químicos e pesticidas, 13-14, 21-23
  Sustainable Cotton Project, 158-159, *160*
  transgênico, 13-14, 23, *24*, 25, 134
algodão-caroço, 14, 21
Alite, 140
alpaca, 107
aluguel de roupas, *90*, 102-103
Andrews, Cheryl, 109, *109*
Antiform Industries, 145-146, *147*
Apexa® (DuPont), 18
Ardalanish, 41
Aristóteles, 11
artesanato, 146-150
artesãos, 110-112, 170-172, 175.
  Veja também produção local
Associação Cojolya de Mulheres Tecelãs, 111-112, *112*, *171*
As You Sow, 121, 170
aterros sanitários, 18, 52, 63, 67, 85, 123
ativismo *veja* designer, como ativista;
  Craftivism
avaliação do ciclo de vida (ACV), 55-56, 134
  (na pág. 134 está ACL)
Avelle, 87, 103, *103*
aviamentos de metal, 52-53, *53*

B

bactérias, 93
Bag, Borrow or Steal *veja* Avelle
bambu, 14, 16
Barneys New York, 159, 175
Bedlam Boudoir, 176, *178*
Benyus, Janine, 114, 115, 118
Berry, Wendell, 49, 106, 114, 124, 136
Betabrand, 129, 140, *140*, 179
Bike Kitchen, 100
biocombustíveis *veja* combustíveis renováveis

biomimética, 77, 114-123
biopolímeros, 18
biotecnologia, 22, 23-24
Bird Textiles, 26-28, *26*
Bluesign, 36-37, *36*
blusa No Wash (Earley e Fletcher), 96, *96*
boicotes, 50, 169
botões, 17, 52, 53, *53*
  de pressão, 52, 82
Bourlanges, Marie Ilse, 129-130, *130*
Brand, Stewart, 114
branqueamento, 16, 34-37
Bridging Cultures Through Design (BCTD), 170-171, *171*
brim, 35, 96
brinquedos infantis, 82
Brower, David, 33
Brown, Nick, 116
Burgess, Rebecca, 171
Busch, Otto von, 145, 151, 152, 164, *165*

C

C&A, 21-22
CAD, 126
  corte de moldes, 44, 48
cadeia de fornecimento, 11, 21, 36, 54, 55, 56, 106, 107, 111, 126, 141, 144, 159, 170
calçados, 87, 127, *127*, 152, *152*
Callenbach, Ernest, 30, 143
camisa Endurance (Timo Rissanen), *46*
camiseta
  biodegradável Trigema, *18*, 20
  Cambia (Páramo), 79
  Home Grown (Prana) 25, *25*
campanha de boicote ao algodão do Uzbequistão, 170
campanhas ambientais, 138, 139
cânhamo, 14, 28, 108, *108*
capacidades limitadas, 174
Cara, Roberto, 159
Carbon Trust, 26
casaco De Beauvoir (Eloise Grey), *42*
"catedral e bazar", 145
caxemira, 86
Chanin, Nathalie, 141, *143*, 175, 176
Chapman, Jonathan, 76, 85, 180
ciclismo como meio de transporte, 139-140, *140*
Clean Clothes Campaign, 50
Cleaner Cotton™, 25, *25*
cloro, 35, 37
Clothes Exchange, 64
Clothing Exchange, 163, *163*
cobre, 38, 52
códigos de Quick Response (QR), 87
Cohen-Fried, Elisheva, 134, *135*, 150, *150*
colaborações e parcerias, 22, 50-51, 64, 107, 118-119, 121, 122, 169. *Veja também* ONGs
combustíveis renováveis, 58
compostagem, 17, 18, 20, *90*
conceito Pleats Please (Issey Miyake), 99
conectividade, 143-144, 150
confecção, 49
conhecimento cultural, 108-109
Conrad, Joseph, 141
consumo de energia
  na produção de fibras, 25-26, *26*, 28
  no cuidado com as peças, 57, 60-62, 93
consumo passivo, 143-144, 150
controle de pragas, 22-23, 25
  gestão integrada de pragas, 22, *24*, *160*
  veja também agricultura orgânica; pesticidas

cooperativas, 51, 105, 106-107, 110, 122
cor, 40, 79-80
  e lavagem, 60
  natural, 40-41
  teoria, 36
  veja também tinturas e tingimento
corantes naturais, 43, *43*, 86, 108, *108*, 158, 171, *172*, 176
corte de moldes e perdas *veja* vestuário, com geração mínima de resíduos
Cotton Connect, 22
Cotton Roots, 26
Cradle to Cradle (McDonough e Braungart), 17
  certificação e conceito, *18*, 20, 87
Craftivism, 149-150
Craft Lab, 150
Craftwerk 2.0: New household tactics for popular crafts, 150
Crowdsourcing (chamada coletiva de colaboradores), 129, 179
cuidados
  com as roupas, 60-62, 92-99
  do consumidor, 60-62
cultivos comerciais, 21
cultura local, 108-109
customização, 152

D

Daly, Herman, 75, 125, *125*, 136
Decay (Bourlanges), 129-130
Del Forte Denim, 170
Del Forte, Tierra, 170
DePLOY, 81, 81
descarte, 63-73. *Veja também* reciclagem; resíduos
desfibrilação, 35-36
Design Activism (Fuad-Luke), 145, *146*
design
  colaborativo, 144-146, 151-152, 162-163
  sob medida, 105
designer
  como ativista, 168-173
  como educador-comunicador, 157-159
  como empreendedor, 174-179
  como facilitador, 162-167. *Veja também* design, colaborativo
detergente *veja* lavagem
Devenney, Lauren, 96, *98*
dióxido de carbono/pegada de carbono, 25-26, 28, 38, 54, 55-58, *58*, 61, 92
distribuição, 54-58, 64, 66, 106, 107
Dosa, 85-86, 175-176, *176*
Downcycling, 63. *Veja também* reciclagem
Duerr, Sasha, *43*, 44, 158, *160*
DuPont, 16, 18
durabilidade, 85-88

E

Earley, Becky, 96, 134
economia estacionária, 125, *125*
ecossistemas, 31-32, 76, 77
  negócio, 118, 125, *125*
Edible Schoolyard, 176
Ehrenfeld, John, 75
empatia, 85-86
Energy Water Fashion, 96, *96*
entretelas, 17
etiquetas
  de cuidados com a peça, 60-61, *62*. *Veja também* cuidados, com as roupas
  de Identificação por Radiofrequência (RFID), 54, 61, 87, 159

e etiquetagem, 20, 86, 96, 164
RFID (identificação por radiofrequência), 54, 61, 87, 159
Esty, Dan, 155
eucalipto, 16
EW8, 96
Exército da Salvação, 66-67

F

fabricação *just-in-time*, 126
fábrica de calçados Dale Sko, Noruega, 152, *152*
Fairtrade ("comércio justo"), 13, 14, 21, 51, 70, 107, 133
Fair Trade Labelling Initiative, 51
Fairtrade Labelling Organizations International, 51
Fair Trade USA, 51, 170 (Fair Trade está sem espaço na pág. 51 do PDF)
Farming With the Wild (Dan Imhoff), 30
Farrell, Robert, 143
fertilizantes, 20, 28, 58, 126
fibras
à base de plantas e de animais, 14, 17
biodegradáveis, 13, 17-20
consumo de água das, *29*
de líber, 107
de PLA (ácido polilático), 14, 17-18
degradáveis, 18
misturas de fibras, 17, 99
não biodegradáveis, 17
não degradáveis, 18
não renováveis, 14
petroquímicas, 12, 14, 18
que favorecem os predadores, 30-32, 107
renováveis, 14-16
"árvore genealógica", *15*
resistentes a dobras, 98
sintéticas, 13, 16, 17, 18, 26, 28, 30, 70-73, 98
transgênicas, 22-25
veja também agricultura orgânica; reciclagem
Filippa K, 64-66, *66*
Flener, Manon, 82, *82*
Fletcher, Kate, 88, 96, 134
floco de neve de Koch, 114, 115, *115*
floculação, 39
fluxos de estoque, 54
Forno, Sam, *44*, 48
Fórum Econômico Mundial, 28
From Somewhere, 69
Fuad-Luke, Alastair, 135, 145, *146*
Fuller, Richard Buckminster, 155
Fundação Rockfeller, 169
Fundação Shell, 21-22

G

Galloway, Anne, 152
Galvanoplastia, 52-53
gestão integrada de pragas, 22, 24, *160*
Global Organic Textile Standard, 35-36, 53
globalização, 49, 106, 108, 144, 152
Goodone, 69-70, *71*
Goodwill, 66-67, 69, *69*, 122, 123, *123*
Great American Apparel Diet, 137
Grey, Eloise, 41, *42*
Grose, Lynda, 141, *143*, 159
grupo parlamentar sobre moda ética da Inglaterra, 172-173
guarda-volumes individuais, 86-87

H

H&M (Hennes & Mauritz), 50
Garden Collection, 16, *16*
Hacking veja intervenção
Hahn, Nicole Mackinlay, 159, *160*
Hamnett, Katherine, 22
Hawken, Paul, 121
Heath Pottery, 176
Helvey, Ashley, *160*
Herman Miller, 176
Historic Futures, 55
Home Made (SANS), 105
Hopkins, Rob, 171-172, 180
House of Cashmere, 70
Hyde, Lewis, 141

I

IDEO, 169, 174
Illuminite Teflon, 140
Imhoff, Dan, 159
indústria
petroleira, 52
mineradora, 52, 54
Ingeo™ (NatureWorks), 17-18
inovação sistêmica, 174
Instituto de Biomimética, 114
instruções de molde e confecção *veja* Chanin, Nathalie; Busch, Otto von
intercâmbio de roupas, 163-164, *163*
Internet, 105, 129, 144, 158, 179
intervenção, 150-152

J

Jackson, Tim, 174
jaqueta Low to No Waste (Sam Forno), *44*, 48
jeans, 53, 60, 61, *61*,
Jongstra, Claudy, 176, *176*
Junky Styling, 69, 105, *105*
Jurewicz, Patti, 170 (no PDF está escrito Jurewicz e não tem espaço entre essa palavra e a seguinte)

K

Keep and Share, 102, 129, *130*
Kernel Gallery, Atenas, *165*
Khamir, 112
Kim, Christina, 85-86, 175-176
Kirschenmann, Fred, 30
Konaka, 94, *95*
Korten, David, 123, 180

L

lã, 14, 17, 29, 41, *42*, 94, 107, *176*
e predadores, 30, *31*, 32
veja também tweed
lavagem, 60-62, 92-99, 165
Leonard, Annie, 138
Leventon, Melissa, 94-95
Levi Strauss and Co, 53, *53*, 61, *61*, 109, *109*
Levy, Steven, 151-152
lhamas, *31*, 32
limpeza *veja* lavagem
linho, *15*, 16, 28, 41, 96, 98
liocel, 14, *15*, 16, 16, 26
lista "SIN" (Substitute It Now), 93
Local Wisdom, 164-165, *167*
lojas filantrópicas, 66-67, 69, 122. *Veja também* reciclagem; roupas, *vintage*
London College of Fashion, 96
Lovins, Amory, 121

Lovins, Hunter, 121
Luckins, Kate, 163

M

maca, 108, *108*
Macy, Joanna, 174
Maggie's Organics, 107
manchas, 96
Marchand e Walker, 139
Marks & Spencer, 57, 61, 64
Martin, Alex, 137
MATERIALBYPRODUCT, 48-49
Mau, Bruce, 57
Max-Neef, Manfred, 110, 132-135, *132*
MBDC, 20. *Veja também Cradle to Cradle* (McDonough e Braungart)
McDonald's, 128
Meadows, Donella, 114, 157
Melville, Emily, 80, *80*
metabolismo do guarda-roupa, 88, *88*
metano, 18
Michel, Karina, 73, *73*
milho, 14, 18, 58, *160*
Miyake, Issey, 99
moda
como expressão individual, 138
lenta, 43, 127, 128-130. *Veja também* artesãos; artesanato; produção local
rapidez na, 126-127, 129
modificação genética, 13-14, 16, 22-25, 35-36, 134
do algodão, 13-14, 23, *24*, 25, 134
Moholy-Nagy, László, 162
moldes, disponíveis para download, *104*, 105, 179
movimento
Slow Food, 128
Transition Towns, 171-173
mudança climática, 12, 13, 25-26, 38, 100, 126, 138
Mudd Jeans, 170
Muji, 99, *99*
mulheres, 136, 137-138, 149, *171*, 175-176

N

Naess, Arne, 174
náilon, 14, 16, 25-26, 29 (na pág. 25 está "nylon")
reciclagem, 71-73
nanofiltração, 39
Nau, 58, *58*
necessidades, 132-141
negócios *online veja* internet
Nikwax, 116, *117*
North Face, The, 36, 37
novos meios *veja* internet

O

O Artífice (Sennett), 147
oficinas, 100, 110, 152, 158, 163, 164, *165*, 175
One Night Stands (Sandstrom), 127, *127*
ONGs, 49-51, 93, 112, 121, 158-159, 169-173. *Veja também* parcerias e colaborações
Organic Exchange, 174
Organização Internacional do Trabalho (OIT), 50
Organização Mundial da Saúde (OMS), 20-21, 22
osmose reversa, 39
Oxfam, 50, 51, 64, 66
ozônio
branqueamento, 35, 36, 37
lavagem com, 62, *62*

P

páramo,79, 116, *117. Veja também* tecidos inteligentes

parcerias e colaborações, 22, 50-51, 64, 107, 118-119, 121, 122, 169. *Veja também* ONGs

passar a ferro, 98. *Veja também* cuidados, com as roupas

Patagonia, 29, *29*, 56, 87, 122

Pearse, John, 94

peças
modulares, 80-82, *81, 82, 83*, 145
multiuso, 78-79, 146

peças de roupa
compartilhando, *65*, 102, 165
mudando a forma, 82-84, *84*

Permacouture Institute, 158, *160*

peróxido de hidrogênio, 35, 36, 37

pesticidas, 13, 20, 21, 22, 23, 25, 28, 58

PET (tereftalato de polietileno), 18, 70

Petrini, Carlo, 128

pico
da água, 28-29
do petróleo, 25

plantas e tingimento *veja* corantes naturais

Pnuma, 28

poliéster, 14, 16, 17-18, 25-26, 29, 30, 38, 60, 99
reciclagem, 70-73

políticas governamentais, influência das, 172-173

Pratibha Syntex, 73, 119, *119, 120*
cadeia de lojas, 128

processamento
padrões de, e acreditação, 36-37
participação dos designers no, 33-34, 36

produção de fibras
baixo consumo de água, 28-29
baixo uso de energia/baixa emissão de dióxido de carbono, 25-26, 28

produção local, 41, 106-112, 146, 171, 175. *Veja também* artesãos; moda, lenta

Programa das Nações Unidas para o Meio Ambiente, 28, 60

programas de devolução, 64-66

Project Laundry List, 62

projeto
5 Ways, 96, *96*, 134
Fibershed, 171, *172*
Lifetimes (Fletcher e Tham), 88, *90, 91*
Little Brown (Martin), 137-138, *137*
ToTEM (Tales of Things and Electronic Memory), 87
WORN_RELICS©, 87

PTT (triexta), *15*, 16, *26, 29*

R

Rawles, Kate, 75

Raymond, Eric S., 145

reciclagem, 17, 52, 56, 64, 138
água, 39
fibras, 13, 16, 17, 26, 39, 48, 52, 63, 64, 70-73, 87, 107, 119, *120*, 133, 140
peças de roupa, 63, 64, 67, 69-70, 122, 164, 176
sapatos, 127, *127*
"reciclopédia" (von Busch), 164, *165*

recondicionamento *veja* reciclagem, peças de roupa

redução de resíduos *veja* vestuário, com geração mínima de resíduos

reforma *veja* serviços, de reparo

REI, 77-78, *78*

resíduos,12, 13, 14, 17, 18, 34, 63-64, 92. *Veja também* descarte; aterros sanitários; reciclagem; reutilização

responsabilidade social corporativa, 51, 157, 168

reutilização, 63-64, *65*, 66-67. *Veja também* reciclagem

Rissanen, Timo, 44, *46*, 48

Robinson, Mimi, 170-171

Rosenfeld, Galya, 83-84, *84*

roupas
amassadas,99, *99. Veja também* passar a ferro
feitas em casa/costura doméstica, 145-146, 164, 167, *167*, 175. *Veja também* oficinas
funcionalmente versáteis, 77-78
lavando *veja* lavagem
trans-sazonais, 79-80
vínculos afetivos com, *65*, 85-87, 141. *Veja também* moda, como expressão individual
vintage, *65*, 66-67, 69, *90*, 103, 141, *143*. *Veja também* reciclagem

S

Sandstrom, Stephanie, *127*

SANS, *104*, 105, 179

sapato "Sugar and Spice" (Patagonia), 87

Scotchgard™, 93

seda, 14, 98

Self-Couture (Steverlynck), 146, *148*

Sennett, Richard, 147, 149

serviços
de design,103, 105. *Veja também* design, colaborativo
de reparo, 100-101, *101*

Shah, Nimish, 112, *112*

"Sheep and Weeds", *160*

Shove, Elizabeth, 145

sobreimpressão, 69

Social Fabric Collaborative, 100

software Linux, 144

Sorona® (DuPont), 16

Speth, James Gustave, 168

Stegner, Wallace, 110

Steverlynck, Diane, 146, *148*

"Sustainable Clothing Roadmap", 92

Sustainable Cotton Project, 158-159, *160*

Sustentábilca, *12*

Swaine, Michael, 101, *102*

Swap-O-Rama-Rama, 152, 163-164

T

tecelagem, 41, 111-112, *171*

tecidos inteligentes, 77-78, *78*, 79, 116-117, *117*

tecnologia
Eco Circle (Tejin), 71
enzimática, 35-36, 37
String, 55

Teflon®, 93

Tejin, 71

"temporadas", 79

Tencel®, 16, 29

tênis Black Spot, 151

terno Shower Clean (Konaka), 94, *95*

Tesco, 70

Textile Exchange, 21-22

Tham, Mathilda, 88

The Alabama Stitch Book, Alabama Studio Style e Alabama Studio Design (Chanin), 175

Thirteen Mile Farm, Montana, *31*, 32

Thorpe, Ann, 154

Tibbs, Hardin, 54

Tide, 61

Timberland, 56-57

tinturas e tingimento, 37-40
agentes catiônicos, 39-40
e água, 37-39
naturais, 43, *43*, 44, 86, 108, *108*, 158, 171, *172*, 176, 176
oficinas, 158, *160*
taxas de fixação, 38

Titus, Crystal, 82, *82*

trabalhadores *veja* trabalho

trabalho, 20-22, 106, 124, 126
colheita de algodão, 21, 22
em corte e costura, 49-51
infantil, 20-21, 50
ONGs, 50-51
veja também artesãos

transgênicos *veja* modificação genética

transporte, 54, 57

tratamentos de acabamentos, 93

Tremayne, Wendy, 163-164

Triexta (PTT), *15*, 16, *26, 29*

Tuscarora Yarns, 39-40, *40*

tweed, 41

Twiggy, 164

Tyler, Mike, 32

U

Unesco, 28

Upcycling, 69. *Veja também* reciclagem

V

vestido
No Stain (Devenney), 96, *98*
Touch Me (projeto 5 Ways), 134

vestuário
com geração mínima de resíduos, 44-45, *45, 46*, 47, 48-49, 119, *119*
de ciclismo, 139-140, *140*

vida útil
de uma roupa, 85
otimizada, 85-88

videoinstalação Mirror/Africa (Hahn), 159, *160*

vínculo afetivo com as peças, *65*, 85-87, 141

viscose, 14, 161, 26, *26*, 28, *29*

W

Waag, Jerome, *160*

Walmart, 55, 61, 122

Waters, Alice, 176

websites *veja* internet

Weed, Becky, 32

Whole Earth Catalog (Brand), 114

Wikipedia, 144

WWF, Scotland, 138

Y

Yamamoto, Kansai 94

Z

zíperes, 17, 20, 52, 85

ZoZa, 86

Créditos das imagens

As autoras e a editora agradecem as instituições e pessoas mencionadas a seguir, que forneceram as imagens usadas neste livro. Fizemos todos os esforços para dar o devido crédito aos detentores dos direitos autorais, mas, se houve algum erro ou omissão, a editora não hesitará em incluir a correção pertinente em uma próxima edição deste livro.

Parte 1

p. 12 Lucy Jane Batchelor
p. 16 Cortesia de H&M
p. 19 Fotografia de Shidume Lozada
p. 25 Fotografia de Shidume Lozada
p. 27 Imagem cedida por Bird Textiles; fotografia de Paul Henderson Kelly
p. 29 Imagem cedida por Patagonia
p. 31 © Dan Imhoff, 13 Mile Lamb and Wool, Belgrade, Montana
p. 36 Fotografia de Shidume Lozada
p. 40 Fotografia de Shidume Lozada
p. 42 Eloise Grey Design; fotografia de Tony Hudson
p. 43 Fotogafia de Sasha Duerr
p. 45 Fotografia de Shidume Lozada
p. 45 Fotografia de Shidume Lozada
p. 46 Imagem cedida por Timo Rissanen (2009); fotografia de Silversalt Photography
p. 46 Imagem cedida por Timo Rissanen
p. 47 Coleção: AW09/10 Same Air Different Time. Imagem cedida por MATERIALBYPRODUCT; fotografia de Susan Grdunac
p. 53 Fotografia de Lynda Grose
p. 59 Interface web da Nau, cortesia da Nau
p. 61 Imagem cedida por Levi Strauss and Co.
p. 62 Imagem cedida por Annalisa Parent, www.parentstudios.com
p. 65 Lucy Jane Batchelor
p. 66 Fotógrafo: Oscar Samuelsson
p. 68 Fotografia de Shidume Lozada
p. 71 Fotografia de Jess Bonham, modelo: Steph, da Models 1; estilista: Carley Hague
p. 72 Fotografia de Sean Michael; imagem cedida por London College of Fashion

Parte 2

p. 78 Fotografia de Shidume Lozada
p. 80 Fotografia de Shidume Lozada
p. 81 Os direitos autorais de todas as imagens originais, design, desenhos e logotipo pertencem a: Seamsystemic Ltd. (T/A DePLOY). Fotografia: Matthieu Spohn; Direção criativa: Bernice Pan; Cabelo e maquiagem: Chrysostomos Chamalidis; Modelo: Elodie Bouedec
p. 82 Fotografia de Shidume Lozada
p. 83 Fotografia de Sean Michael; imagem cedida por London College of Fashion
p. 84 Fotografia de Yael Dahan
p. 84 Fotografia de Galya Rosenfeld
p. 89 Lucy Jane Batchelor
p. 89 Lucy Jane Batchelor
p. 90 Lucy Jane Batchelor
p. 90 Lucy Jane Batchelor
p. 91 Lucy Jane Batchelor
p. 91 Lucy Jane Batchelor
p. 95 Imagem cedida por Konaka
p. 97 Fotografia de Tom Gidley
p. 97 Coleção Energy Water Fashion de Emma Rigby. Fotografia de Lukas Demgenski
p. 98 Fotografia de Sean Michael; imagem cedida por London College of Fashion
p. 99 Fotografia de Shidume Lozada

p. 101 Fotografia de Fiona Bailey; imagem cedida por projeto Local Wisdom
p. 102 Fotografia de Jeff Enlow
p. 103 Fotografia de Shidume Lozada
p. 104 Imagem cedida por SANS
p. 105 Fotógrafo: Ness Sherry; modelo: Erica; criação da Junky Styling
p. 108 Fotografia de Sean Michael; imagem cedida por London College of Fashion
p. 109 Fotografia de Lynda Grose
p. 112 Fotografia de Shidume Lozada
p. 113 Fotografia de Sean Michael; imagem cedida por London College of Fashion
p. 117 © Páramo
p. 119 Fotografia de Shidume Lozada
p. 123 Imagem cedida por Goodwill Industries dos condados de São Francisco, San Mateo e Marin
p. 127 Fotografia de Sean Michael; imagem cedida por London College of Fashion
p. 130 Peças de tricô da Keep and Share; Fotografia de Lily Urbanska; criação de Amy Twigger Holroyd
p. 131 Fotografia de Virginie Rebetez; imagem cedida por Marie Ilse Bourlanges
p. 135 Fotografia de Shidume Lozada
p. 137 Cortesia de Alex Martin
p. 140 Fotografia de Shidume Lozada
p. 142 Fotografia de Shidume Lozada
p. 147 Sally Cole Photography; imagens cedidas por Antiform Industries
p. 148 © Diana Steverlynck
p. 150 Fotografia de Shidume Lozada
p. 153 Fotografia de Bent Rene Synnevag

Parte 3

p. 160 Fotografia de Aya Brackett
p. 160 Fotografia de Aya Brackett
p. 160 Imagem cedida por Sustainable Cotton Project
p. 161 Fotografia de James Ryang, © Reap What You Sew LLC
p. 163 Fotografia de Darren James; conceito The Clothing Exchange, Kate Luckins; equipe The Clothing Exchange, Kate Luckins e Juliette Anich
p. 165 Imagens cedidas por Peggy Sali, Petros Moris e Theodoros Giannakis (coordenadores do projeto). Participantes da oficina: Olga Evagelidou, Lia Mori, Irene Ragusini, Stella Tselepi
p. 166 Fotografia de Sean Michael; imagens cedidas pelo projeto Local Wisdom
p. 171 Bridging Cultures Through Design, aprendizado *in loco* na Associação Cotoyla de Mulheres Tecelãs, Santiago Atitlán, Guatemala
p. 172 2010 © Paige Green
p. 175 Fotografia de Robert Rausch; imagem cedida por Alabama Chanin
p. 176 Fotografia de Stephanie Gratz; imagem cedida por Studio Claudy Jongstra
p. 177 Imagem cedida por Dosa
p. 178 Fotografia de Jo Hodges

Agradecimentos

Nem é preciso dizer que as ideias de moda e sustentabilidade não começaram nestas páginas e não terminarão aqui. Gostaríamos, portanto, de reconhecer a contribuição de centenas de profissionais, teóricos, colegas, estudantes e ativistas, a quem somos imensamente gratas. Na preparação deste livro, agradecemos especialmente a Paul Hawken, por sua contínua inspiração e contribuição atenciosa; a Katelyn Toth-Fejel, por nos manter organizadas; a Lucy Jane Batchelor e Shidume Lozada, por dar vida a estas páginas com suas fotografias e ilustrações; e à equipe de Laurence King, por sua orientação logística e seu apoio geral. Gostaríamos de agradecer a todos os designers, marcas e organizações aqui mencionados, que nos forneceram imagens, e sem os quais este livro não existiria. Agradecemos também a Marcus, por revisar e retocar o original com tanta resolução. E, finalmente, agradecemos a nossas famílias e amigos, por nos conceder o tempo de que precisávamos para concluir este livro.

ADMINISTRAÇÃO REGIONAL DO SENAC NO ESTADO DE SÃO PAULO
Presidente do Conselho Regional: Abram Szajman
Diretor do Departamento Regional: Luiz Francisco de A. Salgado
Superintendente Universitário e de Desenvolvimento: Luiz Carlos Dourado

EDITORA SENAC SÃO PAULO
Conselho Editorial: Luiz Francisco de A. Salgado
Luiz Carlos Dourado
Darcio Sayad Maia
Lucila Mara Sbrana Sciotti
Luís Américo Tousi Botelho

Gerente/Publisher: Luís Américo Tousi Botelho
Coordenação Editorial/Prospecção: Dolores Crisci Manzano e Ricardo Diana
Administrativo: grupoedsadministrativo@sp.senac.br
Comercial: comercial@editorasenacsp.com.br

Edição de Texto: Léia Maria Fontes Guimarães
Preparação de Texto: Frank Ferreira
Revisão de Texto: Edna Viana, Elaine Azevedo Pinto, Luciana Baraldi, Marta Lucia Tasso
Projeto Gráfico Original: Jon Allan
Editoração Eletrônica: DB Comunicação Ltda.
Foto da Capa: Sean Michael (cortesia da Escola de Moda de Londres)
Impressão e Acabamento: Gráfica Coan

Proibida a reprodução sem autorização expressa.
Todos os direitos desta edição reservados à
Editora Senac São Paulo
Rua 24 de Maio, 208 – 3º andar – Centro – CEP 01041-000
Caixa Postal 1120 – CEP 01032-970 – São Paulo – SP
Tel. (11) 2187-4450 – Fax (11) 2187-4486
E-mail: editora@sp.senac.br
Home page: http://www.livrariasenac.com.br

Traduzido de *Fashion & Sustainability: Design for Change*
© Lynda Grose e Kate Fletcher, texto, 2012
Lynda Grose e Kate Fletcher registraram seus direitos de acordo com o Decreto de Direitos Autorais, Designs e Patentes de 1988 para serem identificadas como autoras da obra.

© Tradução brasileira: Editora Senac São Paulo, 2012
Este livro foi produzido e publicado em 2012 por Laurence King Publishing Ltd., Londres